Pero Mićić

Wie wir uns täglich die Zukunft versauen

Pero Mićić

Wie wir uns täglich die Zukunft versauen

Raus aus der Kurzfrist-Falle

Econ

MIX
Papier aus verantwortungsvollen Quellen
FSC® C014496
FSC
www.fsc.org

Econ ist ein Verlag
der Ullstein Buchverlage GmbH

ISBN: 978-3-430-20160-5

Gesetzt aus der Caslon und Univers
Satz: LVD GmbH, Berlin
Druck und Bindearbeiten: GGP Media GmbH, Pößneck
Printed in Germany

Inhalt

Teil III: In Zukunft

Vorwort

Sie und ich leben heute in der besten Welt, die es jemals gegeben hat. Ich jedenfalls würde mit niemandem aus irgendeiner Zeit in der Vergangenheit tauschen wollen. Wir leben länger, gesünder und komfortabler. Die Chancen stehen gut, dass unsere Lebensqualität auch in Zukunft steigen wird.

Oberflächlich betrachtet ist unsere Zukunft glänzend. Doch darunter sind wir auf dem besten Wege, unsere Existenzgrundlagen zu zerstören. Die Party ist in vollem Gange, aber das Haus beginnt zu brennen.

Unsere heutige Welt haben wir mit einem Gehirn geschaffen, das sich seit mehreren zehntausend Jahren kaum verändert hat. Als Jäger und Sammler brauchten wir zum Überleben allenfalls eine Ahnung vom Phänomen Zukunft. Es reichte aus, den Instinkten zu folgen. Seitdem haben wir uns eine hochkomplexe Welt mit einer Vielzahl an Systemen geschaffen: Sozial- und Wirtschaftssysteme, politische Systeme, Verkehrs- und Energieinfrastruktur, Produktionsanlagen und Finanzmärkte bis hin zu den Organisationen und Unternehmen, in denen wir täglich unser Werk verrichten, um gemeinsam Ziele zu erreichen.

Solche Systeme können nur mit langfristigen Denk- und Handlungshorizonten nachhaltig erfolgreich gesteuert werden. Menschen sind erfolgreicher, gesünder und glücklicher, wenn sie bei wichtigen Entscheidungen ihr gesamtes Leben im Blick haben. Organisationen sind signifikant erfolgreicher, wenn sie nicht den kurzfristigen Gewinn, sondern das langfristige Wohl zum Maßstab ihres Handelns machen. Doch genau dafür ist der Mensch nicht gemacht. Wir sind gebaut für ein Leben in der Gegenwart. Wir sind Homo praesens.

Deshalb tappen wir täglich in die Kurzfrist-Falle. Auf allen Ebenen. Wir greifen in unfassbarem Maße in die Biosphäre ein, weil uns der Gewinn heute wichtiger ist als unser Leben morgen. Wir haben unsere Staaten weltweit in eine finanzielle Lage manövriert, die man nur katastrophal nennen kann. Die Sucht der Politiker nach Wiederwahl wird in einem gewaltigen Zusammenbruch enden. Wir fahren unsere Unternehmen immer häufiger gegen die Wand, weil vor allem das Jetzt zählt, auf Kosten der Zukunft, der Gesundheit und letztlich der Gesellschaft. Wir konsumieren und faulenzen uns arm und tot, weil wir uns lieber im Heute wohlfühlen als im Morgen. Wir sind in der modernen Welt immer weniger in der Lage intelligent zu handeln.

Die größten Probleme in Umwelt, Politik, Wirtschaft und Privatleben haben ihre Ursachen in der chronischen Kurzfrist-Orientierung des Menschen. Vieles, was uns im Moment glücklich macht, schadet uns später. Weil wir nicht bereit sind, heute auf Belohnung zu verzichten, verpassen wir große Chancen für unsere Zukunft.

Seit mehr als 20 Jahren arbeite ich mit Menschen in Unternehmen und anderen Organisationen an ihrer Zukunft. Ich habe mich immer gefragt, warum manche vollen Nutzen daraus ziehen, aber viel zu viele weit hinter ihren Möglichkeiten bleiben. Sie bleiben lieber im vertrauten Jetzt und arrangieren sich im Rahmen ihrer Gewohnheiten mit dem, was sich gerade gut anfühlt. Manche können die Zukunft recht gut vorausdenken. Sie aber wirklich zu gestalten, in der Gegenwart zukunftsfähige Entscheidungen zu treffen und zu verwirklichen, das schaffen viel zu viele nicht. Leider finden sich diese Kurzfrist-Wesen massenhaft in Führungs- und Machtpositionen. Ich habe zu viele Menschen und Unternehmen in die Kurzfrist-Falle tappen sehen. Wir sind auf dem besten Wege, uns als Gesellschaft und sogar als Menschheit unsere Zukunft zu versauen.

In den letzten Jahren habe ich mich immer häufiger gefragt,

warum der Mensch so kurzsichtig ist. Wie kann es sein, dass wir so faszinierend viel gelernt und erreicht haben, aber uns trotzdem so offensichtlich zukunftsdumm verhalten? Können wir überhaupt irgendetwas an der Kurzfrist-Orientierung des Menschen ändern, wenn unser Gehirn so gebaut ist? Gibt es einen Ausweg aus der Kurzfrist-Falle? Wir haben doch auch schon andere existentielle Probleme zu lösen gelernt. So kam es zu diesem Buch.

Kommen Sie! Gehen wir gemeinsam auf eine Erkenntnis-Reise. Vielleicht finden wir eine Erklärung für die allgegenwärtige Kurzfrist-Falle. Vielleicht finden wir einen Weg, für Sie in Ihrem Leben, für Ihr Unternehmen, für unsere Gesellschaft, für unser Land und für unseren Planeten. Wenn wir jetzt lernen, uns wirklich zukunftsintelligent zu verhalten, ist es möglicherweise noch nicht zu spät. Wenn!

Pero Mićić
Eltville im Januar 2014

Teil I: Von gestern

So weit ging's gut

Ich halte das für einen schweren Fehler, Herr Bundeskanzler.« Der untersetzte, sonst so gemütlich wirkende Mann hat Mühe, seiner Erregung Herr zu bleiben. »Sogar für einen katastrophalen Fehler, für den nachkommende Generationen bitter bezahlen werden.«

Scheinbar ruhig und gefasst sitzt er in einem der beigefarbenen Polstersessel, mit denen das Arbeitszimmer seines Chefs ausgestattet ist. Doch er zieht so stark an seiner dicken Zigarre, dass ihr hellrot aufglühendes Ende mit dem durch die schweren Gardinen fallenden Sonnenlicht wetteifern könnte.

»Noch einmal: Das neue Rentenmodell kann nur dann funktionieren, wenn wir weiter auf Wachstumskurs bleiben und wenn uns die Alterspyramide keinen Strich durch die Rechnung macht«, führt er weiter aus. »Warum sollten wir dieses enorme Risiko eingehen? Wir werden in absehbarer Zeit Probleme bekommen. Erstens wird das Wirtschaftswachstum nicht auf ewig so hoch sein. Zweitens werden wir deutlich mehr ältere Menschen und damit Rentner und wesentlich weniger junge Bürger als Beitragszahler haben. Dann wird das Umlagesystem wie ein Kartenhaus in sich zusammenfallen. Das ist politisch verantwortungslos!«

Bundeskanzler Konrad Adenauer fällt ihm verärgert ins Wort. »Mein lieber Erhard«, sagt er zu seinem Wirtschaftsminister. »Ich verstehe nicht, warum Sie immer weiter opponieren müssen. Wir haben doch alles hinlänglich besprochen.«

Adenauer hat Erhard nie leiden können, nur ungern duldet er ihn als Wirtschaftsminister in seinem Kabinett. Auch später wird er mit all seinen Kräften noch zu verhindern suchen, dass

Ludwig Erhard, der Vater des Wirtschaftswunders, ihm als Bundeskanzler folgt. »Der Generationenvertrag wird gleich mehrere unserer großen innenpolitischen Probleme auf einen Schlag lösen. Also lassen Sie es gut sein. Die Entscheidung ist gefallen, die Gesetzesänderung wird morgen vom Bundestag und später vom Bundesrat bestätigt werden.«

Erhard schweigt. Er weiß, dass die Chancen der CDU auf Wiederwahl ziemlich schlecht stehen. Und dass Adenauer mit einer schnellen Anhebung der Renten die Stimmung bei den Wählern drehen will. Adenauer hat recht, mit der geplanten Rentenreform werden sie vielleicht noch einmal die Wahlen gewinnen können. Doch er ist sich auch sicher, dass der »Generationenvertrag«, wie das neue Rentensystem euphemistisch genannt wird, nicht zukunftsfähig ist. Er hat die verschiedenen Szenarien durchrechnen lassen, und die Zahlen lügen nicht. Er weiß, wie unvernünftig die geplante Rentenreform ist.

Aber er weiß auch, wann er verloren hat.

Spindeln und Pyramiden

Ich weiß nicht, ob es ein solches Gespräch zwischen Adenauer und Erhard 1957, kurz vor der Verabschiedung des neuen Rentengesetzes, gegeben hat. Aber es hätte gut sein können. Die fiktive Auseinandersetzung dieser beiden Alphatiere ist typisch für Kontrahenten, von denen einer die sofortige Lösung von Problemen im Blick hat, während der andere über den absehbaren Zeithorizont hinausschaut und in der fernen Zukunft drohende Folgen bedenkt und berücksichtigt wissen möchte.

Die aus dieser Entscheidungssituation resultierende Geschichte der bundesdeutschen Rentenversicherung mit ihren Kaskaden aus aufeinanderfolgenden Fehlentscheidungen, mit ihren eingebauten Defekten und Interessenkonflikten ist ein typisches, ja geradezu klassisches Lehrbeispiel für die Kurzfrist-Falle. Obwohl wir sehr genau wissen, dass wir einen Fehler machen, obwohl wir sogar nachrechnen können, wie sich unsere Fehlentscheidung zum Nachteil auswirken wird, obwohl wir guten Willens und bei Trost sind, tun wir letztendlich trotzdem das Falsche. Auf den ersten Blick sind die Entscheidungen, die unsere Altersfinanzierung zu einem so widersinnig konstruierten, auf Dauer nicht finanzierbaren und auf Dauer nicht funktionsfähigen System gemacht haben, kaum nachvollziehbar. Es liegt nahe, sie schlicht dumm zu nennen.

Aber das hilft uns nicht. Um der wahren Natur der Kurzfrist-Falle auf die Spur zu kommen, lohnt es sich, das Durchwurscheln beim Rentensystem etwas genauer zu analysieren. Ich verwende das Rentensystem als Beispiel, weil es deutlich macht, dass Kurzfrist-Denke nicht nur ein persönliches Problem ist wie etwa die Aufschieberitis oder unser kurzsichtig ungesundes Konsumverhalten. Je nach Entscheidungssituation verbindet sich die individuelle Präferenz für die kleine, kurzfristige Belohnung im Jetzt nämlich mit großen, langfristigen Problemen für ganze Organisationen und Gesellschaften, ja für die gesamte Menschheit. Diesen Zusammenhang zu begreifen, macht aus dem kleinen persönlichen Thema ein großes, gesellschaftliches und globales.

Wie kam es also bei der Rente zu dieser Misere? Kanzler Adenauer sah im Generationenvertrag die schnelle Chance, gleich mehrere Fliegen mit einer Klappe zu schlagen. Denn die junge Bundesrepublik musste nicht nur außenpolitisch wieder den Anschluss an die Welt finden, auch innenpolitisch waren große Probleme zu überwinden. Der Staat musste immense Summen für 4,5 Millionen Kriegsversehrte aufbringen, die notwendige Aufstockung der Renten für Witwen und Waisen kam noch hinzu. Der bestehende Rententopf, in den diese Menschen ihr Leben lang eingezahlt hatten, war keine große Hilfe. So wie die privaten Spar- und Versicherungsguthaben war auch sein Wert mit der Währungsreform von 1949 über Nacht auf ein Zehntel geschrumpft.

Zudem brummte die Wirtschaft. Eigentlich eine gute Nachricht, doch damit stieg auch die Inflationsrate. Löhne und Preise schraubten sich in immer neue Höhen, nicht aber die Renten, weil sie festgeschrieben waren. Die Rentner waren finanziell längst abgehängt worden und hätten bittere Not leiden müssen, wenn nicht der Staat eingesprungen wäre. Eine Reform des Rentensystems musste dringend her!

Da kam der Plan, den der Wirtschaftswissenschaftler Wilfrid Schreiber Mitte der fünfziger Jahre zu Papier gebracht hatte, gerade recht. Die Arbeiter und Angestellten sollten nicht mehr wie seit Bismarcks Zeiten in eine Kasse einzahlen, aus der sie ihre Einlage dann später, wenn sie das Rentenalter erreichten, in monatlichen Raten wiederbekamen – übrigens ohne Verzinsung. Nein, die Rente sollte dynamisch, also an das Lohnniveau angekoppelt werden. Und vor allem: Das Geld, das einer heute einzahlte, war nicht mehr das, was er morgen auch wieder herausbekam. Vielmehr bezahlten die Jungen, Arbeitsfähigen von heute auch die Rentner von heute. Die Rente sollte also nicht mehr durch Rücklagen, sondern durch laufende Einnahmen gesichert werden. Die Gegenwart versorgt sich selbst – ganz unabhängig von Vergangenheit und Zukunft. Von der Hand des einen in den Mund des anderen.

Die Frage ist nur: Wie lange kann so etwas gutgehen?

Erhard wusste, dass das neue System nur dann funktionieren konnte, wenn gleich mehrere Faktoren mehr oder weniger konstant bleiben würden: die gute Wirtschaftslage, die Anzahl der Kinder pro Familie und die Anzahl der Jahre, in denen die Bürger ihre Rente beziehen würden. Also die Zeitspanne, die zwischen Ende des Erwerbslebens und Ende des biologischen Lebens lag. Für Adenauer, Vater von acht Kindern, war das keine Frage: »Kinder bekommen die Leute immer!« Auch angesichts der damaligen hohen Wirtschaftsleistung sowie der vergleichsweise niedrigen Lebenserwartung der Bürger war seine Zukunftsannahme, dass es keine Veränderung geben werde.

Die folgenden Jahre zeigten bald, dass diese vermeintlichen Konstanten sehr wohl variabel waren. Schon Mitte der sechziger Jahre setzte der Pillenknick ein, immer weniger Kinder wurden geboren. Waren es vor dem Pillenknick noch bis zu 1,35 Millionen Neugeborene pro Jahr, wurde ab Anfang der siebziger Jahre die 900 000er-Marke nicht mehr überschritten. Es war eine einfache Rechnung, dass aus fehlenden Kindern fehlende Arbeiter und Angestellte und damit fehlende Rentenbeiträge werden würden. Hinzu kam, dass die Menschen dank der guten medizinischen Fortschritte und der Veränderung der Arbeitswelt in Richtung weniger körperlich anstrengender Arbeit immer älter wurden. Die durchschnittliche Rentenbezugsdauer erhöhte sich dadurch von 10,1 Jahren (1960) auf 16 Jahre (2010), Tendenz weiter zunehmend: Für 2030 wird eine Rentenbezugszeit von 18 Jahren erwartet. Spätestens Mitte der 70er Jahre, als auch noch die Wirtschaft in Deutschland erstmals auf breiter Front lahmte und die Arbeitslosenzahlen begannen eine Millionenmarke nach der anderen zu knacken, wurde es offensichtlich: Das dynamische Rentensystem wird für den Betragszahler immer teurer, für den Beitragsempfänger immer ungünstiger, das Verhältnis zwischen eingezahltem und empfangenem Geld wird für den Einzelnen immer schlechter. Die Rechnung geht nicht mehr auf.

Durch Verleugnen, Verdrängen bis hin zu offensichtlichen Lügen ist es Politikern aber bis ins neue Jahrtausend erfolgreich gelungen, das Thema Rente aus den Köpfen der Bürger herauszuhalten und so die dringend notwendig gewordene Rentenreform immer wieder aufzuschieben. Den bedauerlichen Höhepunkt bot Norbert Blüm, 1982 bis 1998 Bundesminister für Arbeit und Soziales, mit seinem Mantra: »Die Rente ist sicher«.

Hier und da gab es einige Flickschustereien am bestehenden

Rentensystem. Aber niemand wollte grundlegend an die gewaltige Aufgabe heran. Lieber die Staatsverschuldung weiter in die Höhe treiben, als schmerzhafte Schnitte durchsetzen, die einem womöglich noch die politische Karriere verhagelt hätten.

Unterm Strich hat es sich die Gesellschaft von 1957 bis in die siebziger Jahre hinein mit dem Rentensystem gutgehen lassen. Die Rentner freuten sich bei Einführung des sogenannten Dynamischen Rentensystems über eine Rentenerhöhung von etwa 65 Prozent. Bis 1969 wurden die Bezüge sogar insgesamt mehr als verdoppelt. Die erheblichen Überschüsse aus dieser Zeit – bis 1967 war ja auch noch »altes« Geld im Rententopf – wurden nicht etwa als Reserve zurückbehalten, sondern kurzerhand an andere Ressorts im Bundeshaushalt verteilt und verbraucht. Die Abgaben der arbeitenden Bevölkerung an die Rentenkasse lagen zunächst bei 14 Prozent, mussten aber immer wieder angehoben werden, ab 1981 fast jährlich.

Nach knapp 20 fetten Jahren folgte die unausweichliche Katerstimmung. Heute wissen wir, dass viele Menschen, auch die, die ein Leben lang für den Lebensunterhalt der Bestandsrentner aufkamen, beim Renteneintritt nicht genug zum Leben haben werden. Warum das so ist, zeigen die Zahlen unmissverständlich: 1960 kamen auf 18,8 Millionen Beitragszahler 4,1 Millionen Rentner – das entspricht einer Quote von 21,8 Prozent. 2000 waren es bereits 33,8 Millionen Beitragszahler, die 13,4 Millionen Rentner unterhalten mussten. Eine Quote von 39,6 Prozent. Auf 100 Beitragszahler kamen in diesem Jahr also 40 Rentner, fast doppelt so viele wie 1960. Ein Ende dieser Entwicklung ist nicht absehbar, im Gegenteil. Das Verhältnis verschiebt sich immer schneller immer weiter zuungunsten aller Beteiligten.

Als die Altersrente 1889 eingeführt wurde, blieben den Rentnern nach dem Abschied aus dem Erwerbsleben nur noch wenige Jahre: Sie waren verbraucht und von schwerer Arbeit erschöpft. Im Durchschnitt lag die Lebenserwartung bei 50 Jahren, die Rentenzahlung begann im Prinzip im 70. (!) Lebensjahr. Ein großer Teil der arbeitenden Bevölkerung erreichte das Rentenalter gar nicht. Vor diesem Hintergrund erscheinen die heutigen Proteste gegen längere Lebensarbeitszeiten reichlich absurd und unverantwortlich. Und reichlich unnötig, denn im Gegensatz zu damals sind die heutigen Rentner noch lange arbeitsfähig, vor allem dann, wenn sie eine Arbeit haben, die ihrem Alter Rechnung trägt und die sie lieben oder wenigstens mögen. Natürlich soll der Dachdecker nicht mit 70 aufs Dach. Auf lange Sicht haben wir nur die Wahl zwischen längerer Lebensarbeitszeit oder noch größerer Staatsverschuldung und einem langfristigen finanziellen Desaster.

Die eigentliche Überraschung ist bei genauerem Hinsehen, dass das alles keine Überraschung ist.

Ein Pflegefall

Als Konrad Adenauer und Ludwig Erhard »diskutierten«, war schon lange bekannt, dass die Altersstruktur der Bevölkerung eines Landes nicht zwangsläufig pyramidenförmig sein und bleiben muss. Bereits im Jahr 1932 veröffentlichte Reinhold Lotze mit *Volkstod?* das erste Buch, das die Alterung in Deutschland zumindest als Möglichkeit aufwarf. Lotze zeichnete die Bevölkerungspyramide bis ins Jahr 1980 und beschrieb, wie sie sich langsam zur Spindel entwickeln würde. Die Pyramide würde auf dem Kopf stehen. Als Adenauer die Rentenreform durchsetzte, war also schon seit mindestens 25 Jahren bekannt, dass es mit großer Wahrscheinlichkeit Schwierigkeiten aufgrund der Altersstruktur geben würde. Schon der Zweite Weltkrieg mit seinen Millionen von Toten hatte die klassische Pyramidenform nachhaltig ins Wanken gebracht. Die »kommende Vergreisung«, wie Lotze das Phänomen nannte, war absehbar.

Spätestens mit Einsetzen des Pillenknicks in den 60er Jahren hätte zumindest den Experten klar sein müssen, was da auf uns zukommt. Und als in den 80er Jahren jeder Versicherungsvertreter mit der These warb, in Zukunft werde jeder Erwerbstätige einen Rentner finanzieren müssen, waren alle im Bilde. Unsere Großeltern haben es gewusst, unsere Eltern haben es gewusst, wir wissen es. Das Rentensystem von 1957 funktioniert nicht auf Dauer. Trotzdem wurde es installiert und mit Zähnen und Krallen verteidigt. Jeder Versuch, es den demographischen Bedingungen anzupassen, ist bislang schon im Vorfeld gescheitert, obwohl die Fakten eine klare Sprache sprechen. Je früher das marode Rentensystem reformiert wird, desto geringer der Schaden für alle.

So weit, so schlecht. Man könnte meinen, solch einen kapitalen Fehler wie die Rentenreform von 1957 würde die Politik nicht noch einmal machen. Doch weit gefehlt!

Wie vorhergesehen und etwa von Lotze beschrieben stieg die Lebenserwartung der Bürger kontinuierlich. Viele von ihnen wurden im Alter hilfebedürftig und konnten sich nicht mehr selbst versorgen. Doch immer weniger von ihnen wurden wie in den Generationen zuvor durch Angehörige, zumeist Frauen, betreut. In den 90er Jahren war die Feminisierung der Gesellschaft in vollem Gange, in deren Zuge immer mehr Frauen in immer höherem Maße berufstätig waren. Daneben wuchs die Zahl der Singles und deutlich höhere berufliche Mobilität war angesagt. Hausfrauen und andere Familienmitglieder, die daheim die Unterstützung ihrer bedürftigen (Schwieger-)Eltern übernehmen konnten und wollten, wurden selten.

Das hatte zur Folge, dass seit Ende des 20. Jahrhunderts immer weniger pflegebedürftige Menschen zu Hause durch Familienmitglieder betreut wurden. Die Betroffenen mussten in Pflegeeinrichtungen untergebracht werden und für die entstehenden Kosten selbst aufkommen. Wenn früher oder später das nicht in jedem Fall vorhandene Vermögen aufgebraucht war, sprang das Sozialamt ein. Mitte der 90er Jahre waren bereits rund zwei Drittel der Heimbewohner auf Sozialhilfe angewiesen. Das hatte gesellschaftliche und politische Folgen. Sozialhilfe wird von den Kommunen geleistet – die zu Sozialfällen mutierten Pflegebedürftigen belasteten die kommunalen Haushalte im Übermaß. Das für die Pflegebedürftigen ausgegebene Geld fehlte schmerzhaft an anderer Stelle. Deshalb erschien es notwendig, für die Bürger eine zusätzliche Pflegeversicherung auf Bundesebene zu installieren.

Die gravierenden Probleme der nach dem Umlageverfahren konzipierten Rentenversicherung von 1957 waren 1994, als die Pflegeversicherung diskutiert wurde, schon stark zu spüren. Und trotzdem, wider besseres Wissen, entschieden sich die Verantwortlichen, die zum 1. Januar 1995 anlaufende Pflegeversicherung wieder durch ein staatlich organisiertes Umlageverfahren zu finanzieren. Sie ignorierten, dass die absehbare Alterung der Gesellschaft und Bevölkerungsschrumpfung diese Form der Versicherung schon wenige Jahre später in massive Probleme bringen würden. Und tatsächlich: Bereits 1999, nur vier Jahre nach der Einführung, überstiegen die Ausgaben der Pflegeversicherung ihre Einnahmen. Erst seit 2006 sind die Ausgaben wieder gedeckt. Der Grund ist unter anderem, dass die finanziellen Leistungen seit ihrer Einführung unverändert geblieben sind. Einen Inflationsausgleich gibt es nicht, so dass aus der Versicherung immer weniger Pflege bezahlt werden kann.

Es ist unglaublich: Eine ganze Gesellschaft leidet darunter, dass die bestehende Rentenversicherung nicht der Tatsache Rechnung trägt, dass über kurz oder lang ein Arbeitender einen halben bis ganzen Rentner versorgen müssen wird! Als die Pflegeversicherung unter dem damaligen Bundesarbeitsminister Norbert Blüm beschlossen wurde, war längst bekannt, dass es nicht die Frage ist, ob der Renten-Generationenvertrag gesprengt wird, sondern nur, *wann* dies geschehen wird. Jeder konnte wissen, dass es nur eine Frage des Zeitpunktes ist, bis der Gesellschaft das Rentensystem um die Ohren fliegt. Und dennoch wird 1994 derselbe Fehler sehenden Auges noch einmal gemacht. Unfassbar!

Was trieb die verantwortlichen Politiker zu diesem Handeln? Zum Zeitpunkt ihrer Entscheidung konnten sie mit einem »Erfolg« glänzen. Den langfristigen Nicht-Erfolg und somit den Schaden schoben sie in die Zukunft, auf ihre politischen Nachfolger und auf die nächsten Generationen, die sie zu entlasten vorgaben. Es mögen die besten sozialen und menschenfreundlichen Motive gewesen sein, aus denen die Politik die kurzfristig wirksame Lösung wählte. Weil sie den damals alten Menschen sofort finanzielle Unterstützung geben wollte, verdrängte sie darüber die künftigen Probleme. Man kommt nicht umhin, den Verantwortlichen vorsätzliche Ignoranz zu unterstellen. Die vielen sachkundigen Mahner wurden absichtlich nicht gehört. Die deutschen Ökonomie-Professoren, die die Notwendigkeit einer Pflegeversicherung sehr wohl sahen, plädierten fast geschlossen für eine private, kapitalgedeckte Absicherung des Pflegefallrisikos.

Der SPD-Politiker Bert Rürup, damals wissenschaftlicher Berater der Enquête-Kommission des Deutschen Bundestages »Demographischer Wandel« resümierte 2003 in einem Interview mit der *ZEIT*: »Es war ein großer Fehler, sie [die Pflegeversicherung] noch 1995 nach dem herkömmlichen Solidarprinzip zu installieren. Man hat ein überkommenes System aufgebaut, das absehbar nicht funktioniert.« Und im August 2011 ergänzte er in einem Interview mit der *taz*: »Es war ein Fehler, bei der Einführung der Pflegeversicherung 1995 kein Element der Kapitaldeckung vorzusehen. Jetzt ist es zu spät und sehr teuer, dies zu reparieren.«

Es wurde also gleich zweimal derselbe Fehler gemacht. Beide

Male wider besseres Wissen. Warum handeln Menschen so kurzsichtig?

Kurzfrist-Kultur

Ja, manchmal handeln Menschen wirklich unvernünftig. Aber man könnte es ja auch so sehen: Jeder macht mal Fehler, selbst Vollblut-Politiker wie Konrad Adenauer und Norbert Blüm. »Was schert mich mein Geschwätz von gestern«, soll Adenauer gerne gesagt haben. Was heute verbockt wird, kann ja morgen wiedergutgemacht werden. Irgendwie wird es schon nicht so schlimm kommen.

So scheint es doch ganz gut zu funktionieren: Man handelt, man erkennt, dass es Verbesserungsbedarf gibt, man bessert nach, man erkennt, dass sich noch einmal einige Vorzeichen geändert haben, man korrigiert wieder und so weiter. Durchwursteln nennt man das. Ist das denn nicht das Erfolgsprinzip des Menschen? Allzeit flexibel reagieren zu können, ist doch eine hervorragende Maxime, um den Unwägbarkeiten des Lebens zu begegnen, oder? Es gibt doch immer eine Lösung!

Würden wir uns immer nur nach den Bedenkenträgern richten, die erst alle Möglichkeiten doppelt und dreifach durchdenken wollen, bevor sie auch nur einen Schritt wagen, wären wir nie aus unseren Höhlen herausgekommen. Und erst recht hätten wir nicht die Lebensqualität erreicht, die zumindest ein großer und wachsender Teil der Menschheit heute genießt. Man kann nun mal nicht in die Zukunft sehen. Deshalb ist es doch eine der hervorragendsten Eigenschaften des Menschen, dass er sich mutig und spontan in die Welt wirft, auch wenn er nicht weiß, was es ihm bringen wird.

Falsche Entscheidungen, Pläne, die nicht weit genug in die Zukunft und nicht zu Ende gedacht werden – vor diesem Hintergrund ist das doch eigentlich nachvollziehbar und gar nicht so schlimm, oder? Es sind ja womöglich nur Einzelfälle, zu vernachlässigende und verzeihliche Patzer, die leicht durch die Kreativität und Intelligenz des Menschen wieder mehr als ausgeglichen werden können.

So könnte man es sehen. So könnte man sich auch das ständige Versagen des Menschen in Sachen Zukunft, die er so konsequent aus seinem Tun ausklammert, schönreden. So könnte man auch das Versagen von Organisationen und Gesellschaften deuten, die es nicht schaffen, die Zukunft in ausreichendem Maße in ihre Strategien einzubeziehen.

Mit solch einer Erklärung könnte man eine schmerzliche Erkenntnis vermeiden: Was wäre, wenn es uns Menschen aus rein biologischen Gründen extrem schwerfällt, die Zukunft zu denken und in unserem Handeln zu berücksichtigen? Was wäre, wenn unserer menschliches Wesen darauf angelegt ist, im Hier und Jetzt gefangen zu sein? Es wäre schon viel geleistet, wenn wir aus gemachten Fehlern und den Erfahrungen aus der Vergangenheit dazulernen und beim Entscheiden den Blick in den Rückspiegel kultivieren würden. Kann es sein, dass wir schlicht überfordert sind, die Folgen unseres gegenwärtigen Handelns ausreichend gut in unsere Überlegungen einzubeziehen?

Halt! Soll das etwa bedeuten, dass der Mensch nicht fähig ist, sinnvoll zu planen? Dass er nicht fähig ist, aus einer kreativen Vorstellung der Zukunft sein Handeln zu entwickeln? Kann es wirklich sein, dass die Spezies Mensch so gebaut ist, dass sie nur Entscheidungen trifft, deren Ergebnisse ihr sofort und höchstpersönlich angenehm sind? Und dass alles, was über diesen Horizont der direkten individuellen Bedürfnisbefriedigung hinausgeht, sie nicht interessiert?

Das wäre zu simpel. Das Planen, die Vorratsbildung, die Vorsorge für schlechte Zeiten, der Verzicht in der Gegenwart auf einen Nutzen in der Zukunft, das alles sind doch gerade Merkmale des menschlichen Naturells, die unsere Spezies gegenüber den anderen deutlich heraushebt.

Ist es nicht auch von Vorteil, wenn wir das heute Unangenehme zu vermeiden suchen? Das ist doch gerade ein Grundprinzip der Innovation! Wie sonst sind zum Beispiel die enormen technischen Fortschritte von der Dampfmaschine über den Klettverschluss bis zum E-Bike zu erklären? Innovation macht unser Leben doch schöner und weniger mühsam.

Was ist nun von der Kurzfrist-Denke des Menschengeschlechts zu halten? Welches Urteil ist richtig? Das versöhnliche und abwiegelnde oder das harte, alarmierende? Leben wir in einer schädlichen, höchst risikoreichen Kurzfrist-Kultur? Ist es unsere Eigenart, immer nur das Naheliegende zu sehen. Oder handelt es sich doch nur um vernachlässigbare Einzelfälle?

Wenn wir tatsächlich in einer Kurzfrist-Kultur leben, müsste dieses Phänomen permanent und auf allen Ebenen der Zivilisation zu beobachten sein – also auf der Ebene des Individuums, auf der Ebene von Gemeinschaften, Organisationen, Gesellschaften, auf der Ebene von Staaten und Nationen wie auch auf der globalen Ebene. Dann müsste Kurzfrist-Denken für die meisten Menschen so gut wie immer »normal« sein.

Ist das so? Gehen wir die Ebenen durch. Schauen wir zuerst einmal darauf, wie sich das Individuum typischerweise verhält.

Live fast, die young

Im Anatomie-Saal stehen die Medizinstudenten um die Cromargan-Tische herum. Auf jedem Tisch ein Körper, ehemals lebendige Menschen, die ihre sterblichen Überreste der Wissenschaft vermacht haben. Nach den Nieren ist heute die Lunge dran. An Tisch vier sind echte Überflieger am Werk. Mit ein paar gezielten Schnitten ist der Brustkorb geöffnet, die Luftröhre durchtrennt. Während sich die Studenten an den anderen Tischen noch mit der Rippenschere abplagen, liegen die beiden Lungenflügel schon auf der großen Stahlschüssel zur weiteren Untersuchung bereit.

»Hey, schaut mal! Unsere ist richtig schwarz!« Die Studenten schauen sich den Inhalt der Schale an. Die Lunge, die sie aus dem Brustkorb einer älteren Frau geholt haben, sieht so aus, als wäre sie in Asche gefallen. Das eigentlich rosa-weiße Organ ist grau, einzelne Stellen sind sogar tiefschwarz. »Mann, die muss mindestens zwei Päckchen am Tag durchgezogen haben«, sagt einer der angehenden Mediziner, der die anderen um einen Kopf überragt.

Der Dozent, der nach dem erstaunten Ausruf hinzugetreten ist, nickt und freut sich. »Nächste Woche, wenn die Blutgefäße auf dem Programm stehen, werden Sie wieder viel Schreckliches zu sehen bekommen. Die Durchblutung ist bei Rauchern stark eingeschränkt. Wahrscheinlich werden Sie auch eine wunderschöne Arteriosklerose finden. Tja, die gute Frau wird gewaltige Probleme wegen ihrer Raucherei gehabt haben.« »Ja«, frotzelt der Lange, »zum Beispiel dass sie mit 62 gestorben ist …«

Nachdem der Dozent zum nächsten Tisch weitergegangen ist, zwinkert der Lange von Tisch vier seiner Kommilitonin zu. »Komm, wir haben jetzt ein paar Minuten. Lass uns eine rauchen gehen.«

Jeder weiß, dass Rauchen so gesundheitsschädlich ist, dass man elend daran zugrunde gehen kann. Lungen-, Kehlkopf- und Zungenkrebs sowie dramatisch verengte Blutgefäße in den Extremitäten, die so schlecht durchblutet sind, dass eine Amputation oft unausweichlich ist, daneben eine ausgeprägte Osteoporose, krankhafte Aufblähung der Lungenbläschen bis zum Platzen, Leberschäden, die Ablösung der Netzhaut bis zum völligen Erblinden und vieles mehr sind häufig die Folge. Alles hinlänglich bekannt.

Keine schönen Aussichten. Trotzdem rauchen viele Menschen. Es ist entspannend, sagen sie. Jetzt. Es ist cool, oder war es zumindest mal. Jetzt. Es hilft, das Gewicht zu halten. Jetzt. Es ist gesellig. Jetzt. Selbst die Nichtraucher schauen manchmal neidisch auf die Raucher, wenn sie sich in verschworenen Gruppen zusammenfinden.

Viele Raucher haben einen scheinbar perfekten Plan: Sie genießen die Zigarette heute, und für morgen nehmen sie sich vor, das Rauchen aufzugeben, um ihre Gesundheit zu schützen. Am nächsten Tag ist der Plan derselbe: Heute noch genießen, später vernünftig handeln. So geht das weiter, Tag für Tag, Jahr für Jahr. Wenn der moribunde Raucher irgendwann auf der Intensivstation liegt, mit Venüle im Arm und Katheter in der Blase, auf dem letzten Loch pfeifend, den Schlauch für die künstliche Ernährung in der Nase und elend eingehend, denkt er: »Hätte ich doch bloß …«

Muss denn immer und immer wieder das Rauchen als Beispiel menschlicher Unvernunft herhalten? Ist das Thema nicht schon arg ausgeleiert? Ganz im Gegenteil! Es wurde in der Vergangenheit immens viel Geld und Energie in die Aufklärung gesteckt. Niemand kann behaupten, ein Raucher sei sich nicht bewusst, wie der Qualm seinen Körper schädigt. Aber er raucht weiter. Selbst wenn der Gesetzgeber versucht, den Rauchern ihre Lust an der Zigarette zu vermiesen, sie bei jedem Griff zur Zigarette mit großen Buchstaben und in manchen Ländern mit drastischen Fotos auf der Packung an die Tödlichkeit ihres Tuns zu erinnern, selbst dann ändern nur wenige ihr Verhalten. Jeder Raucher weiß, dass er mit jeder Zigarette Minute für Minute aus seiner Lebensspanne streicht. Auf der rationalen Ebene ist ihnen alles klar, aber emotional will »es« in ihnen einfach die nächste Zigarette. Das Rauchen ist und bleibt ein sehr gutes Beispiel für die verblüffende und fatale Kurzfrist-Orientierung des Menschen.

Was uns kurzfristig glücklich macht, schadet uns oft in unserem späteren Leben.

Weil der Mensch zukünftige Folgen und Kosten ausblendet, verhält er sich in vielen Bereichen tödlich unvernünftig. Weil wir nicht bereit sind, auf den Genuss im Hier und Jetzt zu verzichten, verpassen wir große Chancen im Leben.

Es zieht sich durch das ganze Leben des Menschen und durch viele Bereiche. Jetzt genehmige ich mir noch dieses Crèmetörtchen und ab morgen ernähre ich mich gesünder. Oder auch nicht. Jetzt lege ich mich erst einmal aufs Sofa und schaue »Scrubs«. Sport geht auch morgen noch. Oder auch nicht. Jetzt kaufe ich den SUV mit dem starken Motor. Ich werde ja bestimmt mehr verdienen nächstes Jahr, dann kann ich die Raten locker zahlen. Oder auch nicht. Jetzt spiele ich noch eine Runde World of Warcraft, zum Controlling-Kurs für mein berufliches Fortkommen melde ich mich morgen an. Oder auch nicht.

Spätestens seit der Verleihung des Wirtschaftsnobelpreises an George Akerlof 2001 ist bekannt, dass der Mensch nicht der Homo oeconomicus ist, den man in ihm bis dahin immer sah. Ökonomen, Juristen, Ärzte und viele andere mussten einsehen, dass der Mensch nicht rational handelt, um seinen Nutzen zu maximieren. Dann gäbe es keine Raucher, keine Übergewichtigen, keine Überschuldung, keine Insolvenzen, kein Bildungsdefizit, keine Versorgungslücke im Alter, keine Umweltzerstörung, keine Überfischung und so weiter.

Es geht hier um weit mehr als um Aufschieberitis oder neudeutsch Prokrastination. Es geht auch um mehr als die menschlichen Laster.

Zugegeben, die Freuden und Genüsse im Hier und Jetzt machen das Leben oft erst schön und lebenswert. Wir tun daher gut daran, die zumeist folgenlosen Augenblicke echten Glückes von den Situationen des Pseudo-Glückes zu unterscheiden.

Es gilt zu unterscheiden zwischen schönen Dingen, die man weitgehend folgenlos genießen kann – maßvolles gutes Essen, ein Tag auf der Couch, ein, zwei Gläser Wein ab und zu – und den »schönen« Dingen, die man jetzt genießt, die aber in der Zukunft enorme Nachteile, Kosten, Krisen oder Schmerzen verursachen. Im zweiten Fall tun wir aus Trägheit, Dummheit, Gier oder Angst Dinge, die uns, unseren Mitmenschen und oft der gesamten Menschheit langfristig erheblich schaden oder sie gar existentiell gefährden.

Offenbar sind wir Menschen nicht in der Lage, die wahren Folgen unseres Tuns abzuschätzen oder angemessen mit den Konsequenzen umzugehen. Wer sich heillos überschuldet, der weiß, dass am Ende Lieferanten und Kreditgeber auf ihren unbezahlten Rechnungen sitzen bleiben, finanziell geschädigt werden und ihm ordentlich Ärger machen werden.

Wer immer die höchste Rendite für sein Erspartes haben will, muss auch seine Verantwortung dafür erkennen, dass die »bösen« Investment-Banken und ihre Fondsmanager alle legalen, halblegalen und oft auch illegalen Möglichkeiten ausschöpfen, die geforderte hohe Rendite zu zahlen. Die Kurse und Erträge müssen steigen. Bis zur nächsten Krise.

Wer kein Finanzpolster fürs Alter aufbaut, weiß, dass die heute Jungen oder gar noch Ungeborenen dereinst einen Teil ihres schwer und ehrlich verdienten Geldes zwangsweise hergeben müssen, um seinen Mangel an Eigenverantwortung auszugleichen.

Wer Parteien und Politiker wählt, die kurzfristig Wohltaten

versprechen, langfristig aber bereits erkennbar größeren Schaden für die Gesellschaft verursachen, darf sich über Krisen nicht beschweren, nicht über wirtschaftliche, nicht über soziale und nicht über ökologische Krisen.

Wie die Wähler handeln auch politische Akteure notorisch kurzsichtig. Oft sind sie persönlich zutiefst davon überzeugt, dass der langfristige Gestaltungshorizont nötig und richtig ist. Dennoch sind ihnen die nächsten Wahlen im praktischen Handeln letztendlich wichtiger als das langfristige Gesamtwohl.

So gut wie alle Politiker sind sich des Problems bewusst. Viele von ihnen treten sogar ihr Amt mit dem festen Vorsatz an, es endlich vernünftig und besser zu machen. Doch die Mühlen des politischen Betriebes und die kurzsichtige menschliche Natur zermürben auch die größte Motivation und Vernunft.

Es ist geradezu fatal, dass die erfolgreiche Umsetzung von Projekten, mit denen die großen Probleme eines Staates gelöst werden können, meist deutlich länger dauert als eine Legislaturperiode. Die Präsidenten der USA setzen unbeliebte Vorhaben traditionell erst in ihrer zweiten Legislaturperiode um, weil sie ein drittes Mal ohnehin nicht gewählt werden können. Wer aber wieder gewählt werden will, nimmt das kurzfristig Machbare in Angriff, besonders dann, wenn es sich gut vermarkten lässt. Oft ist die Zahl der für die Maßnahme ausgegebenen Milliarden der einzige Maßstab dafür, wie viel Gutes und Richtiges man getan hat.

Wenn also nicht nur Otto Normalverbraucher, sondern auch Menschen, die wirtschaftliche oder gesellschaftliche Führungspositionen besetzen, dazu neigen, die Kosten ihres Handelns für sich selbst und für andere aus ihrem Bewusstsein zu verdrängen, dann sind auch deren Entscheidungen in Unternehmen, Verbänden, Ausschüssen, Aufsichtsräten, Regierungen und Kommissionen in den meisten Fällen zukunftsblind. Die Tragweite ihrer

Entscheidungen und Taten ist groß und somit auch die Folgen ihrer Kurzfrist-Orientierung.

Damit sind wir schon auf Stufe zwei: Menschen schaden sich mit ihrem Kurzfrist-Denken nicht nur selbst, sie schaden auch anderen. Die Auswirkungen ihrer Unvernunft müssen nicht nur sie selbst tragen, sondern oft auch ihr Umfeld. Das können die Unternehmen, die Organisationen, die Gemeinden oder auch die Gesellschaften sein, denen sie angehören. Aber es gibt noch eine dritte Stufe: Die Kurzfrist-Orientierung kann auch auf internationaler und globaler Ebene enormen Schaden anrichten.

Ein See verschwindet

Früher war er mehr als anderthalbmal so groß wie die Schweiz und bis zu 53 Meter tief. Das Besondere an ihm war, dass das Wasser, das ihn über seine zwei Haupt-Zuflüsse Amudarja und Syrdarja erreichte, über seine enorme Oberfläche auch wieder verdunstete. Einen Abfluss gab es nicht. Aus diesem Grund war das Wasser des Aralsees leicht salzhaltig. Es hatte sich eine weltweit einmalige Flora und Fauna im See und in seiner Umgebung entwickelt. Der große Fischreichtum des Sees ernährte die Bevölkerung der angrenzenden Ufer. Tausende Schiffe und Boote durchpflügten geschäftig seine Oberfläche. Um ihn herum gab es nur ein wenig fruchtbar gemachtes Kulturland, ansonsten im Wesentlichen Steppen, Halbwüsten und Sandwüsten.

Aus Zuflussmenge und Verdunstungsrate des Wassers ergab sich die Größe des Sees. Seit Jahrhunderten wurde in diesem ariden Gebiet auch Wasser der Zuflüsse für die Bewässerung von Feldern und Obstgärten entnommen. Doch ab etwa 1960 wurde das empfindliche Gleichgewicht für immer gestört. Die Planwirtschaft der Sowjetunion entdeckte die Teilrepublik Usbekistan als zukünftigen Devisenbringer ersten Ranges. Die Region sollte zum bedeutendsten Baumwoll-Lieferanten der Sowjetunion werden. In einem gigantischen Bewässerungsprojekt wurde das Wasser der Flüsse auf die neuen Felder umgeleitet. Bald kamen nicht nur 95 Prozent der Baumwolle, sondern auch 30 Prozent des Obstes und 40 Prozent der Reiserträge der gesamten Sowjetunion aus dem Gebiet um den Aralsee.

Baumwolle, Obst und Reis sind allesamt außerordentlich bewässerungsintensiv und das in einer ariden Region. Das dafür nötige Wasser fehlte fortan dem Aralsee. 1960 erreichten noch 56 Milliarden Kubikmeter Flusswasser den Aralsee, ungefähr so viel, wie der Rhein jedes Jahr in die Nordsee schwemmt. Mitte der 70er Jahre waren es nur noch zehn Milliarden Kubikmeter und Anfang der 80er Jahre kam schließlich kaum noch Flusswasser im See an. Aus den Zuflüssen wurde auch noch der letzte Tropfen Wasser für die intensive Bewirtschaftung der Felder abgezweigt.

Der Wasserspiegel des Aralsees sank in diesem Zeitraum um 14 Meter. Er verlandete. Die Fischereiflotte saß bald buchstäblich auf dem Trockenen. Heute liegen die ehemaligen Hafenstädte und Badeorte bis zu 200 Kilometer vom Seeufer entfernt. Um sie herum sind keine blühenden Landschaften entstanden, sondern Salz- und Staubwüsten. Im See selbst ist kaum noch Leben. Weil das Wasser weiter verdunstete, aber kein Frischwasser mehr hinzukam, stieg der Salzgehalt des Sees von ursprünglich etwa einem auf über 3,3 Prozent. Auf dem Land, das vom Seewasser freigegeben wurde, türmen sich heute weiße Dünen aus Salz. Der Wind bläst das Salz über die gesamte Region und macht die alten wie die neuen Felder zu Wüsten. In manchen Gebieten wurden Ablagerungen von einer Tonne Salz pro Jahr und Hektar gemessen. Aber es ist nicht nur das Salz, das alles Leben unter sich begräbt. Jahrzehntelang wurden Massen an Düngemitteln, Pestiziden und Herbiziden verspritzt, darunter DDT und Agent Orange. All diese Stoffe sind noch vorhanden und vermischen sich mit dem Salz zu einem weißen Leichentuch.

Die politischen Erben der Sowjetunion in dieser Region, Kasachstan und Usbekistan, haben heute mit den gewaltigen Folgen dieses Irrsinns zu kämpfen. 60 000 Arbeitsplätze gingen allein in der Fischerei verloren. Die Bevölkerung verlor nicht nur ihre Lebensgrundlage, sondern auch ihre Gesundheit. Die Lebenserwartung liegt heute unter der des Jahres 1975. Die Sterblichkeitsrate aufgrund von Krebs, TBC, Hirnhautentzündung und anderen Erkrankungen ist um das Fünfzehnfache gestiegen. Die Zahl der Fehlgeburten und Kinder, die mit Missbildungen zur Welt kommen, ist erschreckend hoch. Der Aralsee, ursprünglich rund 68 000 Quadratkilometer groß, hat nur noch weniger als 14 000 Quadratkilometer – aus anderthalbmal Schweiz ist weniger als ein Drittel der Schweiz geworden. Zudem ist der See in mehrere Teile zerfallen. Der menschengemachte Wandel des Sees hat auch das Klima der Gegend verändert. Die Sommer sind heißer, die Winter kälter, die Zahl der Frosttage ist gestiegen, Stürme fegen über das verwüstete Land.

Der Aralsee war einmal der viertgrößte See der Erde und ermöglichte seinen Anwohnern eine gute Lebensqualität. Heute ist er ein toter Tümpel mit rostzerfressenen Schiffswracks, die inmitten einer lebensfeindlichen Wüste vor sich hinrotten. Der Aralsee ist ein Beispiel für den unwiderruflichen Niedergang einer ganzen Region, mit katastrophalen Folgen für Natur, Wirtschaft und Gesellschaft.

Wie konnte das geschehen? Nötig waren nur eine Regierung im fernen Moskau auf der Suche nach einer Möglichkeit, dringend benötigte Devisen an Land zu ziehen, eine »gute Idee« und menschenverachtende Ignoranz gegenüber den zukünftigen Folgen für die ganze Region und ihre Bevölkerung. Warnungen hatte es genug gegeben. Doch was Jahrzehnte später die Folgen sein könnten, war den Verantwortlichen gleichgültig. Es war weit weg, zeitlich und auch räumlich. Wir brauchen die Devisen hier und jetzt, werden sie sich gedacht haben.

Wir leben in einer Kurzfrist-Kultur globalen Ausmaßes, die schon heute dramatische Folgen hat, für unser individuelles Glück, den Erfolg von Organisationen, unseren kollektiven Wohlstand und auch für unseren Fortbestand als Spezies. Die teuren und oft tödlichen Folgen beginnen sich aufzutürmen.

Im September 2000 kamen fast alle Staats- und Regierungschefs der Erde zu dem bis dahin größten Gipfeltreffen der Vereinten Nationen zusammen. Hochrangige Vertreter der UN, der Weltbank, des Internationalen Währungsfonds und der OECD bildeten eine Arbeitsgruppe, die die sogenannte Millenniums-Erklärung[1] vorbereitete, die dann von 189 Ländern verabschiedet wurde. Diese Erklärung war die größte Herausforderung der Menschheit für die kommenden Jahrzehnte. Ein Jahr später wurden aus dieser Erklärung die acht Millenniums-Entwicklungsziele[2] abgeleitet, die sich die Weltgemeinschaft gesetzt hat.

1. Extreme Armut und Hunger beseitigen
2. Die Grundschulausbildung für alle Kinder gewährleisten
3. Die Gleichstellung und den größeren Einfluss der Frauen fördern
4. Die Kindersterblichkeit senken
5. Die Gesundheit der Mütter verbessern
6. HIV/Aids, Malaria und andere Krankheiten bekämpfen
7. Eine nachhaltige Umwelt gewährleisten
8. Eine globale Partnerschaft im Dienst der Entwicklung schaffen

Manchmal können wir offenbar die Zukunft doch sehen und sind in der Lage, erforderliche Maßnahmen vorzudenken. Aber danach handeln? Acht Ziele, acht Problemfelder.

Schaut man sie sich genauer an, erkennt man, dass beinahe alle diese Problemfelder ihren Ursprung darin haben, dass die Menschheit in Vergangenheit und Gegenwart zukunftsblind agiert hat und immer noch agiert.

Der Zusammenhang dieser acht Zukunftsfelder mit der Kurzfrist-Kultur als zentraler Ursache ist offensichtlich.

Wenn heute noch immer ein großer Teil der Menschheit unter Armut und Hunger leidet, dann deshalb, weil »Entwicklungshilfe« in den meisten Fällen nach wie vor bedeutet, die kurzfristige Lösung in Form von Geld- und Nahrungsmitteltransfers der langfristigen Perspektive der Bildungs- und Wirtschaftsförderung vorzuziehen. Schließlich dürfen die Anbieter auf den heimischen Märkten nicht noch mehr Konkurrenz bekommen.

Wenn noch immer ein viel zu großer Teil der Kinder keine Schule besucht, dann deshalb, weil der kurzfristig nützliche Beitrag der arbeitenden Kinder zum Familieneinkommen höher geschätzt wird als die langfristig sinnvollere Alternative, die Kinder gut auszubilden und damit ihren Familien und Dörfern ein besseres und gesünderes Leben zu ermöglichen.

Wenn, wie der WWF-Wald-Index zeigt, immer noch jedes Jahr 13[3] Millionen Hektar Wald gerodet werden, dann deshalb, weil wir den sofortigen wirtschaftlichen Gewinn der nachhaltigen Waldbewirtschaftung vorziehen, selbst wenn Arten sterben und uns allen mit dem Wald buchstäblich die Luft zum Atmen genommen wird.

Wenn uns um 2050 nur noch die Hälfte der heute pro Kopf verfügbaren Anbaufläche zur Verfügung stehen wird,[4] dann auch deshalb, weil wir es nach zehntausend Jahren Ackerbau und trotz allen technischen und wissenschaftlichen Fortschritts immer noch nicht geschafft haben, wirklich nachhaltig mit Mutter Erde umzugehen. Mit Überweidung, bewässerungsbedingter Versalzung, Zubetonierung und dem fragwürdigen Einsatz chemischer Substanzen sägen wir am Ast, auf dem wir sitzen.

Wenn der weltweite Fischfang seit 1950 unfassbare 90 Prozent[5] des Bestandes an großen Fischen vernichtet hat, dann deshalb, weil der Geldgewinn jetzt fließen soll, weil der Fischfang sogar noch subventioniert wird und weil wissenschaftlich fundierte Empfehlungen für Fangquoten von der EU einfach verdreifacht werden und weil die Fischfabriken auf hoher See sich noch nicht einmal um diese hohen Quoten scheren.

90 Prozent! Die Fischerei-Industrie räumt immerhin siebzig Prozent ein. Man hat den Eindruck, dass die Menschheit einen totalen Krieg gegen die Fische führt und deren Ausrottung das angestrebte Ziel ist. Dabei ernähren sich 1,3 Milliarden Menschen hauptsächlich von Fisch. Die Überfischung schadet nicht nur der Biosphäre und unseren Nahrungsgrundlagen. Sie trifft die Fischerei sogar genau dort, wo sie eigentlich gewinnen will: Einem UN-Bericht zufolge verliert die Fischerei-Industrie durch die selbstverursachte Überfischung jedes Jahr 50 Milliarden Dollar.[6]

Wenn auch weiterhin wissenschaftliche und technologische Innovationen zur Verbesserung des Lebens in weiten Teilen der Welt nicht zur Anwendung kommen, weil nationale oder individuelle Interessen, ethnische Konflikte, Terrorismus und organisierte Kriminalität bislang die Durchsetzung ethischer Standards als Grundlage globaler Entscheidungen verhindert haben, dann deshalb, weil die Kultur des Kurzfrist-Denkens auf dem gesamten Globus Normalität ist und wir auf allen gesellschaftlichen Ebenen kein Bewusstsein für die langfristigen Folgen dieser Kultur haben.

Durch die Zeiten

Die Kurzfrist-Denke ist keineswegs neu. Sie ist nicht etwa eine »Krankheit«, die uns erst im Industriezeitalter befiel. Zahlreich sind die Geschichten über Ureinwohner, die in ewigem Einklang mit ihrer Umwelt gelebt haben sollen. Aber sie sind nicht ganz wahr.

Auch Indianer haben mehr Tiere erlegt, als sie essen oder verarbeiten konnten, wenn sich die Möglichkeit dazu bot. Nur lassen sich nicht sehr viele Bisons töten, wenn man sie zu Fuß und mit Pfeil und Bogen erlegen muss. Unsere Vorfahren in Mitteleuropa haben vermutlich ganze Herden von Wildpferden über die Klippen in den Tod gejagt. Die meterdicke Knochenschicht, die man unterhalb des Felsens von Solutré bei Lyon fand, gibt über diese Jagdmethode ein eindrucksvolles Zeugnis ab. Auch die Vorfahren der nordamerikanischen Indianer waren vor rund 15 000 Jahren mit großer Wahrscheinlichkeit an der Ausrottung von Mammut und Mastodon, Riesenfaultier und Säbelzahntiger maßgeblich beteiligt. Insgesamt 30 Arten jagdbaren Wilds tilgten sie nach übereinstimmender Ansicht vieler Wissenschaftler von der Erde. Auch das Urpferd fiel ihnen zum Opfer.

Die Anasazi aus dem Südwesten der USA haben schon vor tausend Jahren für ihre bis zu fünfstöckigen Pueblos die Wälder ihrer Umgebung so gründlich abgeholzt, dass nur noch eine unfruchtbare, unbewohnbare Landschaft zurückblieb. Die Maori auf Neuseeland, die Polynesier auf der Osterinsel, die Griechen der Antike auf dem Peloponnes, die Römer in Dalmatien – sie alle holten sich an Holz, was zu holen war.

»Nimm, was du kriegen kannst, und zwar jetzt sofort« – diese Art zu denken und zu handeln hat uns offenbar schon immer ausgezeichnet. So weit man auch zurückschaut, die Auswirkungen unseres Tuns auf unsere Zukunft waren selten ein Thema.

Auch im ganz Persönlichen gehört die Kurzfrist-Orientierung

seit jeher zum Menschen. Wie heute wurde man auch in der Antike und im Mittelalter fett, wenn man zu viel aß und sich zu wenig bewegte. Anders als heute stellte sich nur selten die Frage, ob man sich mäßigen oder seinen Gelüsten freien Lauf lassen sollte. Die meisten Menschen mussten hart arbeiten und kämpfen, um einigermaßen genug zu essen zu haben. Die Gier nach Essen erfüllte einen wichtigen Zweck, sie sicherte schlicht das Überleben.

Die Kurzfrist-Orientierung ist in uns angelegt. In seinem Buch *Gefühlte Zeit*[7] schrieb Marc Wittmann treffend: »Nur was in einem gewissen Zeithorizont der Gegenwärtigkeit angesiedelt ist, wird für den zeitlich Kurzsichtigen handlungsrelevant. Alles, was zeitlich weiter entfernt ist, jenseits eines gewissen Zeithorizonts, findet dagegen keine Berücksichtigung.«

Solange der Mensch seine Umwelt nur in begrenztem Maße schädigen konnte, war seine Kurzfrist-Denke kein großes Problem. Solange sich die Welt nur langsam veränderte, kam der Mensch mit seiner angeborenen Gegenwarts-Orientierung gut zurecht.

Es gab also eine Zeit, in der der Mensch mit seinem Kurzfrist-Hirn ziemlich gut ausgerüstet war, in der er nicht falsch handelte.

Erst im Zuge der Industrialisierung wurde das Kurzfrist-Denken zum Nachteil und zum Problem. Die Verhältnisse begannen zu kippen. Durch den technischen Fortschritt verfügten wir plötzlich über einen viel stärkeren Hebel. Unsere Möglichkeiten begannen unsere Fähigkeit zur Abschätzung der Folgen zu übersteigen. Wir können nicht nur eine ganze Herde Wildpferde erlegen, wir können mit Leichtigkeit tausende Arten vom Erdboden tilgen. Es werden nicht nur ein paar Reiche und Mächtige übergewichtig. In den modernen Überflussgesellschaften hat jedermann Kalorien im Überfluss zur Verfügung. Übergewicht und Fettleibigkeit sind ein Massenphänomen.

Manche nennen unser Zeitalter das Anthropozän, das Zeitalter, in dem der Mensch die Fähigkeit erlangt hat, die Biosphäre und damit seine Lebensgrundlagen zu gestalten und zu zerstören.

Heute hat uns unser selbstgemachter Fortschritt überholt.

Unser kurzfristiges Denken und Handeln bringt uns in große Gefahr.

Der Mensch ist zwar das einzige Wesen, das über ein paar Stunden[8] hinaus über die Zukunft nachdenken kann, aber er kann es nicht besonders gut. Diese zeitliche Kurzsichtigkeit ist keine Krankheit, keine Abweichung vom Normalen. Sie ist Normalität.

Aber die Nachhaltigkeit …

Aber wir haben doch schon seit 1987 das Konzept für nachhaltige Entwicklung, könnte man ausrufen. Das mit der Kurzfrist-Orientierung ist doch ein alter Hut, das Problem schon längst gelöst. In gewisser Weise hätte man mit diesem Einwand recht. Kaum ein Werk ist so häufig und intensiv für Zukunftsüberlegungen herangezogen worden wie der 1987 veröffentlichte Bericht der Weltkommission für Umwelt und Entwicklung unter dem Vorsitz von Gro Harlem Brundtland. Darauf aufbauend wurde 1992 auf der UN-Konferenz für Umwelt und Entwicklung in Rio de Janeiro die Agenda 21 beschlossen. 178 Staaten einigten sich auf die Verwirklichung der Empfehlungen der Brundtland-Kommission, auf freiwilliger Basis versteht sich. Die deutsche Fassung des Umsetzungsprogramms umfasst 360 Seiten und bildet die Grundlage für hunderttausende lokaler Agenden in Kommunen weltweit.

Eine Vision von einer besseren Zukunft zu entwickeln, Etappenziele zu formulieren und Maßnahmen zu vereinbaren, war ein erster unverzichtbarer Schritt, um die Zukunft des Menschen auf der Erde zu sichern. Noch lobenswerter ist, dass diese Vision auf einer umfassenden Betrachtung der absehbaren und vorstellbaren Umfeldentwicklungen und einer breit angelegten Erkennung und Entwicklung von Zukunftschancen beruht. Das ist ein Beispiel purer Langfrist-Orientierung!

Das Problem der Kurzfrist-Falle ist jedoch nicht die gute Absicht, sondern das reale Tun. Und das macht den zentralen Engpass aus auf dem Weg zu mehr Nachhaltigkeit. Oder anders gesprochen, den Engpass zu einer stärkeren Zukunftsorientierung des einzelnen Menschen und damit unserer Unternehmen, unserer Organisationen und unserer Staaten.

Damit wir uns nicht missverstehen: Wenn ich von Nachhaltigkeit spreche, meine ich das Prinzip, demgemäß wir die Qualität unserer heutigen Lebenswelt durch unser Sein und Wirken zumindest nicht schlechter machen dürfen. Das heißt nach meiner Auffassung allerdings nicht unbedingt, dass in unserer Lebenswelt alles so bleiben muss, wie es ist. Begriff und Idee der Nachhaltigkeit stammen aus der Forstwirtschaft. Es soll nie mehr Holz geschlagen werden als im gleichen Zeitraum nachwächst. Das heißt nicht, dass der Wald nicht verändert werden darf. Es kann auch ein anderer und besserer Wald werden.

Ja, wir wissen genau, was Nachhaltigkeit ist. Wir wissen auch ungefähr, was dafür getan und unterlassen werden muss. Die spärlichen realen Erfolge der unzähligen Agenden zeugen jedoch leider davon, dass wir, wenn es auf konsequentes Handeln ankommt, es doch lieber im Jetzt gemütlich und schön haben wollen und die Nachhaltigkeit dann doch nicht so wichtig ist. Nach wie vor lohnt es sich wirtschaftlich und emotional, es sich auf Kosten unserer Zukunft im Jetzt gutgehen zu lassen.

Die Agenda 21 spricht an keiner Stelle direkt die dem Menschen innewohnende Kurzfrist-Orientierung an. Wenn es auch nur in Ansätzen gelänge, den einzelnen Menschen auch auf emotionaler Ebene dazu zu bewegen, das rational Beschlossene wie das Zukunftskonzept der Agenda 21 auch tatsächlich umzusetzen, bestünde eine wesentlich größere Chance für eine gute Zukunft der Menschheit.

Die Welt ist so, wie sie ist, weil der Mensch so ist, wie er ist.

Und er ist ein Kurzfrist-Tier. Um zu verstehen, wie es zu dieser fatalen Kurzfrist-Orientierung des Menschen kam, müssen wir nachvollziehen können, wie der menschliche Geist, wie das offensichtlich auf Kurzfrist-Denken programmierte Gehirn eigentlich funktioniert.

Engel und Dämonen

Unter dem hauchdünnen Deckglas tobt das Leben. In dem Wassertropfen, den der Lehrer aus einer Blumenvase auf den Objektträger pipettiert hat, wuseln winzige Einzeller. Das Bild, das durch das Objektiv des Mikroskops zu sehen ist, wird über einen Beamer an die Wand des Klassenzimmers projiziert. Die Schüler sehen Pantoffeltierchen scheinbar ziellos herumrudern. Mit ihren Wimpernkränzen bewegen sie sich durch den für sie unendlichen Ozean. Manche von ihnen haben an kleinen Inseln aus verrottenden Pflanzenresten festgemacht, wo es besonders viele Bakterien gibt. Das ist ihre Nahrung. Der Lehrer will seinen Schülern etwas demonstrieren. Er träufelt ein wenig Essig dicht neben das Deckglas, so dass die Säure langsam darunterzieht und sich im Wassertropfen ausbreitet.

Die Bewegungen der Pantoffeltierchen, die zuvor noch lustig umhergetrudelt sind, bekommen nun eine eindeutige Richtung. Flucht! Weg von der ätzenden Umgebung, dorthin, wo das Wasser noch rein ist. Auch die, die einen Ort mit Nahrung im Überfluss gefunden hatten, verlassen fluchtartig das Gebiet in Richtung niedrigerer Säurekonzentration. Dort, wo die Essigkonzentration am höchsten ist, ist der Wassertropfen nur wenige Sekunden später wie leergefegt.

Man könnte sagen, dass sich Pantoffeltierchen nach dem Pain-Pleasure-Principle verhalten. Hin zur Nahrung, zur Wärme, zu angenehmen Umgebungsbedingungen – und weg von allen schädlichen Einflüssen wie Säure oder anderen Giften. Ihre Bewegung ist die Resultierende aus positiven und negativen Umgebungseinflüssen.

Das Leben kann so einfach sein!

Der innere Hedonist

Auf der Suche nach dem Ursprung des Kurzfrist-Denkens müssen wir uns zunächst darüber klar werden, was den Menschen antreibt. Welche Mechanismen sind es, die ihn sich für eine kurzfristig angenehme oder eine langfristig sinnvolle Lösung entscheiden lassen? Ist in uns ein kaum zu überwindender Drang zu kurzfristigem Handeln festgelegt? Gibt es noch andere, womöglich gegenläufige Kräfte?

Es gibt immer noch Psychologen, die das Handeln eines Menschen allein damit erklären, dass es ihm Vergnügen, Spaß und Freude bereitet und ihn vor Schmerz bewahren soll: Wir essen, um unseren Hunger zu stillen. Wir fahren ein dickes Auto, weil der Nachbar eins fährt und um uns gut zu fühlen. Wir machen Geschenke, um von einer starken Beziehung zu profitieren. Demnach ginge es nur um das Ich, das Ego. Demnach wären wir alle pure Egoisten.

Ein Arzt, der seinen Jahresurlaub in einem staubigen und stinkenden Flüchtlingslager verbringt, um Kinder zu impfen, täte dies also allein deshalb, um vor sich und seinen Kollegen gut dazustehen – und nicht, weil ihm das Schicksal völlig Fremder am Herzen liegt und er bereit ist, deswegen auf einen Teil seines Verdienstes, die wohlverdiente Erholung und auf Komfort zu verzichten. Träfe Ersteres zu, gäbe es keinen echten Altruismus, kein selbstloses Handeln.

Diese Art menschlichen Handelns und Denkens, das an der eigenen Freude ausgerichtet ist, wird Hedonismus genannt. Der Hedonist strebt nach Vergnügen und Lustgewinn. Er will Schmerz und Leid um jeden Preis vermeiden. Schon um 300 v. Chr. sagte der griechische Philosoph Epikur, dass es die Aufgabe eines Menschen sei, sein Leben möglichst voll Freude und Lust und frei von Leid zu führen. Das mache ein gutes Leben aus. Das Leben in vollen Zügen zu genießen, wie es der Hedonist tut, ist an sich nichts Schlimmes, denn dahinter steckt eine positive Absicht: »Mir soll es gutgehen«. Immerhin ist das Ziel des Hedonisten nicht, dass es einem anderen schlecht geht. Das wäre nur ein unbeabsichtigter Kollateralschaden. Er achtet nicht darauf, ob er anderen schadet. Auch nicht darauf, ob er sich selbst in der Zukunft schadet. Das ist dem Hedonisten egal. So weit blickt er nicht voraus.

Sind wir alle pure Hedonisten? Haben wir alle nur das egoistische Ziel, Schmerz zu meiden und Lust zu empfinden? Ich bezweifle das und bin damit nicht ganz allein.

Der englische Philosoph und Sozialreformer Jeremy Bentham erweiterte das Konzept des Hedonismus vom Individuum auf die Allgemeinheit. Und er dehnte den Betrachtungshorizont vom Jetzt auf die Zukunft aus. Ihm zufolge sollen wir so vielen Menschen wie möglich das größtmögliche Glück gewährleisten. Er nannte es das »greates happiness principle«[9]. Bentham schlug vor, die zu erwartende Freude all derer einzubeziehen, die von einer Entscheidung oder Handlung betroffen wären. Dabei sollte die voraussichtliche Dauer und Intensität der Freude und neben ihrer Wahrscheinlichkeit auch die zeitliche Entfernung der Freude bemessen werden. Er nannte es das hedonistische Kalkül. Im Grundsatz ist das sehr logisch und nachvollziehbar, im praktischen Leben leider etwas sperrig. Bentham muss man es hoch anrechnen, dass er den Hedonismus nicht in erster Linie als egoistisch verstand, sondern mit seinem Leitprinzip Ethik und Moral fördern wollte. Die »Gesamt-Freude«, das »Gesamt-Glück« oder eben der Gesamt-Nutzen sollen maximiert werden. Utilitarismus nennen das die Philosophen.

Jahrzehntelang ging die Wirtschaftstheorie vom Homo oeconomicus aus. Der Mensch habe nichts anderes als Nutzen- und Gewinnmaximierung im Sinn. Er wäge Einsatz und Ertrag stets rational ab, um ein für ihn optimales Ergebnis zu erzielen. Dieses Verhalten wurde jedem Menschen unterstellt, obwohl im Alltag erlebbar ist, dass der Mensch eben nicht auf ein »Ich will mehr haben« reduzierbar ist und bei seinen Entscheidungen keineswegs rein rational vorgeht. Ganz im Gegenteil. Die Mathematiker Reinhard Selten und John Nash sowie der Wirtschaftswissenschaftler John Harsanyi widerlegten diese Grundannahme der traditionellen Mikroökonomie und deckten die Irrationalität unseres Entscheidens und Handelns im wirtschaftlichen Alltag auf.[10] Die Auswirkung ihrer Forschungsergebnisse auf das Verständnis wirtschaftlicher Zusammenhänge war so groß, dass sie 1994 den Nobelpreis für ihre Arbeiten erhielten.

Dass Menschen bei ökonomischen Entscheidungen nicht nur auf Gewinnmaximierung aus sind, zeigt das bekannte Ultimatum-Spiel. Entwickelt wurde es von Werner Güth, damals Ökonomieprofessor am Max-Planck-Institut zur Erforschung von Wirtschaftssystemen in Jena, und seinen Mitarbeitern.[11] Eine von zwei Versuchspersonen bekommt 100 Euro mit der Auflage, das Geld mit der zweiten Person zu teilen. Versuchsperson Nummer eins entscheidet, welchen Betrag sie abgibt. Das kann ein Euro sein oder auch die gesamte Summe. Der Reiz an der Sache ist, dass Versuchsteilnehmer Nummer zwei ein Veto einlegen kann. Wenn er meint, sein Partner würde ihm zu wenig überlassen, kann er den Deal platzen lassen. Dann gehen beide leer aus. Wäre der Mensch nur auf seinen eigenen Vorteil aus – ein Homo oeconomicus –, dann würde jeder Proband dem anderen nur einen lausigen Euro anbieten. Nummer zwei wäre einverstanden, denn ein Euro ist immer noch mehr als kein Euro. Das Experiment bewies aber, dass Menschen eben nicht allein nach wirtschaftlichem Kalkül handeln. Das Gefühl für Fairness stieß die These vom rein rational handelnden Menschen um, und zwar auf beiden Seiten: Nur jeder zehnte Geber hatte die Stirn, nur zehn Euro oder weniger anzubieten. Im Durchschnitt wollten die Geber 67 Euro für sich selbst behalten. Und mehr als die Hälfte derer, denen weniger als 20 Euro angeboten wurden, lehnte die Offerte ab, um den Geizhals zu bestrafen, obwohl sie dann gar nichts bekamen. Eigentlich irrational. Wir zielen mit unseren Entscheidungen also nicht egoistisch und rational gesteuert primär auf Nutzenoptimierung ab. Vielmehr ist unser Verhalten emotional beeinflusst und sozial motiviert. Es geht uns auch um Fairness und Vertrauen.

Den puren Homo oeconomicus gibt es also nicht, ebenso wenig den reinen egoistischen Hedonisten. Wir sind wesentlich vielschichtiger und komplizierter als Pantoffeltierchen. Die Frage ist, wie dieser Wirrwarr aus rational und emotional, egoistisch und altruistisch, Freude und Leid zu entschlüsseln ist. Einfache Erklärungsmuster für unser Verhalten wie etwa rationale Nutzenmaximierung oder größtmögliche Freude greifen zu kurz, wie wir gesehen haben. Was aber treibt uns dann bei Entscheidungen im Hier und Jetzt wirklich an und wie hängt das mit unserer Kurzfrist-Orientierung zusammen?

Zwei Seelen in jedem Kopf

Es gibt nicht *den* Hedonisten. Aber der Hedonist steckt in jedem von uns. Und er hat einen kräftigen Gegenspieler.

In jedem von uns gibt es zwei Pole, zwei innere Stimmen. Bei jeder Entscheidung kämpfen sie miteinander um unsere Aufmerksamkeit. Man könnte sie Engel und Dämon nennen.[12]

Der Engel in uns denkt langfristig; zeigt in die Zukunft. Er weiß um die zukünftige Belohnung für die Mäßigung oder Mühe, zu der wir heute imstande sind. Der Engel in uns weist uns den oft dornigeren Weg. Den Weg, der riskant ist, weil ja niemand genau weiß, wie die Zukunft wird. Der Engel versteht natürlich, dass es uns jetzt im Moment besser gehen würde, wenn wir das Lust-

Abbildung 1: Zwei Seelen im Kopf: Dämon und Engel

prinzip walten ließen. Aber er macht uns klar, dass es in der Summe keinen Gewinn für uns bedeuten würde. Denn der Engel hat sehr genau im Blick, welche Auswirkungen das kurzfristig orientierte Handeln auf uns und andere hätte und welchen Schaden es anrichten würde, gäben wir immer dem Lustprinzip nach.

Dieser Teil von uns weiß um das Licht, das in der Ferne strahlend hell leuchtet. Hören wir auf den Engel in uns, nehmen wir eine Wegstrecke durch die Dunkelheit auf uns, bevor wir auch nur in die Nähe des Lichts am Ende des Tunnels kommen. Das auszuhalten ist schwer. Erst wenn wir schon eine Weile auf dem ungemütlichen Weg unterwegs waren, können auch wir es hell leuchten sehen. Von der heutigen Position aus betrachtet, wenn wir vor der Entscheidung stehen, auf Engel oder Dämon zu hören, ist das Strahlen nur schwach oder gar nicht zu erkennen.

Der Dämon dagegen ist als Meister des Kurzfrist-Denkens auf sofortigen Genuss aus. Er ist der Hedonist in uns, der ein pralles Leben im Hier und Jetzt genießen will. Auch wenn er ahnt, dass er sich mit seinem Wunsch wahrscheinlich einen Riesenärger einhandeln wird, dass er sich blamieren oder gar scheitern wird, kann er sich nicht dazu durchringen, das zu tun, was jetzt im Moment keine Lust bereitet oder gar Schmerzen verursacht. »Lass mal, das kannst du auch später noch machen. Greif jetzt zu! Wer weiß, was morgen ist!« In der Bibel wird der Teufel auch »der Versucher« genannt. Ähnlich will der Dämon in uns, dass wir der Versuchung erliegen, das sofortige Glück zu genießen, ganz gleich, welche Folgen es hat.

Für den Engel ist die Zukunft der Zeitpunkt, an dem wir die Belohnung für unseren heutigen Verzicht und die heutige Anstrengung erhalten werden. Aber auch für den Dämon ist die Zukunft von Nutzen: Dorthin wird all das geschoben, was er heute nicht tun will.

Es ist wie mit den Tugenden und Lastern in den Religionen, sei es im Christentum, im Islam oder im Buddhismus. Die Tugenden verlangen Geduld und Disziplin auf Erden im Tausch gegen das ewige Leben oder eine andere Art von guter Zukunft. Mit Lastern tauschen wir Vergnügen auf Erden gegen die spätere Hölle. Der Nutzen aus Tugenden ist kurzfristig gering, wird aber langfristig groß sein, so die Verheißung. Der Nutzen aus Lastern, also dem Vergnügen, ist kurzfristig groß, wird aber später schaden, so die Drohung. Die Kosten der Tugenden sind in der Regel klein, aber sie fallen unmittelbar an, wohingegen die Kosten der Laster groß sind, aber erst später zu tragen sind.

Nur mit dem Dämon in uns wären wir alle reine Hedonisten. Zum Glück ist er nicht allein. In jedem von uns gibt es mit dem Engel auch die Gegenkraft, die uns zur Langfrist-Lösung rät. Und genau das ist der große Unterschied zur These des psychologischen Hedonismus, wir seien eine zukunftsblinde Lust-Schmerz-Maschine. In uns ist sehr wohl die Möglichkeit angelegt, uns für das langfristig Bessere zu entscheiden. Nur leider fällt es uns zu oft unendlich schwer.

Das Problem ist keineswegs neu. Nur gelöst ist es leider noch lange nicht. Man weiß es intuitiv, und eine große Anzahl an Studien hat das banal Anmutende auch nachgewiesen: Menschen sind erfolgreicher, wenn sie bei wichtigen Entscheidungen nicht nur die Zeitspanne der nächsten Sekunden, Minuten und Stunden, sondern ihr gesamtes Leben im Blick haben. Organisationen stehen signifikant besser da, wenn sie mit einem langfristigen Denk- und Handlungshorizont geführt werden. In Unternehmen erkennt man das an der Bereitschaft der Eigner und Entscheider, kurzfristige Belohnungen zugunsten langfristiger zurückzustellen, also auf hohe Gewinne im Jetzt zu verzichten und die Mittel stattdessen in die Zukunft zu investieren.

Dass Kinder, die in der Lage sind, sofortige Belohnungen aufzuschieben, um später eine größere Belohnung zu bekommen, auch später im Leben deutlich bessere Chancen haben, hat der bekannte Marshmallow-Test an der Stanford University[13] schon Ende der 60er Jahre eindrucksvoll gezeigt. Die lustigen Video-Clips solcher Tests mit Kindern werden millionenfach im Internet angeklickt und sogar in Werbespots kopiert.

Dass Kurzfrist-Orientierung keinen langfristigen Erfolg nach sich zieht, belegen auch die vom Heidelberger Sinus-Institut beschriebenen Lebenswelten. Die sogenannten Sinus-Milieus bilden Gruppen einer Gesellschaft ab. Sie helfen Unternehmen, Zielgruppen und damit potentielle Kunden zu identifizieren, indem die Gesamtheit der Gesellschaft in sinnvolle und fassbare Gruppierungen aufgegliedert wird. Zehn Sinus-Milieus sind zurzeit beschrieben, darunter das »Konservativ-etablierte Milieu«, das »Traditionelle Milieu« und die »Bürgerliche Mitte«. Mit einem gesellschaftlichen Anteil von jeweils 15 Prozent ist das »Hedonistische Milieu« neben dem »Traditionellen Milieu« das größte. Und so definiert das Institut die Hedonisten: Auf Unterhaltung fixiert wollen sie ein abwechslungsreiches und spannendes Leben führen. Sie leben im Hier und Jetzt, ernähren sich gerne von Fast Food und verweigern sich der Leistungsgesellschaft. Laut Sinus sind Menschen mit dieser an Spaß und Erlebnis orientierten Lebenshaltung überwiegend in der von Sinus so bezeichneten Unterschicht und unteren Mittelschicht zu finden. Wenn jemand nur auf »Fun und Action« aus ist, hat der Engel nicht viel zu melden. Und wer fast nur auf seinen Dämon hört, kommt im Leben offenbar nicht weit.

Fast jeder siebte ist nach der Sinus-Einteilung ein »Hedonist«. Das heißt gleichzeitig, dass bei 85 Prozent der Menschen der Engel gute Chancen hat, sich zumindest gelegentlich gegen die Kurzfrist-Orientierung durchzusetzen. Ich finde es erstaunlich, wie oft der Engel über den Dämon siegen könnte. Trotzdem wählen wir immer noch viel zu selten die langfristig bessere Lösung. Wie kommt das?

Denken und Tun

Auch wenn der Kampf zwischen Dämon und Engel wie ein Kampf zwischen Tiger und Hauskaninchen ist, auch wenn das Kräfteverhältnis der beiden Pole in uns unausgewogen ist und der Dämon fast immer stärker ist: Der Engel ist nicht ganz chancenlos.

Das ist eine wichtige Erkenntnis. Denn wäre es ein aussichtsloser Kampf, wären wir zum Leben auf Pantoffeltierchen-Niveau verurteilt. Dann bräuchten Sie dieses Buch auch nicht zu lesen. In uns allen steckt jedoch die Chance, dem Dämon nicht auf den Leim zu gehen. Diese Fähigkeit, uns für die Langfrist-Lösung zu entscheiden, können wir kultivieren. Damit uns das gelingt, müssen wir mehr darüber wissen, was passiert, wenn wieder mal der Dämon die Oberhand behält.

Als Erstes müssen wir zwischen der Kurzfrist-Falle im Denken und der Kurzfrist-Falle im Tun unterscheiden.

In die Kurzfrist-Falle im Denken tappen wir, wenn wir erst gar nicht auf die Idee kommen, einen Blick in die Zukunft zu werfen und sie in unsere Entscheidungen und Taten einzubeziehen. Dieses völlige Ausblenden der Zukunft kommt häufiger vor, als man annimmt. Selbständige, die sich nicht um ihre Altersvorsorge kümmern, obwohl sie keine staatliche Rente beziehen werden, sind dafür ein Beispiel. Genauso zukunftsblind verhalten sich Studenten, die bei der Auswahl ihrer Kurse ausschließlich ihrem persönlichen Interesse, oder anders gesagt, ihrer Lust folgen.

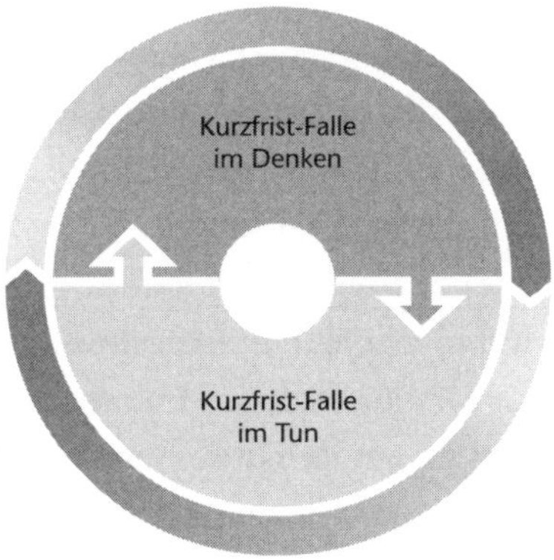

Abbildung 2: Kurzfrist-Falle im Denken und Kurzfrist-Falle im Tun

Ja, Studieren soll und »muss« sogar Freude machen, weil es sonst schon im Ansatz nicht zu einem erfüllten Berufsleben führt. Aber es braucht auch einen Abgleich mit den Fähigkeiten, die in der Arbeitswelt der Zukunft wertvoll sein werden.

Genauso verhalten sich auch die im Denken kurzfristig orientierten Manager, die ihrer Verpflichtung zum Zukunftsmanagement nicht nachkommen. Man hört dann Aussagen wie: »Unsere bisherige Strategie zu ändern, birgt zu viele Risiken« oder »Das Bewahren der Traditionen hat unser Unternehmen groß gemacht« oder »Die Visionen unserer Wettbewerber sind vollkommen illusorisch«. Manchmal ist es schlicht Faulheit, manchmal methodische Überforderung, manchmal auch Resignation, die zu Versäumnissen im Zukunftsmanagement führt. Meist ist es aber die reine Orientierung am kurzfristigen Wohlgefühl bei Ausblendung der Zukunft. Im Ergebnis bleibt es dasselbe.

Ich kann nachvollziehen, wenn sich Menschen nicht mehr zutrauen, sich die Zukunft oder gar mehrere verschiedene Szenarien der Zukunft vorzustellen und zu beurteilen. Denn die Zahl der Kurzfrist-Fallen ist in rasantem Tempo gestiegen. Niemand ist heute mehr wirklich in der Lage, die Komplexität eines Marktes umfassend und gleichzeitig im Detail zu verstehen. Wenn jederzeit vollkommen unerwartete Ereignisse und Entwicklungen eintreten können, fällt es zunehmend schwer, den langfristigen Blick zu bewahren und langfristig robuste Strategien zu entwickeln. Es gibt aber keine Alternative.

Wer sich nicht die Mühe macht, die zukünftige Entwicklung seines Umfelds und die Auswirkungen seiner Entscheidungen auf seine eigene Zukunft zu betrachten, bringt sich um Orientierung, Sicherheit und Chancen. Und oft um die wirtschaftliche Existenz.

Das Gegenteil einer auch in der Zukunftsperspektive gut durchdachten Entscheidung ist das rein intuitive und meist sehr schnelle Vorgehen. Wer sich aus dem Bauch heraus entscheidet, macht sich nicht die Mühe, mögliche Szenarien zu erarbeiten, entsprechende Strategien zu entwerfen, sie zu beurteilen und darauf aufbauend eine für die Zukunft gute und robuste Strategie auszuwählen. Oft ist dabei der Dämon am Werk, der sich vor anstrengenden und unangenehmen Aufgaben drückt.

Wer die Kurzfrist-Falle im Denken zu umgehen weiß, hat allerdings noch lange nicht gewonnen. Langfristig zu denken bedeutet leider nicht, auch langfristig zu handeln. Wer sich der Mühe unterzogen hat, langfristig nützliche Strategien zu entwickeln, hat zwar gute Argumente und damit auch eine im Prinzip stärkere Motivation für zukunftsorientiertes Handeln. Doch auch hier lauert wieder der Dämon. Eine schwache oder gar fehlende Umsetzung macht die Zukunftsanalyse zur reinen Ressourcen-Verschwendung. Wenn unsere im Wesentlichen ausreichenden Erkenntnisse über die Zukunft und über die Folgen unseres Tuns nicht in zielführendes Handeln umgesetzt werden, hat unser Engel nur einen sinnlosen Etappensieg davongetragen.

Ich habe in vielen Unternehmen erlebt, dass mit besten Absichten und in hoher Qualität erstellte Zukunftsanalysen, intelligente Konzepte und hervorragende Strategien zwar vorlagen, aber folgenlos blieben. Es war alles da! An langfristigem Denken fehlte es nicht, aber am Tun. Ein viel zu großer Teil solcher Konzepte verpufft nahezu wirkungslos, weil die designierten Umsetzer allerlei Gründe haben, wider besseres Wissen entweder nichts, viel zu wenig oder gleich ganz andere Dinge zu tun. An anderen Projekten und Prozessen zu arbeiten als den dringend notwendigen verschafft ihnen kurzfristig Freude und Befriedigung. Oft ist es schlicht die Macht der Gewohnheit. Am Ende landet die Zukunftsstrategie in der Schublade oder auf irgendeinem Speichermedium.

Ohne langfristiges Denken kein bewusst langfristig ausgerichtetes Tun. Wenn aber dem Denken kein Tun folgt, ist die höchste methodische Kunst im Zukunftsmanagement vergebens. Dann ist die Sache verloren und oft auch die Firma. Wenn wir die Wahrscheinlichkeit, dass sich die Entscheider in einem Unternehmen ausreichend intensiv mit der Zukunft ihres Marktes befassen, mal optimistisch mit 30 Prozent annehmen, und wenn wir die Wahrscheinlichkeit, dass sie ihre Erkenntnisse wenigstens halbwegs in die Tat umsetzen, auch mit 30 Prozent annehmen, hat eine wirklich zukunftsorientierte Führung nur eine Chance von gerade einmal neun Prozent![14]

Ironischerweise führt uns die Kurzfrist-Falle im Tun direkt in die Kurzfrist-Falle im Denken. Zukunftsdenken ist durchaus anstrengend und es kostet Zeit. In einem stressigen Tagesgeschäft verschiebt man es gerne auf einen vermeintlich passenderen Zeitpunkt in der Zukunft. Manchmal für immer. Und so bleiben wir in der negativen Spirale der Kurzfrist-Orientierung. Hier liegt der zentrale Engpass auf dem Weg zu einer stärkeren Zukunftsorientierung des Einzelnen und damit von Unternehmen, Organisationen, Staaten und letztlich der ganzen Menschheit. Zukunftsmanagement muss sich stärker an der Natur des Menschen orientieren.

Dass Unternehmen, Organisationen und Staaten viel zu oft in die Kurzfrist-Falle tappen, hat noch einen weiteren Grund: die enorme Hebelwirkung Einzelner.

Die Macht des Zockers

Den Topf, in dem der Sonntagsbraten stundenlang schmorte, gleich auskratzen und spülen oder später? Getan werden muss es, keine Frage. Stattdessen lieber auf die Couch. Den schweren Bräter reinigen kann man ja auch noch nachher. Dumm nur, dass das eingebrannte Fett und die Saucenreste immer schwieriger zu entfernen sind, je später man den Abwasch angeht.

Bei der Kurzfrist-Falle geht es nicht um solche Kleinigkeiten. Daran stirbt niemand. Es hat keine ernsthaften Konsequenzen. Doch nicht nur in Frau und Herrn Jedermann, auch in den Köpfen der Mächtigen, der Unternehmer, der Aufsichtsräte und der Staatenlenker drängt sich der Dämon erfolgreich in den Vordergrund. Alle werden sie von diesem genusssüchtigen inneren Antreiber verführt.

Je größer der Verantwortungsbereich, desto weitreichender sind die Folgen der Kurzfrist-Falle.

Vor 100 oder 200 Jahren war es extrem selten, dass Einzelpersonen Einfluss auf Millionen anderer Menschen hatten. Nur Ausnahmepersönlichkeiten wie Alexander der Große hatten eine solche Macht. Mit seinen Eroberungsfeldzügen hat er das Leben unzähliger Menschen geprägt, verändert und beendet. Er trug seine Kultur und seinen Willen bis nach Ägypten und Indien.

Heute kann ein einzelner im Kurzfrist-Denken verhafteter Fondsmanager ganze Finanzsysteme ins Wanken oder gar zum Einsturz bringen. Nick Leeson, Angestellter der fast drei Jahrhunderte alten Barings Bank, wurde 1992 zum General Manager der Barings Securities in Singapur befördert. Schon ein Jahr später hatte er zwei Millionen Pfund durch Trading-Geschäfte verloren. Um den Verlust schnell auszugleichen, ging er riskantere Spekulationen ein. Doch er verkalkulierte sich wieder. Mit zunehmender krimineller Energie verstand er es, den Schaden vor seinen Vorgesetzten zu verheimlichen. Anfang 1994 waren es 23 Millionen Pfund, Ende desselben Jahres kam er schon auf 221 Millionen Verlust. Als er 1995 auf dem Frankfurter Flughafen festgenommen wurde, war er gerade 28 Jahre alt geworden und hatte insgesamt 825 Millionen Pfund in den Sand gesetzt. Peter Baring, Direktor des Geldhauses und direkter Nachfahre des Gründers, musste praktisch über Nacht Konkurs anmelden. Englands älteste Privatbank wurde von einem Konkurrenten für den symbolischen Preis von einem Pfund übernommen.

Ähnliches wiederholte sich knapp zehn Jahre später bei der zweitgrößten französischen Bank Société Générale. 2005 stieg Jérôme Kerviel zum Börsenhändler auf und schaffte es innerhalb der nächsten drei Jahre, knapp fünf Milliarden Euro zu verzocken. Und es ging weiter. 2011 versenkte der ghanaische Investmentbanker Kweku Adoboli 2,3 Milliarden US-Dollar auf Kosten der Schweizer UBS.

Offenbar ist es nicht möglich, den Einzelnen davon abzuhalten, seinem inneren Teufel zu gehorchen und dadurch großen Schaden anzurichten. Größeren Schaden, als sie jemals wiedergutmachen könnten – Jérôme Kerviel ist nicht nur zu mehreren Jahren Gefängnis verurteilt worden, sondern muss zusätzlich die verspekulierte Summe von 4,9 Milliarden Euro der Bank zurückzahlen. Mit dem Gehalt, das er zuletzt bei einer Computerfirma erhielt, braucht er dafür 177 000 Jahre.

Ein Euro

Wenn der Dämon in so vielen so oft die Oberhand behält, warum sind wir dann nicht schon längst buchstäblich zum Teufel gegangen? Warum sind Gesellschaften vor uns nicht elendig und gnadenlos dezimiert worden, warum sind wir eigentlich noch nicht ausgestorben?

Einen Teil der Antwort finden wir in den vielen äußeren Mechanismen, die das langfristige Denken und Handeln und damit den Engel in uns stärken. Wie ein Steuerungssystem für unser Verhalten klopfen sie uns genau dann auf die Finger, wenn wir in eine Kurzfrist-Falle zu tappen drohen.

Ein Beispiel auf kleinster Ebene erleben wir beim Einkaufen. Lange Zeit war es ein Problem, dass Supermarktkunden ihren Einkaufswagen nicht wieder zurück an den Eingang brachten, nachdem sie ihren Einkauf im Kofferraum verstaut hatten. Sie ließen ihn oft mitten auf dem Parkplatz stehen. Dass es zu Beeinträchtigungen beim Ein- und Ausparken bis hin zu Blechschäden kam und dass für nachfolgende Kunden zu wenig Einkaufswagen am Eingang bereitstanden, war diesen Kunden egal. Erst recht war ihnen egal, dass jemand dafür bezahlt werden musste, um hinter ihnen herzuräumen. Sie sahen gar nicht den Zusammenhang, dass damit auch die Preise im Supermarkt höher ausfallen mussten. Und wenn doch, waren ihnen damals die paar Pfennige mehr nicht die Mühe wert, den Einkaufswagen zurückzuschieben. Die Lösung dieses Problems war einfach: Es muss ein Euro im Einkaufswagen deponiert werden, um ihn nutzen zu können. Der Kunde leistet eine Kaution. Wird der Wagen nicht zurückgebracht, bekommt er auch den Euro nicht zurück. Es muss noch nicht einmal ein Euro sein, auch nicht ein halber. Schon ein Kunststoff-Scheibchen reicht. Fakt ist, dass der Kunde stets seine Kaution wiederhaben will. Die Wirkung dieser einfachen Maßnahme ist beeindruckend. Seither stehen die Wagen nicht mehr auf den Parkplätzen herum und versperren nicht mehr Wege und Parkplätze. Alle Kunden bringen sie brav dorthin zurück, wo man sie braucht. Kleine Maßnahme, große Wirkung.

Wer mit offenen Augen durch den Alltag geht, wird viele solcher Feedbackschleifen entdecken. Jedes Pfandsystem zielt darauf ab, langfristig schädliches Handeln zu unterbinden. Kontrolleure wachen in öffentlichen Verkehrsmitteln darüber, dass die Fahrgäste auch tatsächlich Fahrscheine gekauft haben. Stichproben reichen aus.

Für die Vorstände bei der Siemens AG gibt es ein Feedbacksystem besonderer Art. Sie müssen sich dazu verpflichten, ein Vielfaches ihres jährlichen Gehalts in Siemens-Aktien zu investieren. 300 Prozent gelten für den Vorsitzenden, 200 Prozent für die anderen Vorstände. Oft wird ja beklagt, dass Manager deshalb verantwortungslos handeln, weil ihr finanzielles Wohlergehen nur zu einem geringen Teil an das langfristige Wohlergehen ihres Unternehmens gekoppelt ist. Mit dem Siemens-Modell aber wird eine schwache Leistung des Vorstands auch unmittelbar in dessen Geldbeutel spürbar. Fallende Kurse ziehen einen empfindlichen Verlust an privatem Vermögen nach sich. Mehr noch, der Vorstand ist verpflichtet, bei gefallenem Kurs Aktien nachzukaufen. Diese Pflicht zum Nacherwerb ist ein starker Anreiz, nicht aus kurzfristigem Kalkül Werte zu riskieren, sondern sich am langfristigen Ertrag zu orientieren.

Natürlich gibt es Mittel und Wege, den Aufsichtsrat, die Aktionäre, die Öffentlichkeit, die Rating-Agenturen und die Behörden über die tatsächliche geschäftliche Lage eines Unternehmens im Unklaren zu lassen oder gar zu täuschen. Missstände können über Jahre unbemerkt bleiben, wie der Fall des Energiekonzerns Enron aus Texas gezeigt hat. Das einst als hochinnovativ ausgezeichnete Unternehmen wurde zu einer einzigen großen Blase, die am Ende mit dramatischen Folgen platzte. Milliarden US-Dollar an Aktienvermögen und auch die Altersversorgung vieler Mitarbeiter waren praktisch über Nacht weg. Auch der bis dahin hochgeachtete und solide Wirtschaftsprüfungskonzern Arthur Andersen brach darüber zusammen, weil man lieber das Mandat und Honorar behalten wollte, als allzu streng die Bücher zu prüfen. Dabei fielen die Zahlen und Ratings des Unternehmens noch kurz vor der Katastrophe vorzüglich aus. Allein der Vorstandsvorsitzende erhielt dafür einen Bonus von 300 Millionen US-Dollar! Das setzt zumindest grobe Fahrlässigkeit, zumeist aber Vorsatz und damit kriminelle Energie voraus.

Wer seinem inneren Hedonisten zu sehr Raum gibt und anderen damit schadet, wird bestraft. Für die Manager ist die gesellschaftliche Ächtung noch die harmloseste aller Folgen, oft landen sie für Jahre hinter Gittern. Diese Feedbacksysteme sind menschengewollt und menschengemacht. Sie sind Ausdruck einer kulturellen Errungenschaft. Sie sollen die Mitglieder einer Gemeinschaft oder die Gesellschaft als Ganzes dazu bringen, im Sinne des langfristigen Wohls aller Beteiligten zu denken und zu handeln.

Religionen, Rechtssysteme und Vereinssatzungen mit ihren

Regeln, Geboten und Vereinbarungen dienen dazu, dem Einzelnen Geleit für langfristig sinnvolles Handeln zu geben. Du sollst nicht ehebrechen. Du sollst nicht stehlen. Du sollst von deinem Reichtum abgeben. Du sollst an drei Wochenenden im Jahr das Vereinsheim in Schuss halten. Zum Feedbacksystem werden solche Normen dadurch, dass die Gemeinschaft oder Gesellschaft die langfristige Nützlichkeit des Verhaltens beurteilt und entsprechend belohnt oder bestraft. Die Belohnung kann schon allein darin bestehen, dass man weiterhin dazugehören darf.

Allein mit der Installation solcher Feedbacksysteme ist es aber nicht getan. Ihre Wirkung muss ständig beobachtet und ihre Funktion verbessert werden. Blockieren plötzlich wieder Einkaufswagen die Parkplätze, weil den Kunden der eine Euro nicht mehr wert genug ist, um den lästigen Gang zurück zum Eingang des Supermarkts auf sich zu nehmen? Dann muss die Feedbackschleife anders konstruiert werden. Reicht es, den Einsatz auf zwei Euro zu erhöhen? Oder braucht es einen ganz anderen Ansatz?

Oft scheitern die durch Politik oder Unternehmensführung installierten Lenkungssysteme daran, dass das Feedback nur auf rationaler Ebene wirkt. Das genügt nicht, wie die unzähligen Aufrufe zur privaten Altersvorsorge, die weitestgehend ohne Konsequenzen geblieben sind, zeigen. Über Jahrzehnte hat man uns in Form von Studien und Artikeln eingetrichtert, dass ohne zusätzliche private Altersvorsorge die Altersarmut droht. Rein rational ist jedem, wirklich jedem klar, dass es ihm schlecht gehen wird, wenn er nicht beizeiten eigene Vorsorgemaßnahmen trifft. Die Bürger wissen es, aber sie handeln nicht, und wenn, dann nur unzureichend. Es gibt immer andere Prioritäten. Erst einmal die Ausbildung, die Wohnung, das Auto, die Kinder, die Beförderung, die Urlaube und so weiter. Wer sich die Mühe macht auszurechnen, wie viel er braucht, um im Alter seinen Lebensstandard einigermaßen zu halten, wird staunend erkennen, dass er dafür bis zum 65. Lebensjahr Vermögensmillionär werden muss. Ja, die Betonung liegt auf muss!

Hier tut sie sich wieder auf, die fatale Lücke zwischen langfristigem Denken und langfristig sinnvollem Handeln, die Kurzfrist-Falle im Tun. »Eigentlich müsste ich …«. Aber mit einem »Ach, das wird schon gutgehen« und »Ich mache das gleich morgen« wird die Verwirklichung Tag für Tag aufgeschoben.

Die kulturellen Leitsysteme, mit denen wir uns selbst vor der Kurzfrist-Falle bewahren wollen, sind oft emotional nicht wirksam genug.

Der Mensch wird durch sie nicht bewegt. Im wahrsten Sinne des Wortes. Das Problem ist, dass die Androhung von Nachteilen und Strafen überwiegend auf der rationalen Ebene wirkt, nicht auf der emotionalen. Allein auf die Ratio des Menschen abzielende Feedbackmechanismen greifen nicht in ausreichendem Maße.

Wie wirksam hingegen Feedback auf emotionaler Ebene sein kann, zeigt unser mittlerweile erstaunlich gut entwickeltes Umweltbewusstsein. In den 60er Jahren des letzten Jahrhunderts hat sich so gut wie niemand darum geschert, wenn jemand ein Papierchen lässig auf der Straße fallen ließ. Das hat sich grundlegend geändert. Wer heute etwas auf die Straße wirft, fühlt sich schlecht dabei, er hat negative Emotionen – es sei denn, er will absichtlich provozieren. Wer Müll auf die Straße schmeißt, setzt sich gesellschaftlicher Ächtung aus: Er erntet böse Blicke, jeder Passant hat das moralische Recht und viele auch das Selbstbewusstsein, den Umweltverschmutzer zu ermahnen und zu rügen. Schon kleine Kinder rufen einen solchen Übeltäter zurück. Kaum jemand will Außenseiter sein. Das geht so weit, dass man sich selbst dann korrekt verhält, wenn man unbeobachtet ist. Glas in den Restmüll zu werfen bereitet vielen Mitbürgern geradezu körperliche Schmerzen. Die Angst vor der Ächtung ist emotional. Sie hält uns davon ab, die schnelle und bequeme Lösung zu wählen.

Es ist die Emotio, weniger die Ratio, über die für die Gesellschaft schädliches Verhalten wirksam verhindert werden kann. Kein Wunder, denn es ist auch die Emotio, die uns so kurzsichtig sein lässt. Mit Blick auf das milliardenfache Tappen in die Kurzfrist-Falle und die daraus erwachsenden gravierenden Probleme müssen wir erkennen, dass wir noch nicht gelernt haben, diese an sich einfache Erkenntnis wirksam genug zu nutzen.

Heißt das nun, dass die Gesellschaft Schuld daran hat, wenn der Einzelne in die Kurzfrist-Falle stolpert? Dass kulturelle Defizite und Lücken in der Gesetzgebung dafür verantwortlich sind, dass das gesellschaftliche Feedback nicht stark genug ist, um den Menschen langfristig denken, entscheiden und handeln zu lassen?

Keine Gnade

Verantwortungslos zu handeln ist im Allgemeinen nicht strafbar. Kurzfrist-Denke an sich bringt einen selten ins Gefängnis. Man kann sich immer herausreden: »Ich bin nicht auf die Idee gekommen, diese Folge zu bedenken.« Oder: »Das habe ich nicht mit Absicht gemacht.« Solche Entschuldigungen und Erklärungen gibt es zuhauf. Als Selbstgespräch, im Familien- und Freundeskreis, im Unternehmen, auf gesellschaftlicher wie auch auf globaler Ebene.

Wie würde ein Jurist kurzfristiges Denken und Handeln bewerten? In der Rechtsprechung gibt es den Begriff der Gutgläubigkeit. Gutgläubig gerät jemand in die Kurzfrist-Falle, wenn er gar nicht weiß, dass sein Handeln langfristig nachteilig oder schlichtweg falsch ist. Wer noch nie etwas von Zukunftsmanagement gehört hat, kann es auch nicht nutzen. Einer Privatperson mag man das vielleicht noch nachsehen und verzeihen. Man kann sagen, sie habe nicht gewusst, welche Folgen Übergewicht, hohe Schulden, mangelnde Bildung für sie haben werden. Auch wenn es schwerfällt, ihr das abzunehmen.

Doch sobald jemand von etwas Kenntnis gehabt hat und es nur versäumte, seinem Wissen entsprechend zu handeln, kann er die Verantwortung nicht mehr von sich schieben. In die Kurzfrist-Falle im Denken kann man aus Gutgläubigkeit geraten – in die Kurzfrist-Falle im Tun tappt man jedoch immer leichtfertig. Manchmal sogar absichtlich. In der Rechtsprechung heißt es, dass jemand fahrlässig handelt, wenn die negativen Folgen mit zumutbarem Aufwand voraussehbar und vermeidbar gewesen wären. Wer sich also der Pflicht entzieht, aus seiner Kenntnis über langfristig sinnvolles Verhalten die Konsequenz zu ziehen, handelt leichtfertig und damit grob fahrlässig. Das ist nicht entschuldbar und im Prinzip asozial, also unverträglich mit dem Gemeinwohl.

Auch ein Student, der erst am Vorabend der Prüfung zu lernen beginnt, verhält sich fahrlässig. Warum? Indem er es von vornherein auf den Ausweichtermin ankommen lässt, beraubt er sich einer möglicherweise entscheidenden zweiten Chance, die Klausur zu bestehen. Und vor allem beraubt er sich der Chance auf eine gute Note und verliert möglicherweise ein halbes Jahr an beruflicher Lebenszeit. Wenn es schiefgeht, hat er keine zweite Chance mehr und muss die Prüfung im nächsten Semester wiederholen. Zudem kostet das die Allgemeinheit eine Stange Geld zusätzlich.

Unternehmer und Politiker handeln grob fahrlässig, wenn sie in ihren Entscheidungen die Zukunft außer Acht lassen.

Da sie die Verantwortung nicht nur für ihr eigenes Wohl, sondern auch für das Wohl vieler anderer Menschen, manchmal vieler Millionen übernommen haben, können sie nicht für sich in

Anspruch nehmen, schuldlos in die Kurzfrist-Falle im Denken geraten zu dürfen. Wer ein Unternehmen oder eine Organisation führt, hat nicht nur fachlich, sondern auch rechtlich die Verantwortung und Pflicht, mit der erforderlichen Sorgfalt zu entscheiden und zu handeln. Unterlässt es das Führungsteam eines Unternehmens oder die Regierung eines Staates, für zukünftig absehbare Risiken vorzusorgen, agieren sie grob fahrlässig. Allerdings ist die aktive Nutzung von Chancen deutlich schwieriger als das Vermeiden von Risiken, weil es nicht so leicht erkennbar ist und nicht so messbar und nachweisbar zu Buche schlägt, wenn man eine Chance verpasst. Das heißt natürlich nicht, dass ich glaube, dass es Mittel und Wege gibt, alle Risiken auszuschalten und alle Chancen zu nutzen und damit garantiert genau den richtigen Weg in die Zukunft zu wählen. Das fahrlässig zukunftsblinde Handeln bleibt jedoch schädlich und verwerflich.

Weil die Angst vor den Folgen eines kurzfristig orientierten Handelns oft geringer ist als die Lust auf die sofort erreichbare Freude, ist es dringend notwendig, dass wir herausfinden, wie wir das eine verstärken oder das andere abschwächen können – oder beides zusammen. Die Frage ist nur, wie das gehen soll. Je besser wir die Gefahren erkennen, die sich aus der bewussten oder zumindest grob fahrlässigen Ignoranz der Zukunft ergeben, desto lebensnotwendiger ist es zu gewährleisten, dass der Dämon nicht so oft siegt und der Engel mehr Rückenwind bekommt.

Maschinenstürmer

Lyon, 1806. Im Zentrum der französischen Seidenweberei herrscht eine mörderische Stimmung. Blinde Zerstörungswut treibt die Massen durch die Straßen. Da brandet Jubel auf. Wie ein Lauffeuer verbreitet sich die Nachricht, dass man sich der verhassten Repräsentantin des herrschenden Napoleon-Regimes bemächtigt hat und sie umgehend hingerichtet werden soll. Sie steht für all das, wogegen die Lyoner Seidenweber in den vergangenen Jahren mit all ihren Kräften und unter Einsatz von Leib und Leben gekämpft haben. Sie, die dort drüben noch über den Köpfen des Mobs thront, wird nun nicht mehr die in Jahrhunderten gewachsenen Traditionen zerstören können und die Weber in Arbeitslosigkeit, Armut und Bedeutungslosigkeit stoßen. Ihre Stunden sind gezählt.

In der Zeit kurz nach der Französischen Revolution geht das Volk mit seinen Feinden nicht zimperlich um. Jene, die sich durch die tobende Menge in die vorderste Reihe vordrängen können, toben sich an ihr aus. Wie rasend wird mit Äxten und Stöcken auf die Delinquentin eingeknüppelt. Das dumpfe Knacken und Brechen ist weithin zu hören. Bald ist es vorbei – nichts kann sie wieder zum Leben erwecken. Doch die Wut und die Angst vor ihr sind immer noch so groß, dass an ihre Überreste Feuer gelegt wird. Nichts als ein qualmendes Häuflein Asche, das der Wind in alle Himmelsrichtungen verteilt, soll von ihr übrigbleiben.

Die Macht der Straße

Ziel dieses unbändigen Zorns war kein Mensch, sondern eine Maschine. Auf Initiative des Zunftmeisters der Lyoner Weber wurde ein Exemplar des von Joseph-Marie Jacquard erfundenen mechanischen Musterwebstuhls vernichtet. Auf den ersten Blick könnte man nun meinen, dass ein solcher Ausbruch von Gewalt einem unbeseelten Ding gegenüber nur schwer erklärbar ist. Doch bei näherer Betrachtung ist es nicht erstaunlich, dass ein einzelner Apparat solche gewaltigen Emotionen hervorrufen konnte. Mechanische Webstühle waren längst bekannt; bis zu Jacquards Erfindung war die vollständige Mechanisierung des Textilgewerbes allerdings nicht möglich gewesen. Jacquard hatte mit seinem Webstuhl zum ersten Mal die Lochkartensteuerung zur Serienreife gebracht. Ein Loch in den hölzernen Steuerkarten bedeutete die Hebung des Kettfadens, kein Loch die Fadensenkung. Nun erst waren auch komplizierte Muster programmierbar, wie sie vor allem in der Seidenweberei vorkamen. Sollte der automatische Webstuhl sich durchsetzen, würde das in Lyon die gesamte Arbeitswelt revolutionieren. Nichts bliebe mehr so wie es war.

Auf der einen Seite stand also Jacquard mit seiner neuen Maschine, die schneller und kostengünstiger produzieren konnte. Mit ihm auf der gleichen Seite standen die Kunden, die sich mehr und schönere Webprodukte kaufen konnten oder weniger dafür ausgeben mussten. Und auf der anderen Seite standen die Weber, die nichts mehr fürchteten, als genau das.

Blickt man aus heutiger Perspektive auf die Geschichte zurück, erkennt man, dass in den Gesellschaften immer wieder große Kräfte wirkten, die an bestehenden Traditionen festhalten und Innovationen verhindern wollten. Dieses Beharren auf Bekanntem wie das der Weber in Lyon war dem Erfindungsreichtum und dem Verbesserungswillen etwa eines Jacquard diametral entgegengesetzt.

Was bedeutet es eigentlich, wenn jemand Wandel abwenden möchte und will, dass alles bleibt, wie es ist? »Ich will weiter das machen, was ich immer gemacht habe.« Wahrscheinlich hat es keiner der Weber so offen ausgesprochen, so er sich dieser Haltung überhaupt bewusst war: »Das Gefühl der Sicherheit, das ich habe, wenn ich heute alles so mache wie gestern, ist meine sofortige Belohnung, meine Freude. Vor der Veränderung und vor ihren unmittelbaren Folgen habe ich Angst, und das fügt mir Leid zu.« Wer also wie die Weber Anfang des 19. Jahrhunderts den Fortschritt verhindern und sich an Altem, Bewährtem festklammern will, denkt und handelt kurzfristig, oder?

Schauen wir noch genauer hin. Was passierte damals in Lyon, welche Interessen traten da gegeneinander an?

Als Sohn eines Webers, der mehrere Webstühle betrieb, wusste Joseph-Marie Jacquard sehr genau, was er tat. Doch der väterliche Betrieb konnte der Familie kaum ihren Lebensunterhalt sichern. Ein Fabrikant mit vielen Angestellten und guter Auftragslage, der nah am Existenzminimum lebt? Damals war das ganz normal und ist heute nicht viel seltener.

Ende des 18. Jahrhunderts wuchs die Bevölkerung fast überall sprunghaft an, weil sich die Produktivität der Landwirtschaft durch methodische Verbesserungen vervielfacht hatte. Die Ernährungssituation der Bevölkerung war nach den vergangenen Jahrhunderten mit regelmäßig auftretenden Hungerkatastrophen so gut wie kaum jemals zuvor. Die Menschen waren nun besser genährt und gesünder, die Kindersterblichkeit, die dem Bevölkerungswachstum enge Grenzen gesetzt hatte, sank. Die Lebenserwartung und damit auch die Zahl der Menschen nahmen kontinuierlich zu. Bald waren viele Handwerksberufe stark überbesetzt. Die gegenseitige Konkurrenz ließ die Löhne und den Verdienst so weit sinken, dass viele Handwerker in existentielle Not gerieten. Nicht nur bei den Webern war bald die ganze Familie gezwungen, von früh bis spät mitzuarbeiten. Kinderarbeit war selbstverständlich. Schon Sechsjährige standen zehn Stunden am Tag und länger in der Pflicht. Doch selbst mit Hilfe aller Familienangehörigen reichte es nicht immer für das tägliche Brot.

Genauso erging es auch den Jacquards. Es war selbstverständlich, dass auch der kleine Joseph-Marie von klein auf mitarbeiten musste. Schon als Knirps zog er Stunde um Stunde in der unerträglich lauten, stickigen und dunklen Werkstatt Musterfäden. Gearbeitet wurde im Stehen. In einer winzigen Nische hinter dem Webstuhl bewegte Joseph-Marie die Kettfäden, so dass die vor dem Webstuhl stehenden Arbeiter ein Muster weben konnten. Eine grausam monotone Arbeit. Draußen spielen? Gar nicht dran zu denken. Sein Leben lang hat der Junge keinen Fuß in eine Schule gesetzt. Während seiner gesamten Kindheit und Jugend litt er unter der schweren Arbeit. Mehr als schuften, essen und schlafen kann das Leben ihm damals nicht geboten haben. Als er endlich bei einem Buchbinder in die Lehre gehen konnte, war er heilfroh. Er entrann zwar nicht den langen Arbeitszeiten, aber er musste sich nicht mehr unter den schrecklichen Bedingungen der Weberwerkstatt abplagen. Das Glück währte nur kurz, denn schon im Alter von zwanzig Jahren erbte er den Betrieb seiner Eltern. Er war am Boden zerstört, weil er nun in seine Hölle zurückkehren musste.

Joseph-Marie Jacquard wollte nicht, dass auch seine Kinder irgendwann einmal dasselbe Martyrium durchmachen müssten wie er selbst und wie alle anderen Kinder seines Standes. Er begann an einer Maschine zu tüfteln, die automatisch Muster weben konnte. Doch das brachte ihn zunächst in noch größere Existenznot. Er investierte Zeit und Geld in seine Zukunft und gab nicht auf. Hilfe bekam er von einigen Fabrikanten, die das Potential seiner Arbeit erkannt hatten. Sie wussten sehr gut, dass eine Maschine, die Muster weben konnte, ein Vermögen wert war. Sogar Napoleon persönlich wurde auf Jacquards Arbeit aufmerksam und unterstützte ihn massiv. Per Dekret wollte er den Einsatz der neuen Jacquard-Webstühle in den Seidenwerkstätten Lyons erzwingen. Aber die Weber leisteten erbitterten Widerstand gegen jede Neuerung. Sie bestanden darauf, auch weiterhin mit ihren Handwebstühlen zu arbeiten.

Unvorstellbar! Napoleon war zu jener Zeit der Herr Europas. Niemand außer den Engländern wagte es noch, sich ihm in den Weg zu stellen. Preußen, Österreich, die Niederlande – alle Regierungen kuschten vor dem Korsen. Aber in Lyon schafften es die Weber über Jahre hinweg, sich dem Willen des Kaisers zu widersetzen und fackelten neu aufgestellte Maschinen kurzerhand ab.

Eine Situation wie diese trat in der Geschichte häufig auf. Auf der einen Seite Kreativität, Erfindungsreichtum und der Wille zum Fortschritt. Auf der anderen Seite jene Kräfte, die das Alte bewahren wollen und misstrauisch gegenüber jeder Neuerung sind. Doch erfahrungsgemäß setzt sich am Ende die Neuerung, die bessere Methode durch. Fortschritt ist nicht lange aufzuhalten. So auch in Lyon.

Wesentlich dazu beigetragen hatte die Konkurrenz aus England. Dort war der Widerstand der Arbeiter, der nach ihrem mythischen Anführer benannten »Ludditen«, gegen die mechanischen Musterwebstühle schneller gebrochen worden. Sobald dort die Jacquard-Webstühle aufgestellt waren, erhöhte sich die Produktivität der englischen Arbeiter um ein Vielfaches. Die Herstellungskosten für gewebte Ware sanken drastisch und damit auch die Preise. Weil die neuen Maschinen nicht nur schneller, sondern auch genauer als die Menschen an den alten Handwebstühlen arbeiteten, stieg die Qualität der Stoffe. Die französischen Webereien, die wegen ihrer veralteten Methoden mit der Effizienz der mechanisierten Webstühle nicht mithalten konnten, mussten nachziehen, um nicht in der Bedeutungslosigkeit zu versinken. Einige Jahre verspätet setzte sich auch auf dem europäischen Kontinent der Lochkarten-Webstuhl durch. Als Jacquard 1834 starb, standen allein in Lyon 30 000 der von ihm entwickelten Webstühle.

Aus heutiger Sicht ist die Automatisierung in der Spinnerei und Weberei zweifellos ein Segen für die Menschheit. Mit Hilfe der damals neuen Maschinen wurden aus exklusiven Luxusartikeln Konsumgüter für eine breitere Masse. Was noch wichtiger war, auch die Arbeit selbst wandelte sich. Nicht nur im Textilgewerbe wurden monotone, schwere und gefährliche Tätigkeiten zunehmend von Maschinen übernommen. Die Einführung der automatischen Webstühle war für die Gesellschaft nur einer von vielen Schritten auf dem langen Weg von unmenschlichen Arbeitsbedingungen bis hin zu heutigen Werkhallen, in denen der Mensch nur noch steuernd und überwachend tätig ist.

Langfristig gesehen ist es eine gute, weil menschenfreundliche Maxime, dass jede Arbeit, die von einer Maschine erledigt werden kann, letztlich nicht eines Menschen Mühe würdig ist.

Ein Mensch kann so viel mehr als monotone Handbewegungen ausführen. Seine Kreativität und seine Emotionalität sind die wahren Schätze.

Heute ist es in entwickelten Ländern undenkbar, dass Kinder täglich zehn und mehr Stunden in unerträglich lauten, stickigen und düsteren Werkhallen arbeiten, statt zu spielen oder in die Schule zu gehen. Niemand würde hierzulande noch so eine Arbeit verrichten wollen, schon gar nicht für einen Hungerlohn. Es ist nur eine Frage der Zeit, dass dieser Zustand auch in den sich entwickelnden Regionen dieser Welt erreicht wird.

Ist der Aufbau der Textilindustrie durch die mechanischen Webstühle also eine Erfolgsgeschichte des Fortschritts? Die Lyoner Weber des Jahres 1806 haben das gewiss ganz anders gesehen.

Am Hungertuch

Die Mitglieder der Weberzünfte und ihre Arbeiter wehrten sich mit großer Kraft gegen die neuen Webstühle. Das waren kaum alles Ignoranten, die sich aus Dummheit oder Bequemlichkeit dem Fortschritt in den Weg warfen. Ganz so einfach ist die Sache nicht.

Jede Lochkarten-Maschine ersetzte gleich mehrere Arbeiter. Das wussten die Weber sehr genau. Das war der Grund für ihre Angst. Für sie war die bevorstehende Veränderung eine existenzbedrohende Katastrophe. Ihnen ging es nicht nur um die Wahrung handwerklicher Traditionen trotz Industrialisierung oder um eine möglichst umfassende Teilhabe am Produktivitätszuwachs. Ihnen ging es um die nackte Existenz. Vor 200 Jahren gab es keinen Kündigungsschutz und keine Sozialleistungen, die entlassene Arbeiter aufgefangen hätten. Hilfe von Seiten des Staates war nicht zu erwarten. Und den damaligen Fabrikbesitzern ging es um Produktivität, soziale Belange interessierten damals nur wenige von ihnen. Wer seinen Arbeitsplatz verlor, rutschte von heute auf morgen ins Elend. Wenn eine neu in Betrieb genommene Maschine wieder ein paar Arbeitsplätze zerstört hatte, wurde das umgehend sichtbar. Dann standen einige halbverhungerte Elendsgestalten mehr an den Ecken und bettelten um Essbares. Somit sahen die Weber ihre einzige Chance darin, die Einführung der neuen Maschinen zu verhindern oder wenigstens aufzuhalten.

Die Lochkarten-Webstühle und andere Innovationen des 19. Jahrhunderts kosteten Millionen Menschen ihre Existenz, vorübergehend zwar, aber oft für viele Jahre. Nur allmählich fanden diejenigen, die in Landwirtschaft und Handwerk ihr Brot nicht mehr verdienen konnten, als Arbeiter in den entstehenden Fabriken einen Weg aus der Existenznot. Andere suchten ihr Heil in der Auswanderung. Erst um 1870 herum, also zwei bis drei Generationen später, kam der Aufschwung, von dem die Unternehmen und der Staat von Anfang an profitiert hatten, auch bei den Arbeitern an. Bescheidener Wohlstand breitete sich auch bei ihnen aus. Dazwischen lagen für sie dunkle Jahrzehnte der Massenverelendung. Es waren verlorene Generationen, die teuer für den Fortschritt und damit unser heutiges Wohlergehen bezahlen mussten.

Bei jedem Fortschritt stehen sich Kurzfrist-Denken und langfristiger Nutzen gegenüber.

Als Gegenspieler des Fortschritts gewinnt das Kurzfrist-Denken aber eine neue Qualität. In den vorangegangenen Kapiteln haben wir es kennengelernt als ein Denken, das auf sofortigen Genuss aus ist, ohne die Folgen in die Rechnung mit einzubeziehen. Jetzt die Schokolade essen, jetzt Unternehmensgewinn einfahren. Diese Art des Kurzfrist-Denkens ist durchaus kritisch zu sehen. Das Kurzfrist-Denken, das als Verhindernwollen des Fortschritts daherkommt, muss man dagegen etwas differenzierter sehen.

Es wäre von den Webern zu viel verlangt, dass sie sich damit abfinden, ins Elend und den oft sicheren Hungertod zu gehen, weil sie sich ja damit trösten können, dass es ihren Kindern und Kindeskindern dereinst einmal besser gehen wird. Auf der anderen Seite wird durch Innovation in fast allen Fällen ein Fortschritt und damit ein menschenwürdigeres Leben möglich.

Es mag viele geben, die den Fortschritt aufhalten möchten, um kurzfristige Not zu verhindern. Die eigene oder auch die von anderen. Aber ist das tatsächlich der beste Lösungsweg? Kann man überhaupt den Fortschritt einer Gesellschaft gegen die Einzelschicksale derjenigen, die von diesem Fortschritt benachteiligt sind, gegeneinander aufrechnen? Wer wollte sich das anmaßen?

Gibt es überhaupt eine Wahlmöglichkeit zwischen Innovation und Beharren auf dem Überlieferten? Hatten die Weber eine Chance, sich langfristig gegen die Innovationen zu wehren? Wozu führt es, wenn man Fortschritt aufhalten will? Was wäre geschehen, wenn die Weber das traditionelle Handwebverfahren auch weiterhin hätten durchsetzen können? Die Vorgänge in Schlesien in den 1840er Jahren geben eine Antwort.

38 Jahre später

In Schlesien wurden mehr Web- und Spinnwaren gefertigt als in allen anderen deutschen Ländern. Auf Handwebstühlen! 30 Jahre nachdem die mechanischen Webstühle im übrigen Europa Standard geworden waren, hemmten die reaktionären preußischen Gesetze immer noch den industriellen Fortschritt.

Die in England und Frankreich auf modernen Maschinen hergestellten Stoffe überschwemmten den Markt. Ihre Qualität war besser und die höhere Produktivität führte zu deutlich geringeren Herstellungskosten und Preisen. Die Preise für die in Schlesien handgewebten Stoffe fielen drastisch. Selbst wenn die Familien bis spät in die Nacht arbeiteten, mussten sie hungern. Die schlesischen Weber lebten in heute unvorstellbarem Elend. Die Arbeits- und Lebensbedingungen waren schlicht unmenschlich. Im Vergleich zu ihnen war es sogar den Webern in Frankreich um 1800 noch sehr gut gegangen.

Es war fast wie in einem Laborversuch. Die einen – in Lyon – wurden gezwungen, die Textilindustrie zu mechanisieren. Die anderen – in Schlesien – wurden gezwungen, die alten Methoden beizubehalten. Beide Bevölkerungsgruppen litten grausam. Doch die, denen die Innovation verboten worden war, litten weitaus länger und mehr. Das Beharren auf den althergebrachten Produktionsverfahren führte in ein weitaus größeres und auch länger anhaltendes Unglück der Angehörigen eines ganzen Berufsstandes als die Einführung der neuen Technik. Dann doch lieber ein Ende mit Schrecken als ein Schrecken ohne Ende.

Allerdings hatte auch in Schlesien der Schrecken irgendwann ein Ende. Der schlesische Weberaufstand im Sommer 1844 war nicht die erste Revolte. Aber er war die folgenreichste. Erstmals hinterließen die desolaten Verhältnisse der Weber einen nachhaltigen Eindruck auf die ganze Gesellschaft. Das zu dieser Zeit von Heinrich Heine geschriebene Gedicht *Die schlesischen Weber* und später Gerhart Hauptmanns Drama *Die Weber* zeigen, wie stark die extremen Lebensbedingungen der Textilarbeiter auf die gesamte Gesellschaft wirkten. Das »Weberlied« wird selbst heute noch gespielt und gesungen. Die im Bürgertum an Kraft gewinnenden liberalen Strömungen leiteten schließlich mit der Revolution der Jahre 1848/49 die überfälligen politischen Umbrüche ein. Es vergingen Jahrzehnte, bis die positiven Effekte des Fortschritts deutlich und nachhaltig spürbar wurden.

Die teure Subventionierung niedergehender Branchen mit dem auf den Blick hehren Ziel, die Arbeitsplätze zu bewahren, entpuppt sich im Lichte der historischen Entwicklung und auch mit Blick auf unsere Zukunft als Kurzfrist-Falle. Der kurzfristige Nutzen, das Hinauszögern des Arbeitsplatzverlustes und die Beliebtheit des Politikers, geht langfristig auf Kosten der Allgemeinheit. Dann zahlen wir für das Hinausschieben des meist Unvermeidlichen. Wir zahlen und verschulden uns dafür, dass die eigentlich bessere Zukunft nicht ganz so schnell kommt.

Fortschritt mit überzeugendem Nutzen für Viele kann höchstens gehemmt und verzögert, aber nicht dauerhaft aufgehalten werden. Der Versuch, sich an Altem festzuklammern, um kurzfristig den Schmerz zu vermeiden, verstärkt langfristig meist den Schmerz. Maschinenstürmerei, in welcher Form auch immer, ist folglich nicht nur sinnlos, sondern auch kontraproduktiv. Das erkannten im 20. Jahrhundert mehrere Wirtschaftswissenschaftler. Insbesondere der österreichische Ökonom und Politiker Joseph Schumpeter formulierte in seinem einflussreichen Hauptwerk »Kapitalismus, Sozialismus und Demokratie« das Prinzip der »schöpferischen Zerstörung«. Demnach entwickelt sich eine Wirtschaft nur dadurch weiter, dass sie sich von »innen heraus revolutioniert«. Das bedeutet, dass alte Strukturen schub- und ruckweise durch neue, erfolgreichere Strukturen zerstört werden, um dadurch Platz für das Neue zu schaffen. Dass die kreative Zerstörung oft nicht »von innen heraus«, sondern eben von außen kommt, fasste Schumpeter in einem treffenden Satz zusammen: »Es waren nicht die Postmeister, die die Eisenbahn gründeten«.

Ist also Fortschritt, mit allen seinen zum Teil brutalen Begleiterscheinungen, prinzipiell gut und Bewahrung prinzipiell schlecht? Natürlich nicht. Fortschritt ist nicht »an sich« gut. Dass Kernkraftwerke in Betrieb genommen wurden, bevor die Frage der Endlagerung auch nur ansatzweise gelöst war, ist ein Fortschritt mit Kurzfrist-Falle. Wenn es uns dereinst gelingt, den »Atom-Müll« durch Transmutation unschädlich zu machen, wie es einige Forscher erwarten,[15] werden wir hoch gepokert und gerade noch gewonnen haben. Auch die Entwicklung von Landminen und Streubomben war sicher kein positiver Fortschritt. Aber Fortschritt liegt im Wesen des Menschen, er ist nicht zu verhindern. Und das ist gut so. Fortschritt hat uns ausreichend Nahrung, Gesundheit und Lebensqualität ermöglicht. Durch Fortschritt verdient der größte Teil der Bevölkerung in entwickelten Regionen seinen Lebensunterhalt nicht mehr als schuftender Proletarier, sondern als Wissensarbeiter. Langfristig wird all dies jedem Menschen auf dem Planeten möglich sein, der es für erstrebenswert hält.

So wie die Auswirkungen von Fortschritt im Einzelfall bewertet werden müssen, ist auch das Festhalten am Alten und Bewährten nicht prinzipiell gut oder böse. Ich kann nichts Böses daran finden, wenn ein Weber oder ein Bleisetzer oder ein Hafenarbeiter für sein Auskommen und gegen technische Innovationen kämpft. Ich kann aber auch nichts Gutes darin sehen, wenn ein Schauermann darauf besteht, im 21. Jahrhundert schwere Kisten, Säcke und Ballen in die Frachträume von Schiffen zu verladen, wenn es doch die Möglichkeit gibt, dies in weitaus kürzerer Zeit und mit weniger schwerer Arbeit per Kran und bis zu 800 Tonnen schweren Containern zu erledigen. Selbst diejenigen politischen Akteure, die nach wie vor für die Befreiung der »Arbeiterklasse«, für die Errichtung der »Diktatur des Proletariats« und die Vernichtung der »Bourgeoisie« kämpfen – ja, es werden auch heute noch solche Parteiprogramme geschrieben[16] –, sagen, dass die Bedürfnisse aller Menschen nur mit einer enormen Steigerung der Produktivität aufgrund »neuester wissenschaftlicher und technischer Erkenntnisse« befriedigt werden können.

All das zeigt, in welchem Spannungsfeld wir als Mensch und als Gesellschaft unsere Entscheidungen treffen. Der Kampf zwischen Befürwortern des Fortschritts und den Bewahrern des Althergebrachten ist ähnlich demjenigen zwischen Engel und Dämon. Der Engel, der den Fortschritt vorantreibt, um eine bessere Zukunft zu schaffen und der Dämon, der ihn hemmen will, damit alles beim Gewohnten bleibt und der unangenehme Wandel vermieden wird. Und für andere ist es genau umgekehrt. Für sie ist der Engel in Wirklichkeit der Dämon. Nur wenn wir wissen, was in uns vorgeht, was mit uns passiert, haben wir eine Chance, im eigenen Leben, in unseren Unternehmen und Organisationen, in unseren Staaten und für den Planeten Erde insgesamt die richtigeren Entscheidungen zu treffen.

Die Frage ist nur: Wer erweist sich letzten Endes als stärker? Dämon oder Engel?

Im Pott

Der Gedanke liegt nahe, dass der Dämon keine guten Chancen hat. Wie wir gesehen haben, sind die »teuflische« Maschinenstürmerei und mit ihr das langfristig gesehen blinde Beharren auf alten Methoden und das Bewahren bestehender Verhältnisse auf Dauer sinnlos und kontraproduktiv.

So ging es den Webern in Frankreich und vor allem den in Schlesien lange schlechter als denen in England. Dazu kommt, dass wir dem Dämon in den vergangenen Jahrzehnten seine stärkste Waffe genommen haben, nämlich die Angst vor einem lebensbedrohlichen sozialen Absturz. Anders als die Weber vor 200 Jahren wissen etwa die wenigen verbliebenen Bergleute, dass es Pläne gibt, sie in neue Jobs zu vermitteln.

So unterzeichneten die Personalvorstände Peter Schrimpf und Ulrich Weber im März 2013 eine Kooperationsvereinbarung zwischen der Ruhrkohle AG und der Deutschen Bahn. Dieser Vertrag ermöglicht Mitarbeitern der RAG schon bald zur Deutschen Bahn zu wechseln. Der Hintergrund ist, dass der deutsche Steinkohlebergbau noch bis Ende 2018 subventioniert wird. Für Gelder aus dem EU-Topf ist schon 2014 Schluss. Von den rund 644 000 Bergarbeitern, die 1955 in Deutschland unter Tage beschäftigt waren, waren bereits 2009 nur noch etwas mehr als 12 000 übrig. Und auch diese letzten Stellen werden bis 2018 »abgewickelt«.

Anders als noch vor 100 oder 200 Jahren gibt es heute für sterbende Berufe und Branchen spezielle Sozialpläne. Niemand muss mehr Hungers sterben, Betroffene werden aufgefangen, es werden entsprechende Vorkehrungen zur Existenzsicherung getroffen. Peter Schrimpf, Personalvorstand der RAG, sagte hierzu einmal: »Wir übernehmen damit auch für diese Kollegen Verantwortung, den Einstieg in eine neue berufliche Perspektive zu erleichtern.«

Genau so ist es. Damit übernimmt die Gesellschaft Verantwortung für ihre Mitglieder. Der Preis, den der Einzelne für den Fortschritt bezahlt, war noch nie so gering wie heute. Früher konnte der Fortschritt sprichwörtlich lebensbedrohend sein und über Generationen Verzicht bedeuten. Heute ist die Existenz nicht mehr bedroht, auch wenn der Verlust des Arbeitsplatzes wohl für jeden immer noch eine einschneidende Erfahrung ist. Doch niemand wird wirklich fallengelassen. Sogar die Selbständigen werden in gewissem Umfang unterstützt. Wir müssen heute nicht mehr mit aller Macht an Bestehendem festhalten.

Könnte man meinen. In der Realität sieht es anders aus.

Im Dilemma

Im Jahr 1900 wurden in den USA 1 688 Dampfautomobile, 1 575 Elektrofahrzeuge und 929 Autos mit Benzinmotor produziert. Zu Beginn des 20. Jahrhunderts war noch nicht entschieden, welche Antriebsart sich bei den aufkommenden Automobilen durchsetzen würde.

Lange Zeit wurde der Dampfantrieb favorisiert. Der Grund war, dass es auf diesem Gebiet die meiste Erfahrung gab. Schließlich hatte man die Dampfmaschine schon 200 Jahre lang und die Lokomotive schon 100 Jahre lang erfolgreich eingesetzt. Effizienter waren allerdings die Elektromotoren mit ihrem enormen Wirkungsgrad. Schon 1899 fuhr ein Elektroauto erstmals schneller als 105 km/h. »La Jamais Contente« war sein Name, »Die niemals Zufriedene«. Doch die Waage neigte sich zugunsten des mit Benzin angetriebenen Motors. Benzin hatte die größte Energiedichte, war sehr billig, leicht verfügbar und erlaubte deutlich größere Reichweiten, als die batteriebetriebenen Autos schafften. Wie heute auch war die Speicherung der elektrischen Antriebsenergie das größte Problem. Spätestens als Henry Ford seine ursprünglich für Ethanol als Treibstoff entwickelte Tin Lizzy auf Benzin umstellte, waren die Würfel gefallen.

Geschichte wird von den Siegern geschrieben. Mit der Entscheidung für den Benzinmotor führten die anderen Antriebsarten nur noch ein Nischendasein. Was kurze Zeit zuvor noch eine ernstzunehmende Alternative gewesen war, hatte plötzlich den Geruch des Lächerlichen an sich. Elektromotor? Ungeeignet!

Dabei ist der Elektromotor rational gesehen geradezu ideal, um kurze Strecken zurückzulegen. Schon 1897 blickte der Mitteleuropäische Motorwagen-Verein in Berlin in die Zukunft: »Das große Gebiet des weiten Landes wird von Oelmotorfahrzeugen durcheilt werden, während die glatte Asphaltfläche der großen Städte von mit Elektrizität getriebenen Wagen belebt sein wird.«

Doch zu Beginn der Automobilisierung Anfang des 20. Jahrhunderts waren Benzin- und später Diesel-Antriebe gesetzt. Nicht mal die Ölkrise der 70er Jahre vermochte die Sinne wieder für andere Möglichkeiten zu öffnen. Der Elektromotor war praktisch tot. Versuche, ihn wieder ans Laufen zu bringen, wurden jahrzehntelang sogar verbissen bekämpft und erfolgreich verhindert. Ich erinnere mich, wie mich im Jahr 2007 ein Elektroingenieur nach meinem Vortrag minutenlang belehrte, dass das Konzept von Tesla schon aus technischen Gründen niemals aufgehen kann.

Fortschritt ist nur dann möglich, wenn die Sinne offen sind. Bleibt das Denken im Erfahrungsgefängnis stecken oder wird es von außen begrenzt, weil Mächtigere selbst in ihrem Erfahrungsgefängnis sitzen, ist die Kurzfrist-Falle nicht weit.

Langfristig gesehen hat das Elektrofahrzeug, das mit überwiegend regenerativ gewonnenem Strom betrieben wird, die besten Chancen, ob mit Batterie oder Brennstoffzelle an Bord. Eine Voraussetzung ist allerdings, dass man individuelle Mobilität neu denkt. Der größte Teil der persönlichen Mobilität besteht darin, eine oder zwei Personen mit ein wenig Gepäck zu befördern. Dafür reichen kleinere und mit leichteren Materialien wie Carbon gebaute Fahrzeuge. Tesla zeigt mit seinem Modell S, dass selbst ein ganz gewöhnlich aussehender Wagen mit bis zu sieben Sitzen über 400 Kilometer Reichweite und enorme Kraft haben kann. Man muss ihn nur ganz anders konstruieren.

Das mehr als 100 Jahre alte Problem der Reichweite ist kein ewiges. Die Pioniere von Tesla erweitern die ohnehin schon ansehnliche Reichweite durch ein Netz von Schnellladestationen, den sogenannten Superchargern. Bald reicht eine halbe Stunde Pause für eine volle Aufladung. Erwähnenswert ist dabei noch, dass Tesla seinen Supercharger-Kunden für das Aufladen ihrer Fahrzeuge nichts berechnet. Ja, ein Tesla ist ein Luxusprodukt. Aber Navigationssystem, ABS und Bordcomputer waren das am Anfang auch.

Ich habe Vorträge von traditionellen Automobilern erlebt, die die Ladedauer an der normalen heimischen Steckdose und die damit erreichbaren Kilometer mit der Dauer eines Tankstellenbesuchs und der Reichweite des Verbrennungsmotors verglichen. Daher, so der Schluss, werde der Elektromotor auf langen Strecken noch sehr lange keine Chance haben. Es ist erstaunlich und im Grunde unbegreiflich, mit welchen Mitteln der Mensch das Gewohnte gegen Veränderungen verteidigt.

Kurzfristig gesehen kostet die Entwicklung und Vermarktung eines neuen Systems für individuelle Mobilität enorme Summen. Nicht nur die Fahrzeuge sind gänzlich anders gebaut, auch die gesamte Infrastruktur für Energie und Verkehr muss neu gedacht und aufgebaut werden.

Doch diese Veränderungen sind nicht im Interesse der Unternehmen, deren Anlagen, Strukturen, Produkte und Dienstleistungen für Elektrofahrzeuge schlicht nicht mehr gebraucht werden. Nicht nur Zündkerzen und Zylinderkopfdichtungen, auch die meisten Werkstattservices fallen weg.

Die Top-Manager der Autoindustrie müssen weniger an das langfristige Wohl der Menschheit als an das kurzfristige Wohl ihrer selbst und der Aktionäre denken. So war und ist es jetzt rentabler, das Herkömmliche und Gewohnte zu bewahren und die vorhandenen Anlagen und Infrastrukturen weiter zu betreiben.

Doch auch die Autofahrer blieben bei dem Bewährten. Nach Jahrzehnten des Stillstands versuchten sich erst in den 90er Jahren wieder einige Automobilkonzerne an der Weiterentwicklung von Elektroantrieben. Zwischen 1992 und 1996 gab es den Golf CitySTROMer von Volkswagen, eine Elektroversion des VW Golf. Von 1996 bis 1999 versuchte General Motors mit dem Electric Vehicle 1 sich im Zukunftsmarkt zu positionieren. Über eine Zahl von 1 117 produzierten Exemplaren kam GM aber nicht hinaus, 800 davon wurden sogar an Prominente wie Mel Gibson oder Tom Hanks verschenkt. Diese erste Welle von Elektrofahrzeugen verebbte wieder. Erst nach der Jahrtausendwende nahm man das Projekt Elektroauto wieder in Angriff. Es gewann sogar an Fahrt, weil einer der Hersteller es mutiger und besser anpackte als die Konkurrenz: Toyota.

Denn 1997 hatte Toyota den Prius auf den Markt gebracht, ein Modell, das Benzin- und Elektromotor im Hybridantrieb kombinierte. Die Mitarbeiter von Toyota dachten über den Tellerrand hinaus. Sie trieb nicht die Frage um »Benzin oder Strom?«, sondern sie versuchten sich an einer Kombination, in der Elektro- und Benzinmotor gegenseitig ihre jeweiligen Schwächen ausgleichen konnten. Auch das war keineswegs neu. Schon 1902 baute Ferdinand Porsche in Wien den ersten Hybridmotor, der ähnlich erfolglos bliebt wie die reinen Elektroantriebe für Autos. Doch selbst 1997 noch hatte die westliche Automobilindustrie wenig für den Zwitter-Antrieb übrig. Erst als 2005 der Prius zum Auto des Jahres gewählt wurde, reagierten sie aufgeschreckt. Nun planten auch Daimler-Chrysler und General Motors die Entwicklung von Hybridantrieben. Doch das dauert und ist teuer.

Diese Vorgänge in der Automobilbranche sind ein typisches Beispiel für das von Clayton Christensen untersuchte »Innovator's Dilemma«[17]. Etablierte Unternehmen ziehen es vor, das bestehende Produkt weiterzuentwickeln, als ganz neue oder gar alternative Konzepte und Ideen voranzutreiben, für die eine große Umstellung des Geschäfts, hohe Investitionen und vor allem eine Änderung der Gewohnheiten erforderlich wären. Innovation bedeutet Veränderung und die wiederum führt zu Unsicherheit und sogar zu Angst.

Entweder zeigt sich, dass das Neue auf Dauer nicht so gut ist wie das Alte; dann waren die Entwicklungskosten eine Fehlinvestition, also zum Fenster hinausgeworfenes Geld. Oder das Neue befriedigt den Kundenbedarf besser als das Alte; dann zerstören Unternehmen ihr altes Produkt und damit die heutige Existenzgrundlage. Die kurzfristig wirksame Lösung ist hier, die Zukunft zu opfern, denn man weiß ja sowieso nicht, was sie bringt. Lieber das machen, was man schon immer gemacht hat. Das gibt scheinbare Sicherheit. Und es wird weniger hart bestraft als das Eingehen großer Risiken, die dann womöglich viel Geld kosten, so wie die Investitionen in Solarprodukte, die Unternehmen wie Bosch und viele andere erfolglos abschreiben mussten.

Langfristig gesehen ist das Verharren im Bestehenden oft die falsche Entscheidung. Wie die Sache bei der Weiterentwicklung der Automobilantriebe ausgeht, wissen wir heute noch nicht. Gegner des Elektroantriebs fühlen sich in jüngster Zeit eher bestätigt, weil viele Automobilhersteller Investitionen in elektrische Batterie- und Antriebstechnik schon wieder abschreiben und neue Mittel lieber wieder in die Optimierung von Verbrennungsmotoren leiten. Hinzu kommt, dass die Erschließung fossiler Brennstoffe über neue, teils sehr umstrittene Methoden wie das Fracking oder den Abbau von Ölsanden massiv vorangetrieben wird, auch aus politischen Interessen. Das verschafft Technologien, für die fossile Energieträger eine Rolle spielen, durch den niedrigeren Bezugspreis und die gesicherte Verfügbarkeit einen Vorteil, also auch dem Benzin- und Dieselantrieb. Gleichzeitig kämpft man beim Ausbau regenerativer Energien mit vielfältigen Problemen. Vieles in der Erzeugung, im Transport und in der Speicherung von Wind- oder Sonnenstrom ist noch ungeklärt oder bisherige Lösungen erweisen sich als viel teurer als angenommen. Einige Regierungen subventionieren Elektroautos und die nötige Infrastruktur, während andere die alten Lösungen bezuschussen. Die Situation ist also reichlich unübersichtlich und der Ausgang offen.

Es zeichnet sich allerdings allmählich ab, dass sich Menschen und Unternehmen an Kurzfrist-Denken orientierte Strategien, die allein das Bekannte und Bewährte favorisieren, immer weniger leisten können.

Innovative Start-ups rollen den Markt auf und machen vielen Unternehmen Konkurrenz. Was passiert mit einem etablierten Unternehmen, das seit Jahrzehnten erfolgreich EKG-Geräte herstellt, wenn ein kleiner Wettbewerber für 100 Dollar einen Aufsatz für Smartphones verkauft, der es in ein voll funktionsfähiges und zuverlässiges EKG-Gerät verwandelt? Immer wenn ein neuer Anbieter mit einfacheren Lösungen, weniger Infrastruktur, weniger Investitionen, weniger Kosten und ja, auch weniger Traditionen belastet ist und den Bedarf der Kunden besser, leichter oder billiger befriedigen kann, hat der Etablierte keine Chance mehr.

Nicht ohne Grund sind es Pionier-Unternehmen wie Google und Tesla, die den großen Autokonzernen mit selbstfahrenden Autos und wettbewerbsfähigen Elektroautos vormachen, was technisch möglich ist. Es ist dann sicher klug von Daimler und Toyota, sich an Tesla beteiligt zu haben. Dieses Sowohl-als-auch, das Leben in beiden Welten, indem ein Unternehmen das erprobte Geschäftsmodell bewahrt und trotzdem gleichzeitig in ausgelagerten Partner-, Schwester- oder Tochterfirmen Innovationen verfolgt, ist eine sinnvolle Lösung, die immer öfter gewählt wird.

Allmählich setzt sich die Erkenntnis durch, dass sich auch führende Unternehmen nicht gegen die Zukunft abschotten können. Sie können nicht auf Dauer die innovativen und wendigen Kleinen in Schach halten, so wie es die Automobilproduzenten jahrzehntelang mit den Herstellern alternativer Antriebssysteme getan haben.

Auch die Gewerkschaften mussten dazulernen. Sie waren erbitterte Gegner des Einsatzes von Robotern an den Fertigungsstraßen. Norbert Wiener, der »Vater der Kybernetik«, warnte 1949 in einem Brief an Walther Reuther, den Präsidenten der Union of Automobile Workers in den USA, mit Nachdruck vor den automatischen Montagelinien.[18] Er befürchtete eine desaströse Massenarbeitslosigkeit. Hatte er recht, war seine Vermutung richtig? Ja und nein. Viele Beschäftigte in der Produktion verloren tatsächlich ihren Job, weil sie durch Roboter ersetzt wurden. Doch die Zahl der Stellen in der Automobilindustrie wurde durch die Roboter nicht weniger, sondern größer.

Zu einem ähnlichen Ergebnis kam eine Untersuchung eines Fraunhofer-Institutes[19] im Jahr 2011. Der Chef des Gesamtbetriebsrates der Daimler AG, Erich Klemm, fürchtete den Verlust von Arbeitsplätzen. Immerhin bauten damals in Stuttgart-Untertürkheim, Berlin und Kölleda gut 6 000 Mitarbeiter traditionelle Motoren und Getriebe. Die Forschungsfrage lautete »Welche Folgen hat die Elektrifizierung des Antriebs für die Produktion von Autos und damit für die Beschäftigung?« Fachlich solide wurden vier Szenarien entwickelt und untersucht. In keinem der Szenarien sank der Personalbedarf bis 2030. Im beschäftigungsmäßig ungünstigsten Szenario blieb die Zahl der Arbeitsplätze mit einem geringen Zuwachs praktisch konstant.

Im günstigsten Szenario stieg sie auf über 7 800. Natürlich sind es zu einem großen Teil ganz neue Qualifikationen und Fähigkeiten, die da benötigt werden. Von Massenentlassungen kann aber nicht die Rede sein, vorausgesetzt, dass das Neue nicht bekämpft, sondern genutzt und mitgestaltet wird. Es gibt keine Garantie, dass es so kommt. Aber hier hat mal jemand systematisch die Folgen untersuchen lassen. Die Kurzfrist-Falle im Denken hat man damit umgangen. Nun gilt es noch, der Kurzfrist-Falle im Tun zu entgehen, was das größere Problem ist.

Seine recht bescheidenen mentalen Fähigkeiten zur Vorausschau machen es dem Menschen schwer, sich vorzustellen, dass und wie eine Veränderung etwas Besseres bringen wird. Und selbst wenn man der Vorstellung auf die Sprünge geholfen hat, ist die Angst, Bestehendes zu verlieren, regelmäßig größer als die Freude am Gewinn des Neuen. Seit den Maschinenstürmern hat sich im Grunde wenig geändert.

Die Verlust-Aversion, wie Psychologen dieses Phänomen nennen, ist tief im Menschen verankert. Emotional mag das erklärbar sein, aber rational betrachtet ist das eine Katastrophe. Es regiert die Angst vor dem Neuen auf Kosten der Zukunft.

Sich eine neue Realität, eine bessere Zukunft mit neuen Märkten und Berufen nicht vorstellen zu können, ist eine wichtige Ursache für die Kurzfrist-Falle!

Damit wir uns richtig verstehen: Ich will mich über die Ängste anderer nicht lustig machen. Natürlich müssen die Folgen neuer Technologien, neuer sozialer Normen und neuer Gesetze gründlich bedacht werden. Natürlich haben unsere Leben und unsere Kulturen unermesslich viel Bewahrenswertes. Natürlich ist das Neue nicht zwingend besser als das Alte, nur weil es neu ist. Sonst fiele man auch vor lauter Lust auf Veränderung in die Kurzfrist-Falle.

Wir müssen vielmehr das Neue und das Alte bewusst gegeneinander abwägen. Und zwar mit dem langfristigen Blick auf das Ganze und auf das Wohl aller von einer Entscheidung oder Handlung Betroffenen, wie es Bentham forderte.

Was wir aber nicht tun dürfen und doch fast immer tun, ist, unser eigenes Wohlfühlen im Jetzt zur stärksten Kraft unserer Urteile und Entscheidungen zu machen.

Aber es gibt sie doch, die Menschen, die das langfristige Denken zur Maxime erhoben haben! All jene, die uneigennützig das Wohl der Menschheit im Sinn haben und die mit bewundernswertem Einsatz dafür kämpfen, dass nicht das kurzfristige Denken alles kaputt macht.

Das Problem ist nur, dass die meisten von ihnen einem gewaltigen Trugschluss aufsitzen.

Bessere Menschen

Genua, Juli 2001. Randale während der Protestmärsche gegen den G8-Gipfel auf den Straßen der ligurischen Stadt. Die Regierenden der acht weltweit führenden Wirtschaftsnationen und einige Vertreter ausgesuchter Schwellenländer wie Algerien und Bangladesch kamen zusammen, um über die Strategien zur Armutsbekämpfung zu beraten. Abgesandte der Weltbank, der Weltgesundheitsorganisation und einiger Ernährungs- und Landwirtschaftsorganisationen komplettierten die Runde. Der italienische Außenminister und ehemalige Direktor der Welthandelsorganisation WTO, Renato Ruggiero, sah den Sinn des G8-Gipfels darin, eine »Etappe im Fortschritt der zivilisierten Menschheit« zu gestalten. »Unser Ziel ist es, Ungerechtigkeiten abzubauen, die Lebensweise der Völker zu verbessern und die großen Probleme im Bereich der Menschenrechte zu lösen.« Parallel dazu sollten auf dem Gipfel auch Raketenabkommen und Maßnahmen zum Klimaschutz verhandelt werden.

Für die Globalisierungsgegner waren diese Ziele und Inhalte der Konferenz ein Hohn, weil die Staatschefs der G8-Länder in der weiteren Liberalisierung des Welthandels eine wichtige Maßnahme gegen die Armut sahen. 300 000 Demonstranten riefen »un altro mondo è possibile« – eine andere Welt ist möglich.

Anlässlich der WTO-Konferenz in Seattle zwei Jahre zuvor hatte sich bereits eine globalisierungskritische Bewegung formiert. In Genua waren es dann etwa 750 politische, soziale, kirchliche, gewerkschaftliche und ökologische Gruppen, die sich unter dem Dachverband »Genoa Social Forum« (GSF) zusammengeschlossen hatten. Alle, von Pfadfindern und Missionaren bis zu Mitgliedern des sogenannten Schwarzen Blocks, waren nach Genua gekommen, um gegen die Pläne der G8-Führungsspitzen zu protestieren.

20 000 Polizisten und Carabinieri waren während des Gipfels im Einsatz. Sie gingen mit großer Härte gegen die Demonstranten vor – ganz gleich, ob diese auf Krawall aus waren oder friedlich demonstrierten. Es flogen Molotow-Cocktails – auf die der Staat mit Tränengas reagierte. Die Gewalt eskalierte. Zahlreiche Menschen wurden verletzt, der 23-jährige Carlo Giuliani wurde von einem 20-jährigen Carabiniere erschossen.

Das Motto der Globalisierungsgegner »Ihr seid acht, wir sechs Milliarden« hatte nicht die beabsichtigte Wirkung. Wenn die *taz* zehn Jahre nach den Ereignissen von Genua schreibt: »Genua war der Höhepunkt der globalisierungskritischen Bewegung«, dann heißt das auch, dass danach nicht mehr viel kam. Und wenn ein Häufchen Unentwegter meint: »Sie können nicht mehr ungestört über unser Schicksal bestimmen«, dann hört sich das an wie das Pfeifen im Walde. Die Globalisierung – man mag davon halten, was man will – wurde nicht aufgehalten. Wie auch? Jeder neue

Protestmarsch kommt irgendwann zum Stehen, jede Occupy-Bewegung hat sich bislang aufgelöst, meist bevor irgendetwas Bedeutendes erreicht worden wäre.

Vittorio Agnoletto, damaliger Sprecher des Genoa Social Forum sagte: »Wir waren und sind eine globale, eine universale Bewegung.« Das mag sein. Aber das macht aus ihr noch lange keine der Zukunft zugewandte Bewegung. Agnoletto zitierte gerne einen Satz der Politikwissenschaftlerin Susan George: »Dies ist die erste Bewegung, die nichts für sich selbst verlangt, sondern die für die Zukunft der gesamten Menschheit kämpft.« Das hört sich wunderbar langfristig gedacht und edel an. Aber genau das ist es nicht: Nicht selten sind gerade diejenigen, die für sich in Anspruch nehmen, langfristig zum Wohle aller zu denken, die Prototypen des Kurzfrist-Denkers. Oft sind sie es, die sagen: »Wir wollen keine Globalisierung! Es soll so bleiben, wie es ist, oder, noch besser, so wie es früher einmal war.« Wer nur gegen etwas ist, ohne eine praktikable Alternative anzubieten, ist nicht selten ein Kurzfrist-Typ, der sich an der Vergangenheit festklammert. Und wer könnte schon die Globalisierung aufhalten?

Wie wäre es, sich beispielsweise die Gentechnik mal genauer anzuschauen. Ich selbst habe etwas getan, was nicht nur bei meinem Vortragspublikum, sondern auch bei meiner Familie und meinen Freunden regelmäßig Kopfschütteln und Unverständnis hervorruft.

Bruder-Krieg!

RS3094315, Chromosom 1, Position 742429, Genotyp GG – das ist ein Stück von mir. Ich habe vor einigen Jahren bei einem US-Unternehmen mein Genom sequenzieren lassen. Man registriert sich auf einer Website und bekommt ein paar Tage später ein Röhrchen zugesandt. Darin befindet sich eine Flüssigkeit, in die man hineinspuckt. Das Röhrchen wird verschlossen, geschüttelt, verpackt und zurück in die USA geschickt. Angeblich anonym wird das Genom in einem Labor sequenziert. Es stimmt schon, in Sachen Datenschutz darf man da nicht zu den Ängstlichen gehören.

Man wird natürlich gewarnt: Man könne Dinge erfahren, mit denen manche schlecht umgehen können. Man könne ganz überraschend neue Verwandtschaftsverhältnisse entdecken und als gesichert geglaubte Verwandtschaften könnten sich in nichts auflösen. Und man könne von Krankheiten erfahren, die viele Menschen lieber verdrängen. Aber das hat mich nicht abgehalten. Ich habe das alles unterschrieben. Zwei Wochen später bekam ich per Mail einen Benutzernamen und ein Passwort zugewiesen und konnte von da an fasziniert durch mein Genom surfen. Wozu, werden Sie sich fragen.

Meine Veranlagung für alle bekannten genetisch bedingten Krankheiten kenne ich nun in Prozent in Relation zum Bevölkerungsdurchschnitt. Das gilt auch für solche Krankheiten, von denen ich selbst noch nie zuvor etwas gehört hatte. Zu jeder Angabe gibt es eine Art Konfidenzindikator. Wenn ein Ergebnis nur auf einer einzigen Studie basiert, erhält es nur ein Sternchen. Liegen der angegebenen Veranlagung jedoch viele Studien zugrunde, prangen dort fünf Sternchen. Zu jedem potentiellen Leiden gibt es ausführliche Erläuterungen, Hinweise, Verhaltensanleitungen, Querverweise und Quellenangaben. Ich bekomme alle paar Wochen ein Update, nicht für mein Genom natürlich, sondern für die Erkenntnisse über meine genetische Gruppe.

Mir persönlich hat die Sequenzierung meines Erbguts ein ganz neues Verständnis von meiner Gesundheit gegeben. Ich weiß nun datengestützt und auf Basis einer gewissen »künstlichen Intelligenz«, worauf ich achten muss und was ich meiden sollte. Ausgerüstet mit diesem Hintergrundwissen habe ich dieses Profil mal zu einer PDF gemacht und meinem Arzt gemailt und ihm gesagt: »Darüber würde ich gerne mal mit Ihnen reden«. Vielleicht können Sie sich vorstellen, wie sich in diesem Moment die Machtverhältnisse verschoben haben.

Ihnen und mir werden Medikamente verschrieben und Therapien empfohlen, ohne dass sich jemals ein Arzt nach unserer genetischen Gruppe erkundigt hätte. Dabei könnten mögliche Unverträglichkeiten wie auch die tatsächliche Wirksamkeit medikamentöser Therapien schon im Vorfeld identifiziert und somit eine angemessene Behandlung erreicht werden. In dieser Hinsicht befinden wir uns noch in der medizinischen Steinzeit.

Solche Erlebnisse wie das meines Arztes mit mir stehen zukünftig unzähligen beratenden Berufen bevor, wenn die Algorithmen und Maschinen nicht nur auf »Big Data« zurückgreifen können, sondern das Ganze auch noch künstlich intelligent und gar kreativ zu sachlichen Beratungen verarbeiten können. Auch Steuerberater, Anwälte und Marketingberater werden zukünftig von diesen Wissenssystemen profitieren.

Aber mein Genom in der Cloud brachte mir nicht nur Erkenntnisse über Gesundheit und die Zukunft der Arbeit. Ich habe sogar Verwandte kennengelernt, von denen ich vorher gar nichts wusste. Die Website bietet mir eine Liste von Menschen an, die bestimmte Teile meines Genoms mit mir gemein haben, die also mit mir verwandt sind. Da steht dann sinngemäß: »Das ist dein Cousin neunten Grades, der wohnt in Winnipeg, willst du dich mit ihm vernetzen?« So entsteht eine Art soziales Netzwerk auf Verwandtschaftsbasis, eine ganz spezielle Version von Facebook und Co.

Zu einigen dieser »neuen« Familienmitglieder habe ich Kontakt aufgenommen, was ich hochspannend fand. Wenn ich wollte, könnte ich mit meinen neu entdeckten Verwandten über ihren Umgang mit genetischen Macken oder ihr allergiekompatibles Ernährungskonzept diskutieren. Ich könnte mir für genetisch bedingte Krankheiten die besten Spezialisten weltweit empfehlen lassen. Muss ich aber nicht. Für mich zählt, dass ich jetzt mehr über mich weiß.

Dass meine Wurzeln auf dem Balkan liegen, erkennt man an meinem Namen. Auf dem Balkan gibt es eine Menge Völker, die nicht allzu gut voneinander denken. Albaner, Bosnier, Kroaten, Mazedonier, Moldawier, Montenegriner, Rumänen, Serben und viele mehr. Ich habe sie mal lieber alphabetisch aufgeführt, damit sich keiner benachteiligt fühlt. Sie sind empfindlich. Praktisch alle haben die gleiche Haltung: »Wir sind die Guten, die anderen sind die Bösen.« Jedes der Balkanvölker ist der Ansicht, im Frieden verloren und im Kriege gewonnen zu haben. Die Angst vor den anderen ist ein Grund, warum es auf dem Balkan oft nicht friedlich zugeht. Und nicht nur dort.

Also habe ich anhand meines Genoms in der Cloud geprüft, mit welchen dieser Völker ich so verwandt bin. Das Ergebnis ist: mit allen! Vermutlich gilt das für fast jeden, der dort lebt oder Wurzeln hat. Ich bin überzeugt, dass wir nicht 150 000 Tote in den letzten Balkankriegen zu beklagen hätten, wenn sich alle dieser Tatsache bewusst gewesen wären.

Für mich hält die Sequenzierung meines Genoms eine Menge interessanter Erkenntnisse bereit. Mit am aufschlussreichsten ist, dass mir fast immer Gegenwind ins Gesicht bläst, wenn ich davon berichte. »Was! Wie konntest du das tun! Bist du verrückt? Würde ich niemals machen!«, heißt es regelmäßig.

Da ist sie wieder, die Angst vor dem Neuen. »Pass auf! Du kennst das doch gar nicht! Da könnte wer weiß was passieren! Wenn da jemand an deine Daten herankommt! Lass lieber die Finger davon!« In meinem Fall hatte die innere Stimme einen anderen Text. Ich will die Dinge wissen, so genau wie möglich. Andere brauchen das nicht, wollen das nicht, vermeiden gar das Wissen, aus Angst vor möglicherweise schlechten Nachrichten. Dann sendet man keine Speichelprobe ein. Ganz einfach.

Entscheidend ist doch, mit dem Neuen umgehen zu können. Wenn ich von einer genetisch bedingten Veranlagung zu einer Krankheit weiß, kann ich intensiver tun oder vermeiden, was geboten ist. Die Genetik ist nicht allein entscheidend. Das ist nur der Hardware-Anteil, wie ich es nenne. Epigenetik, also die Veränderung der Aktivität von Genen, sowie die allgemeine Lebensweise und natürlich auch der Zufall spielen in erheblichem Maße mit. Selbst wenn ich nichts mehr an der Krankheit und meinem Schicksal ändern könnte, würde ich zumindest die Konsequenz ziehen können, die letzten Tage oder Wochen so zu verbringen, wie ich es angesichts eines vorzeitigen Endes meines Lebens für richtig halte. Auch wenn es zunächst unangenehm ist; ich profitiere in jedem Falle von der frühzeitigen Information über meinen Gesundheitszustand. Die Kenntnis und Auswertung unserer Genome und der daraus abzuleitenden Risiken und Chancen könnte das Gesundheitssystem revolutionieren. Könnte, aber es wird sehr lange dauern. Viel länger als nötig.

Wenn die Chancen das Licht sind, sind die Risiken der Schatten. Wenn aber aus Angst vor dem Neuen, dem Unbekannten, Chancen verpasst werden, wenn prinzipiell gar nicht mehr darüber nachgedacht wird, welche Vorteile im Neuen liegen, dann ist das schlicht dumm. Dann ist das zu kurzfristig gedacht.

»Lebe ganz im Hier und Jetzt« und andere Dummheiten

Durch die hohen Fenster strahlt die Sonne, Räucherstäbchen krümmen sich und verwandeln sich langsam in Asche. Aus dem CD-Spieler mit aktivierter Repeat-Funktion tönen Meeresrauschen und sanftes Geklingel von Zimbeln und Glöckchen. Der ganze Raum atmet wohlige Entspannung.

»Bitte denkt daran, Bewusstseinserweiterung findet nur im Jetzt statt. Nur in der Gegenwart ist authentisches Leben möglich. Lasst also die Fesseln von Vergangenheit und Zukunft von euch abfallen. Visualisiert, wie euch alles, was euch an das Gestern kettet, verlässt. Befreit euch von den Nöten und Sorgen, die euch das Morgen beschert. Merkt ihr, wie unendlich leicht ihr werdet? Mmmmmmh. Spürt ihr, wie euch verlässt, was euch niederdrückt und quält?«

Zustimmendes Raunen.

Selig meditierend sitzen die Kursteilnehmer im Kreis, der Lehrer schaut milde in die Runde. »Und nun konzentrieren wir uns auf den Punkt, der sich einen Fingerbreit unterhalb unseres Bauchnabels befindet. Habt ihr ihn?«

Einträchtiges Nicken.

»Dann versenkt euch nun ganz im Hier und Jetzt.« Harmonie. Die Suche nach der eigenen Mitte findet in behaglicher Zurückgezogenheit statt. Auf allen Gesichtern ein entrücktes Lächeln.

Carpe diem

Das Mantra vieler Lebensberater ist eindeutig: Das Jetzt ist alles, was zählt. Das Leben findet allein in der Gegenwart statt. Nur die Jetzt-Zeit ist real; nur im Hier und Jetzt liegt Erfüllung und kann der Mensch im Einklang mit dem Universum leben. Natürlich, man kann nicht wirklich in der Zukunft oder der Vergangenheit leben. Zukunft und Vergangenheit gibt es nicht real, sondern nur in unseren Köpfen. Auf den ersten Blick scheint das Leben im Hier und Jetzt ein denkbar guter Rat zu sein. Demnach läge die Wurzel vieler unserer Probleme darin, dass wir gedanklich überall sind, nur nicht bei uns selbst. Beim Essen schreiben wir Textnachrichten oder sehen fern. Lesen wir ein interessantes Buch, denken wir an nicht erledigte Aufgaben. Laufen wir durch den Frühlingsmorgen, hören wir nicht die Vögel singen, sondern sorgen uns um die Familie.

Die Erkenntnis von regalmeterweise Ratgeberliteratur und Volkshochschulangeboten gleich im Dutzend scheint plausibel zu sein: Vergiss das Morgen und das Gestern so weit wie möglich und konzentriere dich auf das Heute. Denn Glück und Erfüllung sind immer Kinder des Augenblicks. Beides erfährst du nicht in der Vergangenheit und auch nicht in der Zukunft, sondern immer nur in der Gegenwart.

Die Trainer, Coaches, Therapeuten und Berater, die ein am Augenblick ausgerichtetes Leben propagieren, wissen natürlich, welchen Wert Zukunft und Vergangenheit haben. Sie streiten nicht ab, dass man aus Erfahrung lernt und auch aus der Zukunft lernen kann. Doch der Grundtenor bleibt stets derselbe: All das, was ein Mensch für ein erfülltes Leben braucht, kann er aus dem Hier und Jetzt ziehen.

Warum werden Seminare und Bücher mit der Botschaft »Die Zeit, die du hast, ist immer jetzt« von einem breiten Publikum so begeistert aufgesogen? Eckhart Tolles Buch *Jetzt! Die Kraft der Gegenwart*[20] wurde in 35 Sprachen übersetzt und hat weltweit Millionen Leser gefunden. Über Jahre stand es auf der Amazon-Liste der Rubrik »Spiritualität« auf Platz eins.

Bevor wir uns aber der Frage zuwenden, warum die Vorstellung eines auf die Gegenwart fokussierten Lebens so eine positive Anziehungskraft auf uns ausübt und warum das Künftige in unserer Gefühlswelt so wenig attraktiv ist, sollten wir erst einmal klären, wie Gegenwart, Vergangenheit und Zukunft vom Menschen überhaupt wahrgenommen werden.

Drei Sekunden

Unser Gehirn verarbeitet Sinneseindrücke in Einheiten von etwa 2,7 Sekunden. Ernst Pöppel, Professor für medizinische Psychologie an der Ludwig-Maximilians-Universität in München, drückt es so aus, dass sich das Gehirn ungefähr alle drei Sekunden fragt: »was gibt es Neues in der Welt?«[21]

Drei Sekunden – das ist der Takt, in dem unser Gehirn uns die Realität erleben lässt. Alle drei Sekunden werden die Informationen, die unsere Sinne erreicht haben, sozusagen zu einem Gegenwarts-Päckchen zusammengefasst. Unmittelbar nachdem es geschnürt wurde, passieren zwei Dinge. Erstens: Unser Bewusstsein gleicht dieses Drei-Sekunden-Gegenwartsbild mit seinen in der Vergangenheit gemachten Erfahrungen ab und bewertet das Ergebnis. Die meisten Eindrücke werden als unwichtig eingestuft und verschwinden auf Nimmerwiedersehen; nur weniges wird weiterverarbeitet und ins Langzeitgedächtnis transferiert. Zweitens: Parallel dazu werden schon die nächsten drei Sekunden Gegenwart aufgenommen.

Wie verhält es sich mit Vergangenheit und Zukunft? Jordi Quoidbach und sein Forscherteam an der Harvard University werteten die Persönlichkeitsmerkmale von 19 000 Versuchspersonen im Alter zwischen 18 und 68 Jahren danach aus, wie sehr diese sich deren Meinung nach in den vergangenen zehn Jahren verändert hätten.[22] Erwartungsgemäß hatten die Teilnehmer sehr gut im Blick, welche ihrer Lebensumstände, ihrer Werte und Vorlieben sich in diesem Zeitraum gewandelt hatten. Der Transfer von der Vergangenheit in die Gegenwart klappte also ganz gut.

Erheblich interessanter waren die Antworten auf die Frage, wie es um zukünftige Veränderungen bestellt sein würde. Da war auf einmal Schluss mit dem Überblick über das eigene Leben. Das Gros der Probanden ging davon aus, alles würde für immer so sein, wie es ist, dass sie sich nicht weiter verändern würden. Quoidbach beschreibt es so: »Es scheint so, als würden die Menschen die Gegenwart als eine Art Wasserscheide betrachten, in der ihre Entwicklung abgeschlossen ist. In der Gegenwart sind sie zu der Person geworden, die sie für den Rest ihres Lebens bleiben werden.« Das ist ziemlich verrückt, oder?

Man sieht zurück auf vergangene Jahre und erkennt die persönliche Entwicklung, die man in dieser Zeit durchlaufen hat. Der Musikgeschmack hat sich verändert, der Job ist ein anderer, neue Freunde sind hinzugekommen und frühere sind verschwunden. Man ist zum Vegetarier geworden oder hat das Bogenschießen für sich entdeckt.

Wird man aber im Hier und Jetzt gefragt, wie intensiv man sich in der Zukunft verändern wird, hält man weiteren Wandel für praktisch ausgeschlossen. Die persönliche Zukunft wird nur als eine in die Länge gezogene Gegenwart wahrgenommen, unabhängig davon, ob man 18, 48 oder 68 Jahre alt ist. Die Schulabgängerin sieht sich ebenso am Ende ihrer persönlichen Entwicklung wie der 68-jährige Rentner.

Mir kommt es so vor, als würde der Mensch bei seiner Reise durch die Zeit freiwillig eine Trennwand zwischen Gegenwart und Zukunft ziehen. Er mag und kann zwar den Kopf drehen und in die Vergangenheit zurückschauen, aber den Blick in seine Zukunft meidet er. Und wenn, dann ist sie die Fortsetzung der Gegenwart.

Vielleicht liegt es daran, dass die Zukunft in unserer Wahrnehmung viele Ängste und Sorgen für uns bereithält: »Was wird sein?«, »Was ist, wenn dieses oder jenes passiert?«, fragen wir uns. Die Zukunft ist auch die Sphäre unserer Hoffnungen und Chancen. Aber das macht sie nicht weniger komplex zu denken und das macht es nicht leichter, eine klare Vorstellung zu entwickeln. Die Vergangenheit dagegen ist der Ort der Schuldgefühle und des Bedauerns: »Hätte ich doch bloß ...«, hört man oft. Die Vergangenheit ganz auszublenden, fällt uns schwer, denn schließlich hat sie sich emotional in unser Gedächtnis eingegraben. Die Zukunft haben wir hingegen noch nicht erlebt und noch nicht gefühlt. Wir ignorieren sie mit Leichtigkeit und gerne.

Die Arbeitsweise unseres Gehirns deutet klar darauf hin:

Wir Menschen sind für den Augenblick gemacht, für ein Leben in der Gegenwart.

Aber noch ein zweiter Faktor macht das Leben im Hier und Jetzt so attraktiv für uns.

Mama!

Das Leben im Augenblick bietet Ruhe und Beherrschbarkeit. Hier kann man sich von der Komplexität der Welt ausruhen. Die Gegenwart ist dann einfacher. Ja, wer nicht an Vergangenheit und Zukunft denkt, macht sich das Leben leicht. Er verdirbt sich nicht die Laune durch Gedanken an verpasste Chancen oder kommende Bedrohungen.

Für manchen mag diese Vorstellung verlockend sein. Für mich ist der Wunsch nach einem rein gegenwärtigen und vermeintlich sorgenfreien Leben der Ausdruck einer Sehnsucht nach Regression. Man sehnt sich gewissermaßen zurück in die Zeit seiner Kindheit. Gerade Kleinkinder sind ausgesprochene Gegenwartswesen. Wenn man sie lässt, leben sie sorglos in den Tag hinein.

Eine Sechsjährige will nicht morgen oder übermorgen Geburtstag haben, sondern heute. Mit einem altväterlichen Spruch wie: »Vorfreude ist die schönste Freude« erntet man bei ihr kein Verständnis. Und das ist gut und richtig so!

Kinder brauchen unbedingt diese sorglose Phase von Vertrauen und Geborgenheit. Doch bei Erwachsenen halte ich ein rein in der Gegenwart verankertes Dasein, Denken und Handeln für fatal und verwerflich.

Anders als Kinder tragen Erwachsene Verantwortung, nicht nur für sich selbst, sondern auch für Familienmitglieder, Freunde, Mitarbeiter, Kollegen und ein wenig auch für alle Menschen. weltweit. Erwachsene können nicht mehr »Mama« rufen, damit im Nu alles für sie geregelt wird. Je mehr Verantwortung jemand hat, je mehr das Wohl und die Existenz anderer Menschen von seinen Entscheidungen und Taten abhängt, desto schädlicher und gewissenloser ist das Ausblenden der Zukunft.

Dass wir Menschen uns die Zukunft vorstellen, über sie nachdenken und aus ihr lernen können, obwohl sie noch nicht stattgefunden hat, macht uns einzigartig. Es ist ein Grund für unsere Erfolgsgeschichte. Es kann nicht sinnvoll sein, sich dieses Zukunftssinnes aus freien Stücken zu berauben.

Man könnte einwenden, dass uns genau diese Fähigkeit bisher nichts Gutes gebracht habe. Nie zuvor in der Geschichte der Menschheit haben wir einen so starken negativen Einfluss auf unsere Umgebung und gar die Biosphäre genommen. Kriege, Artensterben und Finanzkrisen kommen doch gerade davon, dass Menschen sich nicht mit dem zufriedengeben wollen, was das Hier und Jetzt ihnen bietet. Sie verlangen mehr. Ein zufriedenes Leben im Hier und Jetzt würde da sinnvolle Mäßigung bedeuten, könnte man meinen. So lauten auch die Argumente der Gegner von Globalisierung, Fortschritt und freiem Handel.

Doch das ist ein weitverbreiteter Denkfehler. Die Gier des Menschen nach mehr ist kein Argument gegen die Zukunftsorientierung! Gier ist pure Kurzfrist-Orientierung und, wie wir noch sehen werden, geradezu das Gegenteil dessen, was ich fordere.

Unsere massiven Probleme haben wir uns nicht eingebrockt, weil wir zu viel in die Zukunft gedacht haben, sondern weil wir es nicht ausreichend und nicht gut genug getan haben!

Ja, vieles an unserer Wirklichkeit ist zweifelhaft. Brauchen wir wirklich so viel, um glücklich zu sein? Nein, brauchen wir nicht. Müssen wir ständig neuen und höheren Zielen hinterherjagen? Nein, müssen wir nicht. Wir sind in den letzten 40 Jahren nicht glücklicher geworden, obwohl unser in Geld gemessener Wohlstand deutlich zugenommen hat. Nur ist das nicht der Kern unserer Überlegungen hier. Es geht nicht darum, immer mehr zu haben und dafür langfristiger zu denken. Es geht darum, die langfristigen Folgen unseres Tuns und Nicht-Tuns stärker ins Kalkül zu ziehen, damit es uns auch in Zukunft noch gutgeht. Fast alle unsere großen Probleme haben wir, weil wir sie mit unserer Kurzfrist-Orientierung nicht früh genug erkannt und gelöst haben, als sie noch kleine Probleme waren.

Konfuzius stellte schon im 6. Jahrhundert vor unserer Zeitrechnung fest: »Wer sich nicht über seine Zukunft Gedanken macht, der wird sich bald über sein Heute sorgen müssen.« Er hat gewusst, dass ein ausschließlich im Hier und Jetzt geführtes Leben falsch ist und fatale Folgen haben kann. Was für Konfuzius vor 2 500 Jahren in einer sich nur langsam verändernden Welt richtig war, gilt erst recht in einer unüberschaubar komplexen und sich ständig wandelnden Welt wie der heutigen.

Machen wir ein Gedankenexperiment. Was würde passieren, wenn man allen Menschen auf der Erde das Bewusstsein für die Zukunft ausknipsen würde? Fangen wir ganz profan an: Wir würden schnell fett und krank werden, weil wir uns nur nach dem reinen Lustprinzip ernähren würden. Wir würden nicht mehr investieren, auch nicht in den Erhalt unserer Häuser, Maschen und Versorgungssyteme. Investitionen werden ohne Zukunftsorientierung sinnlos. Wer würde noch Arbeitsplätze schaffen oder erhalten? Wozu sich an Gesetze und gute Sitten halten, wenn alle Gedanken an die Folgen ausgeblendet sind? Wir können das Experiment hier abbrechen. Es wäre eine grauenvolle Dystopie.

Selbstverständlich will ich Gegenwartsklarheit nicht verteufeln. Dauernd an Vergangenheit und Zukunft zu denken, hält uns davon ab, ins Tun zu kommen. So gesehen haben die Jetztzeit-Gurus gar nicht mal unrecht damit, dass wir unsere Gegenwartsklarheit ständig mit Gedanken an Vergangenheit und Zukunft trüben und darüber unglücklich werden, weil wir nicht tun, was wir eigentlich wollen. Natürlich ist der Fokus auf den Augenblick gut für die Seele und gleichermaßen für unser Leistungsvermögen. Ein vollständig im Hier und Jetzt geführtes Leben ist hingegen weder erstrebenswert noch dauerhaft möglich.

»Aber ich plane doch meinen Urlaub ein Jahr im Voraus und die Ausbildungsversicherung für die Kinder habe ich auch schon abgeschlossen«, könnten Sie einwenden. Auf den ersten Blick schlagen wir uns beim Vorausdenken gar nicht mal so schlecht. Wir nehmen uns ständig vor, etwas zu tun und zu erreichen, was wir erstrebenswert finden. Wenn wir dann auch noch dem Plan gemäß handeln, ist alles gut. Solange wir uns dabei wohlfühlen, haben wir weder ein Problem im Denken noch im Tun.

Schwierig und gefährlich wird es immer dann,

1. wenn uns schon das Denken an die Zukunft unangenehm ist,
2. wenn die Zukunft selbst schlechte Gefühle bereitet,
3. wenn das nötige Tun in der Gegenwart anstrengend ist und
4. wenn es um Entscheidungen mit großer Tragweite geht.

Wir können weder die Zeit zurückdrehen noch alles Komplizierte und Komplexe um uns herum einfach verschwinden lassen. Sicher, der Einzelne kann sein Leben vereinfachen und entschleunigen. Vielleicht müssen wir das auch, um im rechten Moment stark genug für weitsichtige Entscheidungen und Taten zu sein. Aber die von uns Menschen selbstgemachte moderne Welt schaffen wir damit nicht ab.

Sich persönlich zu entschleunigen, das viele Unwesentliche zu entfernen oder zu vereinfachen, geht völlig in Ordnung. Simplify your life – wunderbar! Das ist alles nicht das Problem. Aber im Wesentlichen des Lebens und bei allem, was mehr als nur uns selbst betrifft, müssen wir lernen, mit der Beschleunigung und Komplexität des Lebens intelligent Schritt zu halten.

Gerade wegen der ungeheuren Komplexität dürfen wir die Zukunft nicht ausblenden. Gerade weil wir Schwierigkeiten haben, diese Komplexität erfolgreich zu bewältigen, dürfen wir nicht nur im Hier und Jetzt leben. Gerade in einer unvorhersehbaren Zukunft brauchen wir Orientierung mehr denn je. Dabei geht es nicht um die Prognose der unprognostizierbaren Zukunft, sondern um langfristig sinnvollere Entscheidungen in der Gegenwart. Das ist unsere Pflicht als einzelner Mensch. Das ist unsere Pflicht der Menschheit gegenüber.

Als wir noch Jäger und Sammler waren, unterschieden sich Vergangenheit, Gegenwart und Zukunft kaum voneinander. Wir konnten noch folgenlos im Hier und Jetzt leben. Doch heute ist es falsch.

Wenn wir unser Leben nur noch folgenlos ausschließlich im Hier und Jetzt leben, tappen wir zwangsläufig in eine Kurzfrist-Falle nach der anderen.

Zwischen den Welten

Erinnern Sie sich an Ihre letzte Geburtstagsparty? Wer war dabei? Wo fand sie statt? Wie lief sie ab? Jetzt stellen Sie sich bitte Ihre nächste Geburtstagsparty vor. Fällt Ihnen etwas auf?

Die Hirnforscherin Kathleen McDermott[23] von der Washington University in St. Louis untersuchte, wie die Vorausschau im Gehirn funktioniert. Sie stellte ihren Versuchspersonen die gleichen Fragen, wie ich Sie Ihnen gestellt habe. Zuerst sollten sie sich an ihre letzte Geburtstagsparty erinnern. Dann sollten sie in Gedanken die nächste Party planen. Die Gehirnaktivität der Testpersonen wurde mit Hilfe der funktionellen Magnetresonanztomographie (fMRT) aufgezeichnet. Solche Geräte erkennen Durchblutungsveränderungen, die dort auftreten, wo sich durch neuronale Aktivität der Sauerstoffgehalt des Hämoglobins verändert. So macht es die im Gehirn gerade besonders aktiven Nervennetzwerke in Echtzeit sichtbar.

Wenn der Proband sich die vergangene Party vorstellte, wurde das Hirnareal angesprochen, das für die Erinnerung an persönliche Erlebnisse zuständig ist. Als die Versuchspersonen aber an die zukünftige Geburtstagsparty denken sollten, rieben sich die Forscher verwundert die Augen. Genau die gleichen Areale wurden aktiv! Es war vollkommen egal, ob die Probanden in die Zukunft oder in die Vergangenheit blickten, das Messergebnis unter dem fMRT war dasselbe. »Ob wir uns an ein Erlebnis erinnern oder es uns in der Zukunft vorstellen, ist fast das Gleiche«, sagt Daniel Schacter, Psychologe an der Harvard University, der ähnliche Experimente wie McDermott durchgeführt hat.[24]

Der Neurobiologe Endel Tulving von der University of Toronto schrieb 1982 als Erster vom episodischen Gedächtnis.[25] Die von ihm vorgestellte Patientengeschichte bestätigt den direkten Zusammenhang von Vergangenheit und Zukunft in uns. Patient K.C. hatte durch einen Motorradunfall einen Gehirnschaden erlitten, der seine Fähigkeit, sich an Vergangenes zu erinnern, stark behinderte. K.C. konnte sich zwar an Daten und Fakten erinnern, aber nicht an persönliche Erlebnisse. Mit dem Fehlen dieser persönlichen Erinnerungen war er auch nicht in der Lage, sich in zukünftige Situationen hineinzudenken oder -zufühlen. Sollte sich K.C. etwa seine nächste Geburtstagsparty vorstellen, hatte er vor seinem inneren Auge nur Leere. Er konnte nicht auf einer Erinnerung an eine Geburtstagsparty aufbauen. Der Verlust seiner Vergangenheit hatte seine Fähigkeit zerstört, ein Zukunftsbild von sich selbst zu machen.

Halten wir drei Erkenntnisse fest:

1. Aus seinen Erfahrungen der Vergangenheit bastelt sich der Mensch ganz unbewusst die Vorstellung seiner Zukunft zusammen. Die Vergangenheit kolonisiert die Zukunft, sie bestimmt, was wir in der Zukunft sehen.

Die Vorstellung von der Zukunft als bloßer Verlängerung der Vergangenheit und Gegenwart gibt uns ein Gefühl von Berechenbarkeit, Kontrollierbarkeit und Sicherheit.

---

2. Dieses Gefühl wird immer wieder enttäuscht. Der Urlaub, der so schön wie der vom letzten Jahr hätte werden sollen, wird ein Reinfall, weil dieses Mal auf dem Grundstück nebenan gebaut wird oder eine Qualleninvasion den Strand heimsucht. Der Sohn zeigt mit 17 Jahren auf einmal überhaupt keine Lust mehr, Jura zu studieren, um später einmal die Anwaltskanzlei des Vaters zu übernehmen. Das für das Studium der Tochter zurückgelegte Geld hat man sich vielleicht ganz umsonst vom Munde abgespart, weil in zehn Jahren die Unternehmen mit Handkuss die Ausbildungskosten übernehmen.
3. Gutes Zukunftsmanagement sieht ganz anders aus. Wer Verantwortung trägt, ist ein Zukunftsmanager, ob er das will oder nicht.

Bauchfrei oder kopflos?

Unternehmer und ihre Führungskräfte, deren oberste Priorität es ist, den Fortbestand ihres Unternehmens zu sichern, müssten Zukunftsmanager par excellence sein, eigentlich. Daher müsste es zu ihren Kernkompetenzen gehören, sich systematisch mit der Zukunft auseinanderzusetzen, denn jede Entscheidung und jede Maßnahme beruht auf Annahmen über die Zukunft. Das gilt im privaten Leben wie auch im Unternehmen. Ob man eine Software einführt oder nicht, einen Mitarbeiter einstellt oder entlässt, ein Produkt entwickelt oder vom Markt nimmt, einen Geschäftsbereich hinzukauft, schließt oder verkauft, immer sind Zukunftsannahmen im Spiel. Mit solchen Entscheidungen legt man sich auf die Zukunft fest, muss also auf den Eintritt eines angenommenen Verlaufs der Zukunft wetten. Gutes Zukunftsmanagement hilft dabei, das Menschenmögliche zu tun, um heute die Entscheidungen zu treffen, die sich in der Zukunft mit guter Wahrscheinlichkeit als sinnvoll erweisen werden.

Es kommt also darauf an, mit Zukunftsannahmen überhaupt erst eine sinnvolle Basis zu schaffen, auf der Entscheidungen getroffen werden. Leider ist es immer noch normal, wenn Manager nur auf das reagieren, was gerade passiert ist. Sie schauen darauf, was der Konkurrent im laufenden Quartal macht. Sie reagieren auf aktuelle Rohstoffpreise und jetzige Lohnkosten. Sie lesen im Branchenblatt, was jetzt im Moment gerade den Markt bewegt. Sie klopfen die aktuell verfügbaren Zahlen und Fakten auf Relevanz für ihr Unternehmen ab. Sie glauben zwar, all das bilde die gegenwärtige Situation ab, doch genau genommen ist alles schon Vergangenheit. Man kann bestens über die jüngste Vergangenheit informiert sein, aber trotzdem keinen blassen Schimmer von der Zukunft haben.

Wenn es darum geht, die Zukunft zu antizipieren, verlassen sich viele darum einfach auf ihre Intuition. Gerade in letzter Zeit wird das Prinzip »Bauch statt Kopf« immer populärer. Dabei ist das natürlich ein unsinniger Gegensatz, denn der Mensch ist in jedem Moment beides zugleich, Emotio und Ratio. Es geht nur um die Anteile, die an einer Entscheidung beteiligt sind. Gute Intuition macht uns das Leben fraglos leichter, weil sie die oftmals unerträgliche Komplexität des Lebens und unserer Entscheidungen reduziert. Wir können gar nicht alle Fakten einer Situation berücksichtigen und analysieren, bevor wir entscheiden.[26]

Es klingt vielversprechend. Die unzähligen Fakten und Details und all das Grübeln einfach beiseitelegen, der Intuition Raum geben, einfach aus dem »gesunden Baugefühl heraus« entscheiden, das erspart doch eine Menge Kopfzerbrechen. Und wenn wir ja sowieso kein gesichertes Wissen über die Zukunft haben können, dann scheint das stärkere Vertrauen auf die Signale unseres Unbewussten doch ein ganz brauchbares Konzept zu sein.

Was wäre aber, wenn die Intuition uns ausgerechnet bei den kritischen Langfristentscheidungen, deren Auswirkungen ja gerade über unser enges tägliches Lebensumfeld hinausgehen, wenig hilft? In seinem Buch *Schnelles Denken, langsames Denken*[27] schreibt der Verhaltensökonom und Nobelpreisträger Daniel Kahneman: »Unter zwei Bedingungen sind Intuitionen vermutlich sachgerecht: eine Umgebung, die hinreichend regelmäßig ist, um vorhersagbar zu sein. Und eine Gelegenheit, diese Regelmäßigkeiten durch langjährige Übung zu erlernen.«

Intuition trifft also ins Schwarze, wenn es vertraut, einfach, linear und regelmäßig zugeht. Intuition entsteht in vielen Jahren Erfahrung in einer Situation oder einem Gebiet.[28] Intuition versagt aber, wenn die Situation unbekannt, schwierig, komplex und unregelmäßig ist.

Doch wo bitte finden wir, ob Unternehmer, Manager, Politiker oder Normalbürger, heute noch stabile, lineare, wenig komplexe Bedingungen und voraussehbare Entwicklungen vor, in denen wir letztlich erfolgreich intuitiv entscheiden und handeln könnten? Es spricht viel für die Annahme, dass die Gesellschaften und Märkte sich durch ihre zunehmende Komplexität und Dynamik unserer Intuition in großen Teilen immer mehr entziehen. So steuern wir Unternehmen, Kommunen und Staaten regelmäßig ins Verderben, weil unsere intuitionsgeleiteten Sensoren genau in die falsche Richtung zeigen.

Immer öfter sind genau die kontraintuitiven Lösungen die richtigen. Die Abschottung gegenüber ausländischen Fachkräften, ein emotional nachvollziehbarer Gedanke, kann langfristig erst recht heimische Arbeitsplätze kosten. Transferleistungen zur Stärkung von Teilen der Gesellschaft, die schon aus Menschlichkeit angebracht erscheinen, können diese langfristig erst recht schwächen. Die Bekämpfung eines politischen Gegners kann diesen langfristig erst recht aufwerten. Es gibt unzählige solcher Beispiele. Was sich intuitiv richtig anfühlt, kann letzten Endes völlig kontraproduktiv sein.

Die Kurzfrist-Falle scheint sich gemeinerweise gerne als Intuition zu tarnen.

Wir entscheiden dann aus dem Bauch, also nach dem Grad unseres Wohlfühlens, und nennen es Intuition, obwohl es gar nicht Intuition ist, sondern eine emotionale Entscheidung bei Ausblendung verfügbarer Daten und rationaler Argumente in einer bisher nicht gekannten Situation.

Intuitive und schnelle Entscheidungen haben sehr wohl ihren verdienten Platz im Methodenportfolio jedes Verantwortlichen. Sie sind aber nur in den Situationen hilfreich, die man im Wesentlichen kennt und in denen auch die Ergebnisse ihrer Entscheidungen bereits Teil eines Erfahrungsschatzes sind. Dann können die von Malcolm Gladwell in *Blink*[29] beschriebenen Blitz-Entscheidungen richtig sein. Sie können genauso gut sein wie Entscheidungen, die wir nach langem Abwägen des Für und Wider treffen. Der Rettungssanitäter und der Pilot haben die kritischsten Situationen in der Wirklichkeit oder im Simulator immer wieder erlebt und trainiert. Sie haben auch gar keine Zeit, lange zu überlegen, sie müssen intuitiv und damit schnell entscheiden.

Befinden wir uns aber in einer für uns neuen Entscheidungssituation, in der wir weder alle Faktoren noch die Mechanismen kennen, also außerhalb des trainierten Repertoires, können die schnell gefällten intuitiven Entscheidungen schnell ins Verderben führen. Der Einstieg in ein gänzlich neues Geschäftsfeld, die Gründung eines hochinnovativen Unternehmens oder die erste Krisensituation im Leben eines Managers oder eines Elternpaares mit einem verunglückten Kind sind solche Entscheidungssituationen. Die Intuition des Schach-Großmeisters ist wenig wert, wenn er Dame spielen soll.

Entscheidungssituationen, in denen wir mit guter Gewissheit von einem gleichbleibenden Umfeld ausgehen können und gleichzeitig jahrelange Übung in ein und derselben Sache haben, werden immer seltener. Wir sind in solchen Situationen praktisch gezwungen, bewusster, informierter und systematischer die möglichen Zukünfte zu denken, um robuste Entscheidungen zu treffen. Wir müssen die Zukunft in unseren Köpfen »managen«, also wirksamer mit ihr umgehen.

Wir müssen uns die Frage nach der Relevanz von Zukunftsinformationen anders stellen. Fragen wir wie üblich »was ist relevant?«, wird uns unsere Intuition nur das als Antwort liefern, was wir schon kennen. Deshalb sind die sogenannten Megatrends so beliebt, weil man jedes neue Zukunftssignal gleich in eine von acht, zwölf oder 20 Schubladen stecken kann. Die erste Frage muss aber lauten: »Was könnte wie relevant werden?« Und die zweite muss lauten: »Wie können wir es relevant machen?« Erst dann sind wir in der Lage, das Neue zu sehen, ob positiv oder negativ. Es ist ein kleiner und banal anmutender Unterschied, der für die Gestaltung der Zukunft eine enorme Wirkung entfaltet. Das ist der Unterschied zwischen der intuitiven Herangehensweise, die sich allein aus dem in der Vergangenheit gesammelten Erfahrungsschatz speist, und der bewussten Auseinandersetzung mit den direkten und indirekten Folgen von Trends und Technologien, dem Durchdenken möglicher Rückkopplungen, dem Identifizieren kritischer Einflussfaktoren und der reflektierten Planung von organisatorischen und technologischen Anpassungen.

Es erschreckt mich immer wieder, wie unsystematisch und damit häufig irrational Entscheidungen in Organisationen getroffen werden. Das fängt schon bei der Sprache an. In jedem beteiligten Kopf gibt es vollkommen unterschiedliche Verständnisbilder von zentralen Begriffen, sowohl der Gegenwart als auch der Zukunft. Für den einen ist das Wort Nachhaltigkeit der Ausdruck einer selbstverständlichen, edlen und weisen Gesinnungs- und Handlungsethik, für den anderen ist es ein politischer Kampfbegriff. Kein Wunder, dass man sich nicht versteht. Dabei deuten Untersuchungen strategischer Entscheidungen von Spitzenmanagern darauf hin, dass Unternehmen in sich schnell verändernden Märkten mit systematischen Entscheidungsprozessen deutlich bessere Renditen erzielen. Gefährliche Wahrnehmungsverzerrungen von Entscheidungssituationen und Fehlannahmen werden durch einen systematischen Prozess deutlich verringert.

Die Intuition wird dabei nicht unterdrückt, wie oft befürchtet wird, sondern die Intuition wird zuverlässiger genutzt. Gute Systematik und Methodik lässt Raum für die intuitive Argumentation, denn wirklich endgültiges Wissen können wir über die Zukunft ja nicht haben.

Die Zukunft systematisch zu denken, ist nicht nur nützlich, sondern macht auch Spaß, wobei es durchaus harte Arbeit ist. Denn nicht die vier, acht oder zwölf Megatrends, die in aller Munde sind, bergen Chancen für die nächste Ära des Unternehmens, sondern die vielen Dutzend oder 100 Trends, Technologien und Zukunftsthemen, die ein nur intuitiv vorgehender Manager im zeitknappen Tagesgeschäft beiseiteschieben oder gar nicht erst wahrnehmen würde. Zukunftsmanagement ist nicht nur eine Sache der persönlichen Aufgeschlossenheit, sondern auch der Zeit, die man dafür investiert.

Die Frage ist, ob Manager den Nutzen dieser Investition nicht viel zu häufig stark unterschätzen und sie deshalb unterlassen.

Drei für siebzig

Ich arbeite häufig mit Führungsteams von Unternehmen und Organisationen, manchmal auch von Behörden und politischen Institutionen. Ich frage gerne in die Runde, wie viel Prozent des langfristigen Erfolges von strategischen Weichenstellungen abhängt. Mit solchen Entscheidungen bestimmt man die grundsätzliche Richtung aller Aktivitäten. Solche Richtungsentscheidungen kann man nicht mal eben schnell rückgängig machen oder folgenlos ändern. Es ist wie mit der Entscheidung für einen Berg, den man besteigen will. Die Entscheidung ist leicht getroffen, aber die Konsequenzen trägt man über Tage oder gar Wochen.

Je nach Branche und Selbstverständnis der Befragten kann die Antwort auf meine Frage 40 Prozent oder auch 100 Prozent lauten. Aber in den allermeisten Fällen geben die Teilnehmer Werte um die 70 Prozent an. Diese Größenordnung nannten nicht nur Manager aus unterschiedlichsten Branchen, sondern auch Lehrer, Politiker, Gewerkschafter und Richter. Auch in Asien oder Amerika hörte ich keine grundlegend verschiedenen Antworten. Natürlich kann niemand diesen Wert beweisen, weil wir nie wissen können, wie die Welt aussähe, hätten wir einen anderen Weg eingeschlagen. Aber es ist ein quasi empirisch ermittelter Wert. Da ich diesen Durchschnittswert mittlerweile von tausenden von Menschen gehört habe, ich frage auch in großen Auditorien, habe ich Anlass zu der Vermutung, dass wir Menschen die Bedeutung strategischer Weichenstellungen ähnlich hoch einschätzen. Zwei Drittel des Erfolges sind die direkte Folge unserer Entscheidung über die langfristige Ausrichtung unseres Handelns.

Dann frage ich nach einer zweiten Einschätzung: »Wie viel Zeit verbringen Sie damit, sich mit der nächsten Ära Ihres Unternehmens und des Marktes zu beschäftigen?« Die spontane Antwort lautet mit verblüffender Regelmäßigkeit: »Zehn Prozent.« Ich rechne vor: »Also volle 22 Arbeitstage im Jahr, bei zurückhaltendem Engagement?«

Kopfschütteln. Ach nein, so viel ist das dann doch nicht. Das Publikum rudert zurück. Die Ratio kommt stärker ins Spiel. Sie überschlagen kurz im Kopf. Im Durchschnitt landen sie bei drei Prozent, also etwa sieben Tagen im Jahr. Alle zwei Monate ein Tag. Oder ein bis zwei Stunden in der Woche. Drei Prozent der Arbeitszeit eines Entscheiders, eines CEO, eines Unternehmenslenkers, um die richtigen Entscheidungen für die langfristige Zukunft des Unternehmens zu treffen.

Das hört sich wenig an, scheint aber ganz gut zu funktionieren. Hamel und Prahalad haben in ihren Forschungen für ihr Buch *Wettlauf um die Zukunft*[30] einen ähnlichen Wert genannt: 2,4 Prozent. Wir dürfen also annehmen, dass diese rund drei Prozent der Zeit im Allgemeinen ausreichen, um die Spielberechtigung im Markt zu behalten. Das klappt zumindest so lange, wie es die Konkurrenz nicht besser macht.

Mit sehr wenig Zeitaufwand über die nächste Ära nachdenken und damit 70 Prozent des Erfolges erzielen – das ist großartig!

Das ist ein hervorragender Wirkungsgrad. Allerdings, die drei Prozent können natürlich auch zu falschen Entscheidungen führen. Dann wirkt der Hebel in die andere Richtung. Dann fährt man die Firma wohlmeinend gegen die Wand. Die Zukunft bleibt unsicher, aber wenn man sich ihr systematisch widmet, sind die Chancen besser.

Selbst diese drei Prozent werden nicht immer erreicht. Die übliche Planung, die Forschung und Entwicklung und das Innovationsmanagement gehören nämlich nicht dazu. All das ist wichtig und natürlich geht es dabei um die Zukunft, diese Aktivitäten dienen dazu, den Berg besser zu besteigen. Es geht hier jedoch nicht darum, wie man den einmal gewählten Berg besteigt, sondern darum, welchen Berg man besteigt.

Ich erlebe selbst, wie wichtig und auch wie wohltuend es ist, sich die Zeit für das Zukunftsmanagement des eigenen Unternehmens zu nehmen. Eine »FutureManagementGroup«, mein Unternehmen, muss natürlich selbst ein vorbildliches Zukunftsmanagement haben. Natürlich kümmere auch ich mich zum größten Teil meiner Zeit im Hier und Jetzt um meine Mitarbeiter und das Geschäft. Aber ich richte mir Zeitinseln ein, in denen ich mich ganz auf die langfristige Entwicklung unseres Marktes und die strategische Ausrichtung unseres Unternehmens konzentriere. Die zwei Wochen zwischen Weihnachten und dem Neustart ins nächste Jahr sind für mich ideal.

Bis Mitte Dezember bringen alle Mitarbeiter ihre Zukunftsannahmen und Einschätzungen zur Marktentwicklung auf meine Bitte hin ein. Zudem bewerten sie auf einer Skala, wie wir unser gemeinsam entwickeltes System von rund 40 Erfolgsfaktoren erfüllen. Das passiert anonym und unabhängig voneinander, damit wir uns nicht gegenseitig beeinflussen und jeder frei heraus schreiben kann, wie er oder sie unsere Wirklichkeit sieht. Die Wahrnehmung des Einzelnen macht die Weisheit unseres Kollektivs aus, die ich unbezahlbar finde. Zum Abschluss ihrer Analyse schlagen die Mitarbeiter die aus ihrer Sicht wichtigsten Ziele für das nächste und die kommenden Jahre vor.

Diese beste Analyse, und meine eigenen Einschätzungen sowie meine langfristige Vision für unser Unternehmen bringe ich zusammen. Das Jahr beginnen wir mit einem intensiven zweitägigen Workshop, in dem ich den Zukunftsmanagern der FMG, basierend auf deren Analyse, die neue Version unserer Zukunftsstrategie vorschlage. Nach intensiver und systematischer Argumentation, die natürlich auch zu Änderungen meiner Vorschläge führt, gehen wir unglaublich einig, überzeugt, sicher und zuversichtlich in die Zukunft und ans Werk. Und das nicht, weil wir blind motiviert sind, sondern weil wir die Gewissheit haben, dass unsere Strategie auf soliden und von allen geprüften Zukunftsannahmen basiert und selbst gegen gravierende Überraschungen robust ist.

Diese intensive Phase unseres Zukunftsmanagements sensibilisiert uns alle im Unternehmen dafür, auch im Verlauf des Jahres sehr sensibel auf Signale zukünftiger Marktveränderungen sowie auf Bedrohungen und Chancen im Markt zu achten. Was im Großen »zwischen den Jahren« passiert, praktizieren wir im Kleinen bei jeder wichtigen Entscheidung. Bisher gibt uns der Erfolg recht.

Was im unternehmerischen Feld funktioniert, lässt sich auf den Ebenen darüber und darunter genauso erfolgsversprechend anwenden, also sowohl auf der persönlich-individuellen Ebene als auch auf der öffentlich-gesellschaftlichen Ebene.

Doch im privaten Bereich wird noch viel weniger und seltener bewusst und rational in die Zukunft gedacht und gehandelt als im Unternehmen. Im Alltag wird selbst der minimale Zeitaufwand von drei Prozent nicht erreicht. Urlaub planen (Kreta im Frühling ist immer so toll), Autokauf planen (dieses Mal nehmen wir aber nicht noch einmal einen Toyota), Wohnort wählen (in der Stadt gefällt es mir nicht mehr, lieber aufs Land ziehen), also das Planen aus der Vergangenheit heraus, das klappt. Aber beim persönlichen Zukunftsmanagement wird es schnell dünn: Was will ich in zehn Jahren verwirklicht haben? Wo sehe ich mich in 20 Jahren? Was könnte mich überraschend treffen? Was muss ich lernen? Was muss ich vergessen? Was will ich in Zukunft vermeiden und womit kann ich mich in ein oder zwei Jahren nicht zufriedengeben? Was will ich nicht bedauern und mir nicht vorwerfen müssen? Was macht es mit meiner Zukunft, wenn ich mich jetzt so oder so entscheide? Was tue ich jetzt dafür? Mein Erleben ist, dass kaum einer meiner Mitmenschen ausreichend gute Antworten auf solche Fragen hat. Wie ist es mit Ihnen?

In der Politik, also auf der gesellschaftlichen Ebene, sieht es nicht besser aus. Da arbeiten sich die Politiker in Gremien etwa an der Frage ab, wie man sich ein paar Prozent der Wähler für die nächste Wahl sichern könnte. Aber wo die Gesellschaft, der Staat, das Land, der Kreis in zehn Jahren stehen will oder gar stehen muss, kommt nur alle Jubeljahre mal auf die Agenda. Nur in die Redemanuskripte kommt die Zukunft freilich häufiger.

Die Politik verzettelt sich im Tagesgeschäft, eilt von einer Kurzfrist-Maßnahme zur nächsten, diskutiert über nachrangige, aber ideologisch und emotional bewegende Details wie die Herdprämie und die Pkw-Maut, ohne je ein konkretes Bild einer motivierenden, gemeinsam erstrebten und auch realisierbaren Zukunft zu entwickeln. Nötig ist eine Vorlage für das tägliche Puzzle im politischen Geschäft, eine Vision, an der wir die Richtigkeit der heutigen Entscheidungen und Taten messen könnten. Niemals würde man jemanden ohne Vorlage puzzeln lassen. Jedenfalls niemanden, mit dem man es gut meint.

Manchmal wird es ja versucht, die Kurzfrist-Falle im Denken zu vermeiden. Aber dann schlägt die Kurzfrist-Falle im Tun zu.

Typischerweise läuft das dann so wie bei der politischen Strategie der Europäischen Union aus dem Jahr 2000, die als »Lissabon-Strategie«[31] bekannt geworden ist. In zehn Jahren, also bis zum Jahr 2010 sollte die Europäische Union zum wettbewerbsfähigsten und dynamischsten wissensgestützten Wirtschaftsraum der Welt werden. Man mag über die Philosophie und damit über die Grundannahmen streiten. Doch Innovation, Ausrichtung auf den Wandel zur Wissensgesellschaft, sozialer Zusammenhalt und Umweltschutz kann man nur schwer als schlechte Ziele für die langfristige Zukunft einer modernen Gesellschaft einordnen.

Nach dem Ende des Zielzeitraums im Jahr 2010 konnte man nur zu dem Schluss kommen, dass die Umsetzung der Strategie kläglich gescheitert ist. Die Ziele wurden nicht erreicht. Die Regierungen auf allen Ebenen hatten sich andere Beschäftigungen gesucht und ihr Geld lieber für andere Haushaltsposten und Projekte ausgegeben als für Forschung und Bildung. Jacques Delors, der ehemalige EU-Präsident, beklagte resigniert, dass jeder nur seine eigenen Interessen verfolge und dass es keine Regierung in der EU gebe, die langfristig denkt.

So weit, so schwierig. Weder auf der privaten, noch auf der unternehmerischen und erst recht nicht auf der gesellschaftlich-politischen Ebene schaffen wir es, unsere Zukunft erfolgreich zu »managen«.

Resümieren wir, wie weit Sie und ich bis jetzt gekommen sind:

1. Was uns kurzfristig glücklich macht, schadet uns oft im späteren Leben. Unser Dämon ist weitaus stärker als unser weitsichtiger Engel. Er meint es ja eigentlich gut mit uns und will, dass wir uns im Jetzt wohlfühlen. Und vernebelt uns dabei die langfristigen Folgen.
2. Wenn uns die Zukunft unangenehm ist, ob die Gedanken daran oder das nötige Tun, lassen wir sie außer Acht, damit

wir uns im Jetzt weiter wohlfühlen können, selbst wenn es uns langfristig die Existenz kosten kann.
3. Unser selbstgemachter Fortschritt hat uns überholt. Wir sind nicht gerüstet für zukunftskompetentes Verhalten. Wir sind gemacht für ein Leben in der Gegenwart.
4. Manche haben gelernt, die Zukunft zu denken, systematisch sogar. Viele können die Kurzfrist-Falle im Denken umgehen, nur um dann in die Kurzfrist-Falle im Tun zu tappen.
5. Die Kurzfrist-Falle tarnt sich oft als Intuition. Doch Intuition ist in einer unvorhersehbaren Welt oft das falsche Werkzeug.
6. Ein Leben ganz im Hier und Jetzt ist fein, zu 97 Prozent. Aber immer, wenn es um die kleinen und großen Weichenstellungen im Leben geht, müssen wir breiter, tiefer und weiter denken.

Es drängt sich die Frage auf, ob wir unsere Begrenzungen überhaupt überwinden und unsere Denk- und Handlungshorizonte frei wählen können. Sind wir auf ewig Sklaven unserer Kurzfrist-Programmierung?

Teil II: Im Heute

Homo praesens mit dem Spatz in der Hand

Spielberg in der Steiermark, 12. Mai 2002. Großer Preis von Österreich. 71 Runden je 4,326 Kilometer. 61. Runde: Rubens Barrichello, der vom Start weg führt, macht mit seinem Ferrari seinen zweiten Boxenstopp. Eine Runde später stoppt sein Teamkollege Michael Schumacher ebenfalls an der Ferraribox und schert vier Sekunden hinter Barrichello wieder auf die Bahn ein. Der dritte, Montoya vom Team BMW-Williams, hat knapp 19 Sekunden Rückstand auf Schumacher.

Es sind nur noch wenige Runden zu fahren, das Rennen ist gelaufen. Wenn nichts mehr schiefgeht, fährt Ferrari einen Doppelsieg ein. Tifosi auf der ganzen Welt jubeln und schwenken rote Fahnen mit dem schwarzen Pferd auf gelbem Grund. Ein Triumph! Da funkt Ferrari-Teamchef Jean Todt seinen Fahrer Barrichello an: »Let Michael pass for the championship.«

Wie bitte? Barrichello will nicht. Er weigert sich. Er hat den Sieg doch praktisch schon in der Tasche. Da geht Todt aufs Ganze. Zehn Jahre später sagt Rubens Barrichello in einem Interview mit der Zeitung *Globo* über diesen Moment im Jahr 2002: »Das war dann der Zeitpunkt, an dem sie etwas von weitaus größerer Tragweite ins Gespräch brachten. Es ging dabei nicht um den Vertrag.« Womit genau Todt drohte, verschweigt Barrichello bis heute: »Was sie mir sagten, kann ich nicht wiedergeben. Es handelte sich aber um eine Art Drohung, die mich dazu veranlasste, mein Leben neu zu überdenken.«

Die Drohung wirkt, Barrichello knickt ein. Kurz vor der Ziellinie wird er langsamer und lässt Schumacher vorbeiziehen, der mit hauchdünnem Vorsprung gewinnt. Nach diesem »Sieg« führt Schumacher nach sechs von 17 WM-Läufen mit insgesamt 54 Punkten. Der Zweitplatzierte Juan Pablo Montoya hat 27 Punkte. Schumacher steuert unaufhaltsam seinem fünften WM-Titel entgegen.

Ferrari hat alles richtig gemacht. Oder?

Nach der Zieldurchfahrt bricht die Hölle los. Es regnet Pfiffe, die rund 100 000 Besucher des Rennens am A1-Ring fühlen sich verschaukelt. Das war offensichtlich ein abgekartetes Spiel! Die Ferrari-Fans unter ihnen sind am wütendsten. Auch die Millionen Zuschauer an den Fernsehbildschirmen weltweit können es nicht fassen. Barrichello ist stocksauer. Schumacher ist so peinlich berührt, dass er bei der Preisverleihung demonstrativ seinem Teamkollegen Barrichello den Pokal überreicht und sich auf dem Treppchen auf die zweite Stufe stellt. Nun ist das Chaos perfekt.

Wenn Pyrrhus gewinnt

Ferrari-Teamchef Todt rechtfertigte damals seine Anweisung so: »In der Vergangenheit haben wir dreimal in Folge im letzten Rennen die Fahrer-WM verloren, und wir wissen, dass wir starke Gegner haben. Deshalb mussten wir aus jeder Situation das meiste rausholen.«[32]

Auch der bei Ferrari für die Strategie zuständige Technikchef Ross Brawn verteidigte die Entscheidung: »Es geht um Ferrari und um den Erfolg für das Team. Solange bei Ferrari ein Fahrer existiert, der eine bessere Chance hat als sein Kollege, den WM-Titel zu gewinnen, wird es aus diesem Grund Vorteile für diesen Fahrer geben.«

Nur aus der engen Perspektive, Michael Schumachers Chancen auf den Weltmeistertitel zu erhöhen, war die Strategie von Ferrari richtig. Jetzt, im Moment des Wettkampfs, reichten die Überlegungen nicht weiter als bis zum optimalen Rennergebnis – Kurzfrist-Denke. Aber was dieses Ergebnis für das Unternehmen Ferrari im Ganzen und über den Tag des Rennens hinaus bedeuten würde, das war nicht innerhalb des Horizonts der Entscheider. Was optimal für die Punktewertung im Moment war, war eben keineswegs optimal für die Marke Ferrari, nicht für den Eigentümer Fiat, nicht für die Mitarbeiter des Automobilherstellers und nicht für die Ferrari-Fans. Für den Motorsport kam die Entscheidung, Barrichello um seinen Sieg zu bringen, einer Katastrophe gleich. Sie war zukunftsblind gefällt worden. Das Ansehen der Formel 1 erlitt massiven Schaden. Wettbüros leiteten juristische Schritte wegen Wettbetrugs ein. Die Fans fragten sich, ob sie den Rennzirkus überhaupt noch ernst nehmen konnten.

Schumacher gewann zehn Punkte statt nur sechs, die er als Zweiter eingefahren hätte. Diese vier zusätzlichen Punkte hatten einen hohen Preis. Der Imageverlust für Ferrari war gigantisch. Die Fans, diese wertvollste Ressource jedes Rennstalls, die letztlich für die enormen Gehälter der Fahrer und ihrer Helfer zahlen, waren vor den Kopf gestoßen. Sie wollten den Besten als Sieger sehen, nicht den, der aus taktischem Kalkül über die Ziellinie getragen wird.

Medienwirksam stornierte der Sänger Udo Jürgens, bekennender Ferrari-Tifoso, sofort nach dem Rennen seine Bestellung eines neuen Ferraris. Das mag er auch aus eigenem Interesse gemacht haben; schließlich ist er lang genug im Showbiz, um den Wert einer guten Schlagzeile zu schätzen. Zweifellos aber spiegelte seine Reaktion nur das wider, was die meisten Fans dachten. Auch Jürgens war »gnadenlos frustriert«. Für ihn war der Effekt der Stallorder klar: »Jetzt aber wollen die Leute Ferrari verlieren sehen – und ich auch.«[33]

So gewinnt man kurzfristig eine Schlacht, verliert aber langfristig den Krieg. So formulierte es auch der griechische General und spätere König Pyrrhus nach seinem Sieg über die Römer: »Noch so ein Sieg und wir sind ruiniert.«

Zoom

Es ist ein ganz normales Phänomen, dass Menschen bei der Bewertung einer Situation nur die direkten, naheliegenden Faktoren im Blick haben. Wenn sie dann entscheiden, bedenken sie nur jene Folgen, die für den Realitätsausschnitt gelten, den sie aus ihrer Situation heraus überblicken und der in diesem Moment für sie angenehm ist.

Es versteht sich von selbst, dass niemand alles wissen und berücksichtigen kann.

Es ist schlicht nicht möglich, jede denkbare Konsequenz einer Entscheidung vorwegzunehmen und ihre Wahrscheinlichkeit im Voraus zu berechnen.

Und selbst wenn wir alles überblicken könnten und eine »vollständige« Informationsbasis hätten, kann es dennoch ganz anders kommen als geplant.

Niemand ist davor gefeit, dass die Auswirkungen seines Handelns oft völlig andere als die erwarteten sind. So etwas kann passieren. Aber nicht immer geht es um Zukunftsentscheidungen, deren Folgen in einem mehr oder weniger dichten Nebel liegen. Manchmal ist schon die Gegenwart vernebelt oder birgt Überraschungen, die eigentlich keine sind.

Als die Manager des Maschinenbauers und Automobilzulieferers Schaeffler 2008 ihr Interesse bekundeten, bei ihrem Mitbewerber Continental einzusteigen, kannten sie die Zahlen, Daten und Fakten: Continental war gemessen an Mitarbeitern und Umsatz zwei- bis dreimal so groß wie Schaeffler. Continental war jedoch massiv in Schwierigkeiten geraten: weltweite Werksschließungen, Ärger mit den Arbeitnehmervertretern, geringes Wachstum, schlechte Rentabilität, Kostensenkungsprogramme. Dagegen stand das Familienunternehmen Schaeffler glänzend da. Die Übernahme war rechnerisch möglich und komplett durchkalkuliert. Sie war aus Sicht des Managements auch sinnvoll. Durch die Übernahme würde nach Bosch und den Japanern von Denso der drittgrößte Automobilzulieferer der Welt entstehen: Marktanteile! Sogar die Politik stand hinter dem Vorhaben. Die Schaeffler-Manager waren Profis, sie wussten, was sie taten, alles sah bestens vorbereitet aus. Sie boten die Übernahme von Aktien an, und zwar zum Schnäppchenpreis von circa 75 Euro je Aktie. Mit 49,99 Prozent der Anteile wollte man sich zufriedengeben, mehr war damals nicht verhandelbar. Und auch nicht finanzierbar. So weit, so gut. Eine rechtsverbindliche Investorenvereinbarung wurde geschlossen. Deal!

Doch dann kam die Finanzkrise. An den Börsen brachen alle Dämme, was auch die Aktionäre von Continental verunsicherte. Viele wollten verkaufen, aber außer Schaeffler war kein Käufer da. Die Ereignisse überschlugen sich. Der Continental-Kurs fiel.

Bis dahin *wollte* Schaeffler kaufen, jetzt *musste* Schaeffler kaufen! Es gab ja eine rechtsverbindliche Verpflichtung. Der Point of no Return war überschritten. Doch die Bedingungen hatten sich grundlegend verändert. Während alle anderen Continental-Aktionäre gottfroh waren, einen risikobereiten Käufer für die im freien Fall befindlichen Aktien gefunden zu haben, ging es für Schaeffler um 90 Prozent der Aktien zum vereinbarten Preis. Schaeffler musste also fast doppelt so viel finanzieren wie geplant. Allerdings waren die Aktien an der Börse nicht mehr 75, sondern nur noch 20 Euro wert. Das Problem daran war, dass die Aktien natürlich als Sicherheit für die Kredite dienen sollten. Das Finanzierungskonzept war zur Makulatur geworden. Alle Anteile, die die ursprünglich anvisierten 49,99 Prozent überstiegen, wurden an die am Deal beteiligten Banken durchgereicht. Continental und Schaeffler hatten plötzlich zusammen rund 23 Milliarden Euro Schulden, es drohte der Kollaps. Der kleine Fisch hatte sich am großen verschluckt.

Dann wurde heftig gestritten. Es folgten Rücktritte, die Politik schaltete sich ein und bot Rettungsmaßnahmen an. Die Medien zogen Schaeffler durch den Kakao, die Mitarbeiter protestierten. Continental flog aus dem Deutschen Aktienindex (DAX). Die Gewerkschaft IG Metall nutzte die Situation auf ihre Weise und rang den Schaeffler-Managern in deren Not Zugeständnisse ab. Die Schaeffler-Gruppe wandelte sich von einer Kommanditgesellschaft in eine Aktiengesellschaft um, Posten wurden neu besetzt, neue Aktien ausgegeben und so langsam bekam man die Situation wieder in den Griff. Man hatte den Eisberg geschrammt, aber der Untergang war gerade noch verhindert worden.

Geschichten wie diese zeigen, dass der Mensch seinen Blickwinkel so gut wie immer zu eng wählt, selbst bei lebenswichtigen Entscheidungen. Die Schaeffler-Manager hatten ihren Fokus zu eng eingestellt und dabei eine potentielle externe Überraschung vernachlässigt, die sich später als entscheidend herausstellte. Dass Aktien abstürzen können, auch drastisch, ist so ungewöhnlich nicht. Doch war offenbar weder unter den Entscheidern, noch unter den unzähligen beteiligten Finanzexperten, Anwälten und Wirtschaftsprüfern jemand, der diesen einen Gedanken gedacht und diesen einen Satz in den Vertrag geschrieben hat: Der Kaufpreis von 75 Euro gilt nur unter der Voraussetzung, dass der Börsenwert der Aktie nicht unter x Euro sinkt.

Es kann sehr nützlich sein, den Blickwinkel zu verengen, sich auf einen Ausschnitt der Situation zu fokussieren und das vermutlich Unwichtige auszublenden. Nur jemand, der sich stark auf ein Ziel konzentrieren kann, ist zu Höchstleistungen in der Lage. Eine Hochspringerin konzentriert sich ganz auf ihre Bewegungsabläufe und blendet alles andere um sich herum aus, damit sie den Zwei-Meter-Sprung schaffen kann. Ein Verkäufer, der sein Produkt vor einem Großkunden präsentiert, denkt während seiner 30-minütigen Performance nicht daran, dass er unbedingt noch tanken muss, um es anschließend bis nach Hause zu schaffen.

Die Hochspringerin und der Verkäufer sind in der Situation. In der Sprache der Philosophie und der Psychologie: Man ist durch die räumliche, zeitliche oder gedankliche Nähe zum Ereignis oder Vorgang »assoziiert«. Sind wir assoziiert, ist unsere Wahrnehmung auf die Situation konzentriert, nicht auf das Umfeld und die Zukunft. Wir lassen uns von der Situation einnehmen, faszinieren und blenden. Wir haben dann gar keine Chance, auch nur halbwegs neutral und objektiv zu urteilen.

Wer aber den Ausschnitt auch dann zu eng wählt, wenn der Überblick über das Ganze nötig wäre, läuft wie mit Scheuklappen durch die Welt. Er ist in seiner persönlichen Situation zu sehr verankert, als dass er auch jene Einflussfaktoren überblicken könnte, die zwar nicht direkt vor der Nase liegen, aber trotzdem entscheidend sein können. Den Fokus nicht im rechten Moment auf Weitwinkel stellen zu können, führt oft in direkter Folge zu großen Nachteilen. So wie im Fall von Schaeffler.

Der Kunde beim Bäcker konzentriert sich nicht nur darauf, wie viele Personen später am Tisch sitzen werden und welche Vorlieben sie haben, sondern vor allem darauf, dass er günstig einkauft. Der Bäcker soll zusehen, dass er Discountpreise bietet, wenn er den Kunden behalten will. Den Kunden interessiert weniger, wie der Bäcker es schaffen soll, sich mit Discountpreisen auf Dauer über Wasser zu halten. Der Kunde ist also involviert in seine ganz persönlichen und jetzigen Belange: Er freut sich, wenn er zu niedrigen Preisen einkaufen kann. Was er dabei ausblendet, sind die Folgen seines Einkaufs für das große Ganze, etwa den Bäcker, der vielleicht durch den Konkurrenzdruck gezwungen ist, immer mehr Fertigmischungen zu verwenden, um Kosten zu senken. Die vom Kunden auf seinen eigenen kurzfristigen Erfolg ausgelegte Wahl des Bezugsrahmens kann für ihn und alle anderen Kunden zur Folge haben, dass er bald seine

Brötchen mit dem Auto holen muss, weil der Bäcker um die Ecke seinen Laden dichtmachen musste. Wer T-Shirts für fünf Euro für selbstverständlich hält und Fleisch nur zu Discountpreisen kauft, spürt die Folgen nie direkt und sofort, aber später und indirekt. Die Folgen, die er nicht bedacht hatte, holen ihn ein. Das Fatale ist, dass ein jeder Kunde meint, sich dabei vernünftig zu verhalten. Vernünftig ist es aber nur auf kurze Sicht.

Einen für die aktuelle Situation zu engen Horizont zu wählen, den Zoom falsch einzustellen, ist also ein Denkfehler auf Raten.

Zuerst den kurzfristig wirksamen Vorteil einheimsen, dann später überrascht feststellen, dass man mit seinem Handeln noch ganz andere, negative Folgen losgetreten hat.

Der Strategiechef von Ferrari hatte innerhalb seines Wirkungsfeldes sein Bestes gegeben. Man könnte meinen, dass er alles richtig gemacht hat. Seine Aufgabe war ja, für Ferrari den Weltmeistertitel zu holen. Innerhalb dieses Bezugsrahmens kann man durchaus von einer erfolgreichen Strategie sprechen. Und ob die Schaeffler-Manager wirklich alle möglichen externen Ereignisse hätten vorhersehen können, darüber kann man trefflich streiten. Hinterher ist man immer schlauer.

Kann man das überhaupt besser machen?

Urlaub vom Ich

Das Gegenteil von Assoziation ist Dissoziation. Das bedeutet Trennung vom aktuellen Geschehen. Für jemanden, der nicht mehr ausschließlich dem Tagesgeschehen verhaftet sein will, bedeutet Dissoziierung ein Heraustreten aus sich selbst. Er verlässt die ganz persönliche, egozentrische Perspektive, probiert mehrere andere Perspektiven aus und fragt sich quasi als Betrachter seiner selbst aus der Vogelperspektive: »Was mache ich da eigentlich?«

Auf Autobahnen lässt sich ein ganzer Kosmos von unterschiedlich assoziierten Menschen beobachten. »Ich bin schneller als mein Vordermann, also will ich überholen.« »Ich will nicht so oft die Spur wechseln, also bleibe ich gleich links.« »Ich will jetzt doch noch schnell rechts zur Raststätte abbiegen«. Ein Verkehrssystem aus rein mit dem eigenen Interesse assoziierten Fahrern würde schnell zusammenbrechen. Erst mit dem rechten Maß an Dissoziation stellt sich ein Autofahrer die Frage: »Wie verhalte ich mich am besten, damit der gesamte Verkehr, mich eingeschlossen, am schnellsten vorankommt?«

Erst wenn man von außen auf das Ganze sieht, wird das richtige Verhalten offensichtlich.

Genau das forderte Kant mit seinem berühmten kategorischen Imperativ. Sinngemäß lautet er: Handle stets so, dass, wenn alle so handeln würden, die Welt eine gute wäre. »Langfristig« eine gute Welt wäre, könnte man in unserem Kontext hinzufügen.

Dissoziation kann auch dazu führen, dass das Bewusstsein abdriftet und sich quasi ein bisschen Freizeit gönnt: Man entfernt sich vom Ich, von der subjektiven Realität. Es ist normal und oft angebracht, sich hin und wieder aus dem Alltag auszuklinken. Wenn das aber zum Dauerzustand wird, ist es gleichzusetzen mit der konsequenten Weigerung, sich auf die Gegenwart einzulassen und ist damit eine krankhafte dissoziative Identitätsstörung. Gewaltopfer dissoziieren sich bewusst, um das Geschehene ertragen zu können. Das ist sogar das Ziel von Therapien.

Vollständige Assoziation ohne Überblick ist genauso wenig sinnvoll wie vollständige Dissoziation. Die Fähigkeit, zwischen beiden Weltsichten bewusst hin- und herzuspringen, wäre ideal. Mit dem richtigen Maß an Dissoziierung gewinnen wir einen besseren Überblick. Treten wir aus uns heraus und schauen wir mit einer erweiterten Perspektive auf das Geschehen, werden unsere langfristig bedeutsamen Entscheidungen nachweislich sinnvoller.

Menschen, die man vor einen Spiegel setzt, neigen deutlich weniger dazu, in einem Test zu schummeln. Erstaunlich, denn an der Gesamtsituation des Tests ändert sich dadurch ja gar nichts. Ein Spiegel erhöht aber das Schamgefühl bei gesundheitlich oder gesellschaftlich falschem Verhalten. Ein Spiegel erhöht übrigens auch das Gefühl des Stolzes bei entsprechend richtigem Verhalten. Er wirkt sozusagen als »Dissoziationswerkzeug«.

In einer modernen Variante des Marshmallow-Tests hat man zwei Gruppen von Erwachsenen vor einen Schokoladen-Kuchen und vor einen dahinter stehenden Spiegel gesetzt.[34] Ihnen wurde empfohlen, den Kuchen nicht zu essen. Der einen Gruppe trichterte man ein, wie sehr sie sich schämen würden, wenn sie den Kuchen äßen. Der anderen Gruppe suggerierte man, wie stolz sie sein würden, wenn sie die Finger und Zähne vom Kuchen lassen würden. In beiden Fällen wirkte der Spiegel positiv auf das eigentlich langfristig sinnvolle Handeln, also den Kuchen nicht zu essen. Wer sich dissoziiert, also aus der Außenperspektive betrachten kann, verhält sich langfristig vernünftiger. Das Versprechen von Stolz wirkte übrigens positiver als die Ankündigung von Scham. Interessant!

Wenn gelegentliche Dissoziierung uns ganz offensichtlich hilft, zu langfristig besseren Entscheidungen zu kommen, warum wenden wir sie dann nicht häufiger an?

Sofort-Effekt

»Möchten Sie von mir lieber heute zehn Euro oder morgen elf Euro bekommen?« Auf diese Frage lautet die Antwort in den meisten Fällen: »Zehn Euro sofort!«[35]

Trotz einer Verzinsung von immerhin zehn Prozent pro Tag (!) wählten die Probanden die kurzfristig attraktivere Alternative. In einem anderen Versuch wurde ermittelt, dass man Menschen für die Verzögerung einer Zahlung von zehn US-Dollar um einen Tag sage und schreibe durchschnittlich 14,27 US-Dollar bieten muss, damit sie den Betrag genauso stark wertschätzen wie die zehn US-Dollar heute[36]. Ein Experiment von Richard Thaler von 1981 kam zu dem Ergebnis, dass es nötig war, einen Betrag von 15 US-Dollar auf 30 US-Dollar zu verdoppeln, wollte man ihn drei Monate später auszahlen. Das ist eine jährliche Diskontierungsrate von 277 Prozent! Wollte man dieselbe Summe aber erst in einem Jahr zur Auszahlung bringen, verlangten die Probanden »nur« 45 US-Dollar, also nicht etwa das Achtfache wie vorher, sondern nur das Dreifache, was etwa 139 Prozent jährlicher Diskontierung entspricht.[37]

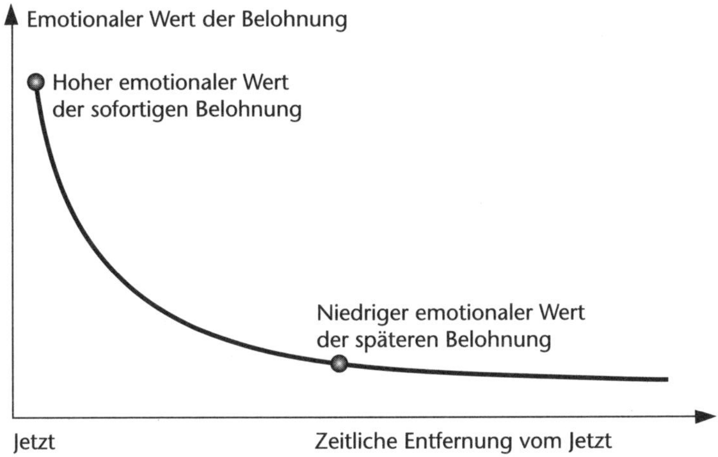

Abbildung 3: Sofort-Effekt

Natürlich hängen solche Entscheidungen auch davon ab, ob der in Aussicht gestellte Betrag garantiert ist oder ob es ein Ausfallsrisiko gibt, sollte der Schuldner wegfallen oder der Gläubiger versterben oder die Belohnung wegen hoher Inflation deutlich weniger wert sein.

Doch ungeachtet dessen bleibt es bei der Tatsache, dass Menschen eine bestimmte Sache oder eine Belohnung lieber sofort in der Gegenwart als später in der Zukunft genießen wollen.

Diese Erkenntnis über den Menschen ist nicht neu. Schon 1759 schrieb der Ökonom Adam Smith[38], dass uns das Vergnügen in zehn Jahren so gut wie nichts wert ist im Vergleich zu dem Vergnügen heute. Smith sprach von einer gewaltigen Emotion, die uns zu dieser Kurzfrist-Orientierung treibt.

In der Verhaltensökonomie wird dieses Verhalten »Zeitpräferenz«, »Gegenwartspräferenz« oder auch einfach »Sofort-Effekt« genannt. Diese Art der Ungeduld, die auf den ersten Blick irrational erscheint, hat eine innere Logik. Schon heute und nicht erst morgen etwas besitzen zu wollen ist nachvollziehbar.

Die für morgen in Aussicht gestellten elf Euro sind in der emotionalen Wahrnehmung eines Menschen tatsächlich weniger wert als die zehn Euro heute. Ökonomen sprechen von einer Abzinsung oder Diskontierung. Das ist ähnlich wie beim Wertverlust eines Autos. In den ersten Wochen und Monaten ist der Wertverlust am stärksten. Am Ende des ersten Jahres sind es durchschnittlich fast 25 Prozent des Kaufpreises. In den Folgejahren sind es sechs und dann fünf Prozent pro Jahr. Je älter das Auto ist, desto geringer ist der jährliche Wertverlust, bist der Schrottwert erreicht ist.

Solches Abzinsen oder Diskontieren ist eines der grundlegenden Verfahren in der Finanz- und Wirtschaftsmathematik. Das sogenannte Discounted-utility-Modell zeigt, dass, wie bei einer umgekehrten Zins- und Zinseszinsrechnung, der Wert einer Belohnung umso geringer geschätzt wird, je ferner in der Zukunft sie erfolgen soll. Menschen diskontieren also einen zukünftigen Wert. Sie zinsen ihn ab, indem sie ihn mit einem Faktor kleiner eins multiplizieren, und zwar für jedes Jahr, jeden Monat oder jeden Tag, den die Belohnung später kommt. Mit jeder Zeitspanne sinkt der Wert in einer sogenannten hyperbolischen Funktion. So gesehen verhalten sich Menschen extrem rational, wenn sie aus zwei gleichen Nutzen stets den früher erhältlichen wählen.

Doch es ist nicht nur der wirtschaftliche Wert in Euro, der uns ganz rational dazu bringt, den Nutzen im Jetzt dem Nutzen in der Zukunft vorzuziehen. Ein Kunstfreund, der hier und jetzt 10 000 Euro für ein altes Ölgemälde bezahlen würde, würde für das gleiche Bild weniger zahlen, wenn er es erst in einem Jahr sein Eigen nennen dürfte. Am Alter des Bildes kann es nicht liegen, denn es hat ja schon viele Jahre schadlos überstanden. Ein paar Jahre mehr machen da keinen Unterschied. Doch der Sammler büßt viele Stunden Kunstgenuss ein, in denen er das Gemälde an seiner Wand hätte betrachten können. Seine Lebenszeit ist begrenzt. Den Genuss sofort und ein Jahr länger zu haben, ist ihm bares Geld wert. Darauf zu verzichten, macht das Bild für ihn weniger wertvoll.

Je weiter entfernt in der Zukunft eine Belohnung zu erwarten ist, desto weniger wert ist sie, sowohl rational als auch emotional.

Interessant ist auch ein weiteres Ergebnis der genannten Experimente von Thaler. Je kleiner der Betrag ist, umso stärker ist die Diskontierung. Die Probanden verglichen die 15 US-Dollar etwa mit dem Gegenwert eines Essens. Müssten sie darauf warten, verlangten sie ungefähr den Gegenwert einer zweiten Mahlzeit. Ging es aber um 3 000 US-Dollar, setzten sie den Betrag mit dem Wert eines Gebrauchtwagens gleich. Einen späteren Erhalt vorausgesetzt, wünschten sie sich nicht etwa ein zweites oder doppelt so teures Fahrzeug, sondern nur ein besseres. Je kleiner also die Belohnung ist, desto irrationaler entscheidet der Mensch.

Die Größe dieses Abzinsungsfaktors, die Zeitpräferenz, ist von Mensch zu Mensch verschieden. Jene mit hoher Zeitpräferenz wollen alles jetzt sofort haben. Weil für sie der Wert einer Belohnung praktisch mit jeder Minute Verzögerung stark abfällt, sind sie bereit, einen hohen Preis für den frühestmöglichen Erhalt zu zahlen. Sie nehmen zum Beispiel hohe Kreditzinsen in Kauf, um schon heute von einer Sache Gebrauch zu machen. Die magische Anziehungskraft eines neuen 55-Zoll-3D-Fernsehers überstrahlt dann jede Vernunft. Menschen mit niedriger Zeitpräferenz können hingegen ganz gut bis morgen oder länger warten. Bei ihnen fällt die Abzinsungskurve wesentlich flacher ab.

Die Zeitpräferenz eines Menschen lässt sich messen. Sie entspricht dem Preis, den er gerade so noch zu zahlen bereit ist, um ein Gut zum Zeitpunkt »jetzt« anstatt erst zum Zeitpunkt »dann« zu erhalten. Wenn man diesen Betrag zum Wert des Gutes und der Zeitspanne in Beziehung setzt, erhält man die Zeitpräferenzrate.

Die Zeitpräferenz eines Menschen kann sich im Verlauf des Lebens ändern. Sie kann steigen oder sinken. Die meisten Menschen lernen es in einem fortgeschrittenen Alter, sich zu bescheiden oder zu gedulden, während sie sich in der Jugend in Konsumentenkredite gestürzt haben. Andere weigern sich mit zunehmendem Alter, auf Schönes zu verzichten, womöglich weil ihnen die Endlichkeit ihres Lebens bewusster ist.

Dass sich die Zeitpräferenzrate mit dem Alter, den Vermögens- und Familienverhältnissen ändern kann, ist leicht nachzuvollziehen. Eines aber würde man intuitiv erwarten: dass eine hier und jetzt getroffene Einschätzung des Wertes einer Belohnung auch für die Zukunft gilt.

Tut sie aber nicht.

Zeit-Inkonsistenz

»Möchten Sie zehn Euro in einem Jahr oder elf Euro in einem Jahr plus einem Tag haben?« Nach dem, was wir jetzt über den Sofort-Effekt wissen, ist die Sache klar, oder? Das Prinzip ist doch »je eher, desto besser«, zehn Euro früher statt elf Euro später, auch wenn dadurch bares Geld verloren geht. Nur wenn die Entscheidung genauso ausfallen würde, wie beim Sofort-Effekt beschrieben, wäre unser Handeln konsistent, also logisch und widerspruchsfrei.

Ist es aber nicht. Wir entscheiden und verhalten uns zeit-inkonsistent. Die meisten Menschen bevorzugen nun die elf Euro in 366 Tagen statt der zehn Euro in 365 Tagen. Ein Jahr später aber, wenn die Zukunft zur Gegenwart geworden ist, wollen wir wieder lieber zehn Euro heute statt elf Euro morgen. Die Präferenz für zehn Euro heute gegenüber elf Euro morgen kehrt sich komplett ins Gegenteil um, wenn man jeweils ein Jahr einfügt.

Wenn eine zu erwartende Belohnung nicht unmittelbar ansteht, sondern weiter in der Zukunft liegt, entscheiden wir vernünftiger, rationaler, logischer und sachlich gesehen richtiger.

Dann warten wir den einen zusätzlichen Tag auch noch ab, weil er uns ja schließlich sagenhafte zehn Prozent Zinsen pro Tag bringt.

Wenn die Belohnung aber unmittelbar bevorsteht, entscheiden wir emotional und damit, anscheinend, unvernünftig. Dann wollen wir die Belohnung sofort und nehmen, rational betrachtet, einen sehr hohen Nachteil in Kauf.

Auf kurze Sicht sind Menschen extrem ungeduldig. Nur gegen eine sehr hohe Prämie sind sie bereit, auf den sofortigen Genuss zu verzichten. Auf lange Sicht hingegen lässt ihre Zeitpräferenz deutlich nach, die vernünftigere Entscheidung fällt ihnen dann messbar leichter.

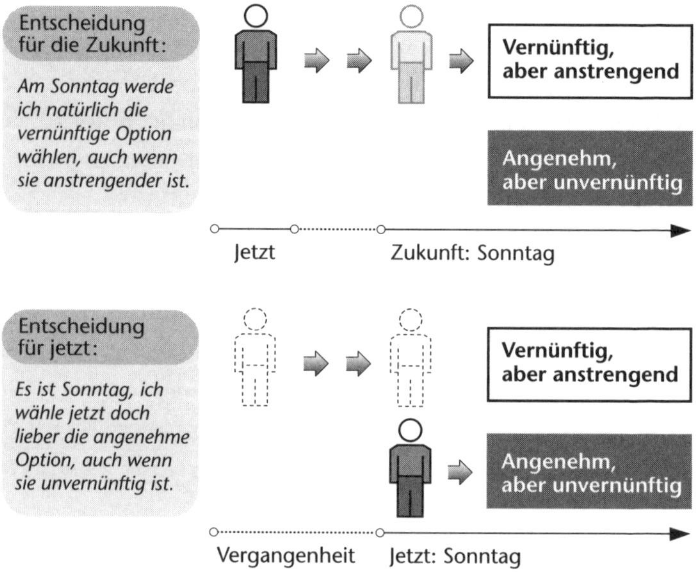

Abbildung 4: Zeit-Inkonsistenz

Das hat zur Folge, dass wir einen heute gefassten Entschluss morgen wieder über den Haufen werfen können, ohne dass wir es als Widerspruch wahrnehmen. Von außen betrachtet ist es genau das, ein vollkommen inkonsistentes, widersprüchliches Verhalten. Wer von außen auf die Situation schaut, kann die Emotionen des Entscheiders nicht nachempfinden und sich über solches Verhalten nur wundern.

Harmlos sind da noch die guten Silvestervorsätze: Man beschließt wieder einmal, im neuen Jahr mehr Sport zu treiben und sich gesünder zu ernähren. Zum Zeitpunkt des Vorsatzes erkennt man sehr genau den Nutzen. Doch wenn es darauf ankommt, ihn in die Tat umzusetzen und konsequent zu bleiben, nimmt man davon wieder Abstand, weil man erneut im Sofort-Effekt und im »Genuss-sofort-Modus« ist. Wir haben immer hervorragende Vorsätze, für nächste Woche und nächstes Jahr. Wir wollen die Steuererklärung endlich angehen, uns um die Altersvorsorge kümmern, weniger Plastik gebrauchen, uns mehr bewegen. Aber wenn der Tag gekommen ist, machen wir es nicht. Die Regierung will in der nächsten Legislaturperiode das Land entschulden, die Armut beseitigen und eine leistungsfähigere Verwaltung schaffen. Aber wenn der Tag gekommen ist, macht sie es nicht.

Diese Zeit-Inkonsistenz bringt uns in große Schwierigkeiten, persönlich, wirtschaftlich, gesellschaftlich und global. Immer wieder, mit immer dramatischeren Folgen.

Stellschraubensuche

Wir können, wenn wir wollen, rational entscheiden. Wenn wir uns konzentrieren und ein wenig anstrengen, können wir über den Tellerrand hinausschauen und langfristig sinnvollere Entscheidungen treffen. Aber die Aussicht auf sofortige Belohnung ist in den meisten Fällen einfach zu reizvoll, als dass wir uns für den vernünftigen Weg entscheiden würden. Eine unbändige Kraft in uns führt uns in die Kurzfrist-Falle.

Wie kommt das? Woran liegt das? Wozu ist das gut?

Man könnte auf die Idee kommen, dass wir uns kurzfristig ausrichten, weil das uns umgebende System so gebaut ist. Dann wäre der Mensch nur ein Opfer der Umstände, die ihn zu kurzfristigem Denken und Handeln verleiten, ja geradezu zwingen. Denn je kurzfristiger er handelt, desto mehr Erfolg kann er in der Regel einheimsen; zumindest erfährt er weniger Nachteile durch kurzfristiges Handeln, als es gut für die Gesellschaft wäre.

Die kulturellen Belohnungssysteme, wie es sie in Familien, Gemeinschaften, Gesellschaften, in der Wirtschaft, in Organisationen und in der Politik gibt, unterstützen unser Kurzfrist-Denken. Aber sie bewirken es nicht.

Wir sind nicht Opfer der Umstände. Wir selbst sind es ja, die diese Systeme schaffen. Sie geben das Muster wieder, das in uns wirkt. Das Belohnungssystem, das uns immer wieder zu der Kurzfrist-Lösung greifen lässt, ist in uns.

In unserem Kopf.

Der Stoff, der uns süchtig macht

Eigentlich wollten die Psychologen James Olds und Peter Milner das Lernverhalten von Ratten untersuchen.[39] Sie steckten ihren Versuchstieren winzige Elektroden in verschiedene Hirnareale und setzten sie dann in einen Käfig, in dem zwei kleine Hebel angebracht waren. Drückte eine Ratte auf die eine Taste, erfolgte über die Elektrode ein schwacher Stromstoß. Drückte sie die andere Taste, gab es Futter. Wie lange würde es dauern, bis die Nager gelernt hatten, nur noch die Futtertaste zu drücken und die Stromtaste zu meiden? Je nach gereiztem Hirnareal erwarteten die beiden Forscher unterschiedliche Auswirkungen auf das Verhalten der Ratten.

Als die Elektrode im Bereich des medialen Vorderhirns der Ratten versenkt wurde, zeigten die Versuchstiere ein Verhalten, mit dem Milner und Olds überhaupt nicht gerechnet hatten. Die Ratten lernten schnell, dass es Stromstöße gab, aber sie mieden diese Taste nicht, sondern hämmerten wie verrückt auf ihr herum. Sie hörten gar nicht mehr auf. Wie ein wildgewordener Klavierspieler hämmerten sie mit ihren Pfötchen auf den Hebel, bis zu 1 000 Mal in der Stunde. Die Taste, die ihnen Futter gegeben hätte, blieb fast unbeachtet. Hätte man die Elektrode nicht irgendwann entfernt, wären die Tiere wohl verhungert, verdurstet und tot umgefallen.

Hirn-Cocktail

Irgendetwas in diesem speziellen Gehirnbereich, der durch die Elektrode aktiviert wurde, ließ die Ratten damals im Jahr 1954 völlig selbstzerstörerisch handeln. Die Wirkung der elektrischen Reize in diesem besonderen Areal mitten im Vorderhirn war offenbar so erstrebenswert, dass die Ratten darüber alles andere vergaßen und lieber Erschöpfung, Hunger und sogar ihren Tod in Kauf nahmen, als auf die offenbar reizvollen Stromschläge zu verzichten. An anderen Stellen im Rattenhirn wirkten die Stromstöße eher schmerzhaft und die Nager lernten schnell, sie zu vermeiden und stattdessen das Futter zu wählen.

Die Wissenschaftler nannten dieses Areal damals das »Belohnungszentrum« oder »Lustzentrum«. Das im Gehirn augenblicklich erzeugte Gefühl einer Belohnung musste so überwältigend sein, dass die Ratten alles andere darüber vergaßen. Wie konnte es sein, dass die Stimulation dieses Hirnareals bei den Versuchstieren so eine extreme Fehlentscheidung verursachte? Und könnte es sein, dass wir mit diesem Hirnareal, das 1997 auch beim Menschen nachgewiesen wurde, bei der Suche nach den Ursachen für das Kurzfrist-Denken auf eine heiße Spur gestoßen sind?

Wir müssen uns zunächst ansehen, wie Reizübertragung im Gehirn überhaupt funktioniert. Für Ratten wie für Menschen handelt es sich um denselben Prozess. So enttäuschend das für uns als »Krone der Schöpfung« auch ist.

Wird eine Nervenzelle gereizt, entsteht ein elektrischer Impuls, der über ihre bis zu einen Meter langen Ausläufer weitergeleitet wird. An der Verbindungsstelle dieser Nervenzelle zur nächsten, an der Synapse, geht es allerdings für das Signal auf elektrischem Wege nicht mehr weiter, denn zwischen den Nervenzellen besteht ein winziger Spalt. Erreicht das elektrische Signal die Synapse, wird an dieser Stelle ein sogenannter Botenstoff freigesetzt, der den Spalt überwindet, an der nächsten Nervenzelle an speziellen Rezeptoren andockt und sie so aktiviert. Der Botenstoff macht die Kommunikation zwischen Nervenzellen möglich. Nun geht es mit der Reizleitung wieder in Form eines elektrischen Impulses weiter. Die Erregungsleitung von Nervenzelle zu Nervenzelle wechselt also immer ab zwischen elektrischem Impuls, Botenstoff, elektrischem Impuls, Botenstoff und so weiter. Es ist wie mit einem Wanderer, der durch die Schärenlandschaft vor Stockholm wandert. Er läuft ein paar Kilometer, dann muss er mit einer Fähre zur nächsten Insel übersetzen, dann läuft er wieder bis zum nächsten Boot – so lange, bis er sein Ziel erreicht ist.

Unser Gehirn hält einen bunten Botenstoff-Cocktail parat, um uns und unseren Körper zu steuern. Abhängig von den Informationen, die es vor allem über die Sinneswahrnehmungen erreichen, aktiviert es mit den Botenstoffen verschiedene Nervenbahnen und Hirnareale. Manche der Botenstoffe, die im zentralen Nervensystem freigesetzt werden, sind von besonderer Art. Sie sind für unsere Psyche zuständig und wirken über unsere Emotionen auf unser Verhalten. Der Neurotransmitter Noradrenalin zum Beispiel erhöht unsere Aufmerksamkeit und die geistige und körperliche Leistungsbereitschaft. Serotonin sorgt für gute Stimmung, weil es Ängste und Aggressionen reduziert und uns ein Gefühl von Zufriedenheit und Ausgeglichenheit gibt. Oxytocin ist wiederum das Liebeshormon, es stärkt Bindungen zu anderen Menschen und unsere Fähigkeit zur Empathie. Eine vermehrte Endorphin-Ausschüttung erzeugt das rauschartige Hochgefühl beim Marathonlauf oder bei einem Schnäppchenkauf.

Der aus der momentanen Reizlandschaft des Gehirns resultierende Cocktail an aktiven Botenstoffen bestimmt zum großen Teil, wie wir uns fühlen und damit auch, wie wir entscheiden und was wir tun.

Vieles von unserem Temperament und Charakter ist das Ergebnis unseres ganz eigenen Botenstoff-Cocktails. Erscheint uns jemand als »nicht normal«, hat er oder sie meist einen unüblichen oder gar krankhaft veränderten Botenstoff-Mix im Kopf.

Wird ein elektrischer Impuls von außen an die richtige Stelle im Gehirn geschickt, wird der Botenstoff-Haushalt des Gehirns verändert, als käme der Impuls auf natürlichem Wege zustande. An der richtigen Stelle angesetzt, können etwa Depressionen gelindert oder gar verhindert werden. Mit dieser sogenannten tiefen Hirnstimulation sind die Mediziner allerdings noch ganz am Anfang und beim Menschen entsprechend vorsichtig.

Welche Nachricht aber ist es, die der Botenstoff im Belohnungssystem überbringt? Das im Rattenversuch getroffene Hirnareal und der Neurotransmitter, der dort ausgeschüttet wird, müssen etwas ganz Besonderes an sich haben, dass die Nager so heiß darauf waren, immer wieder den ausgelösten Reiz zu erleben. Was wird in diesem ganz speziellen Hirnareal eigentlich geregelt?

Verlangen und Vergnügen

Der Stoff, der uns süchtig nach Freude, Wohlbefinden und Vergnügen macht, heißt Dopamin. Wird er ausgeschüttet, empfinden wir Vorfreude, Lust, Verlangen, Begehren, Antrieb, Interesse, Neugier und sind zielorientiert. Mit genügend Dopamin im Hirn fühlen wir uns wie ein Gott, dem alles gelingen wird. Wer den sogenannten Flow schon einmal erlebt hat, weiß genau, wie sich ein hoher Dopaminspiegel anfühlt und was er bewirkt. Dass sein Name nach »Dope« klingt, ist jedoch Zufall, denn Dopa setzt sich zusammen aus den Anfangsbuchstaben der Elemente in seiner chemischen Bezeichnung, Dihydroxyphenylethylamin.

Aber wann genau schüttet das Belohnungssystem Dopamin aus? Man könnte meinen, dass die Gier in uns entsteht, weil wir für ein bestimmtes Handeln mit einer wohltuenden Dopamindosis belohnt werden. So ist es aber nicht. Sondern genau andersherum. Wir werden mit Dopamin nicht etwa für etwas belohnt, was wir bereits getan haben. Dopamin wird nicht ausgeschüttet, wenn wir uns zum Beispiel eine köstliche Praline in den Mund gesteckt haben. Dopamin schafft das Verlangen, nach ihr zu greifen.

Dopamin ist also nicht für das eigentliche Vergnügen verantwortlich, wie man bis in die jüngste Zeit glaubte. Psychologen und Hirnforscher unterscheiden heute zwischen dem Wanting und dem Liking.[40] Wanting ist die Vorfreude, das Verlangen nach etwas; Liking ist die Freude an etwas, das eigentliche Vergnügen, der wirkliche Genuss. Wanting kommt vor der gewünschten Situation, das Liking währenddessen. Dopamin erzeugt nicht das Liking. Es erzeugt vielmehr den Antrieb. Es lässt uns danach trachten, uns wohlzufühlen. Dopamin gibt uns die Motivation. Dopamin verspricht uns im Voraus die Belohnung, es sagt sie uns sozusagen vorher. Sobald der Rattenmann eine Rattenfrau in den Käfig gesetzt bekommt, steigt sein Dopaminspiegel drastisch an. Ihrer übrigens auch, wenn sie ihn toll findet. Das Dopamin überbringt eine eindeutige Botschaft: Vergnügen voraus!

Dass Dopamin allein auf das Wanting einzahlt und nicht auf das Liking, zeigen Versuche, wie sie zum Beispiel 1993 von Terry Robinson und Kent Berridge durchgeführt wurden.[41] Wieder mussten Ratten dafür herhalten. Ihnen wurden künstlich 99 Prozent ihres Dopamins entzogen. Infolgedessen fraßen sie nicht mehr und schlichen lustlos durch ihre Käfige. Selbst wenn das Futter direkt vor ihrer Nase lag, zeigten sie keinerlei Motivation, es zu sich zu nehmen. Das Wanting war schlichtweg ausgeschaltet. Wenn man sie allerdings in ihrem bemitleidenswerten Zustand zwangsernährte, hatten sie umgehend sichtbar Freude am Fressen. Es schmeckte ihnen. Auch ohne Dopamin. Das Liking war also unbeeinflusst. Dass es ihnen mundete, konnten die Forscher nach einiger Übung zuverlässig am »Gesichtsausdruck« der Tiere ablesen. Ja, wirklich.[42]

In anderen Versuchen wurde der Dopaminspiegel der Ratten künstlich in die Höhe getrieben. So konnte zwar die Fresslust (Wanting), nicht aber das tatsächliche Vergnügen daran (Liking) stimuliert werden. Die Nager stürzten sich auf den Futternapf, aber es schmeckte ihnen nur so lange, bis der erste Hunger gestillt war.

Anlässlich der sich damals gerade entwickelnden Finanzkrise schaute sich der Neurowissenschaftler Brian Knutson von der Stanford University 2008 die Ergebnisse von insgesamt 21 Versuchen an, die in den Jahren zuvor das Streben nach schnellem Erfolg und schnellem Geld auf neuronaler Ebene unter die Lupe genommen hatten.[43] Bildgebende Verfahren hatten sichtbar gemacht, welche Hirnregionen in welcher Stärke aktiv wurden, wenn die Versuchspersonen einen finanziellen Gewinn einheimsen konnten. Auffällig war, dass das Belohnungssystem der Probanden in allen Experimenten deutlich stärker auf die Erwartung eines Geldbetrags reagierte als auf einen tatsächlich realisierten finanziellen Gewinn. Bereits vorhandenes Eigentum hatte übrigens keinen Effekt auf das Verlangen nach mehr Geld. Ob Mensch oder Ratte, das Belohnungssystem funktioniert ähnlich.

Bei Licht betrachtet ist der Begriff »Belohnungssystem« falsch oder zumindest irreführend, wenn man damit die durch Dopamin bestimmten und das Verlangen erzeugenden Teile unseres Gehirns meint.

Das Belohnungssystem ist eher ein Belohnungsschaltkreis.[44] Es besteht offensichtlich aus zwei Teilen: einem für das Verlangen und einem für das Vergnügen.

Ich nenne diese beiden Systeme hier das Wanting-System und das Liking-System. Damit wir angenehme und lohnende Erfahrungen machen, brauchen wir beides, erst das Verlangen und dann das Vergnügen. Dopamin führt also Regie, wenn es um unser Verlangen nach Belohnung geht. Es regiert unser Wanting-System.

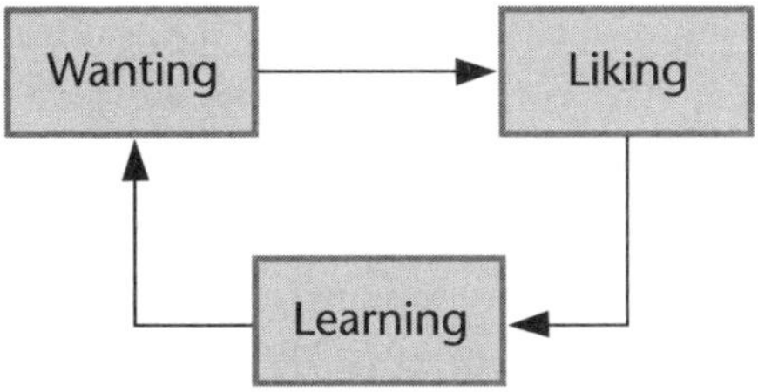

Abbildung 5: Belohnungsschaltkreis aus Wanting, Liking, Learning

Auch wenn es viele sehr sicher und selbstbewusst klingende Erklärungen gibt: So genau wie etwa die Funktionsweise unseres Herzens kennt man weder das Wanting-System noch das Liking-System. Wir kennen zwar das Ergebnis, also die Verhaltensweisen der Menschen, aber wie es genau dazu kommt, ist keineswegs gesichert.

Nach dem derzeitigen und vorläufigen Stand der Forschung gehört zum Wanting-System insbesondere der sogenannte Nucleus Accumbens, in Latein heißt das so etwas wie »beiwohnender Kern«. Er ist das Zentrum unseres Verlangens. Die nach dem griechischen Wort für Mandel benannte Amygdala gehört dazu. Dort wird etwa die Angst »erzeugt«. Man nennt die Amygdala landläufig Mandelkern, wenngleich es zwei Kerne sind (Amygdalae). Das ventrale Tegmentum (Haube) bildet den dritten Teil des Wanting-Systems. Ventral heißt bauchseitig, besagt also nur, dass diese Zellgruppen an der Unterseite unseres Gehirns liegen.

Das ventrale Tegmentum aktiviert vermutlich das mesolimbische System und ist damit der eigentliche Auslöser vieler Emotionen. Da sich unser Gehirn von »unten nach oben« und von »innen nach außen« entwickelt hat, gehört das limbische System zu den evolutionsbiologisch älteren und damit instinktbestimmten und am wenigsten bewusst beeinflussbaren Teilen unseres Gehirns. Was dort passiert, entzieht sich weitgehend unserer rationalen Kontrolle.

Wenn das dopaminerge, also das auf Dopamin reagierende, Wanting-System das Verlangen schafft, wo und wie entsteht dann das eigentliche Vergnügen, das Liking? Die Gehirnforscher nehmen an, dass Vergnügen in mehreren »hedonistischen Hotspots«[45] entsteht. Solche Hotspots sind ein Teil des Nucleus Accumbens und vor allem das ventrale Pallidum. Dort ist nicht Dopamin der Botenstoff, sondern es sind körpereigene Opioide, die dem Wirkstoff von Marihuana ähnlich sind, dem Tetrahydrocannabinol (THC). Und da im Gehirn nichts einfach ist, sind diese beiden Zellregionen hochkomplex mit dem orbitofrontalen und dem anterioren cingulären Kortex (Hirnrinde) vernetzt, wo Verlangen und Vergnügen schließlich zur wahren und bewussten Freude werden. Wahrscheinlich.

Das Wanting leuchtet uns zum Liking heim. Wenn das Liking gut war, merkt sich das unser Gehirn. Es lernt, dass das Wanting recht hatte und wiederholt den Prozess. War das Liking so richtig toll, wird das Wanting noch verstärkt. Dieses dritte System, das Learning-System, wenn wir beim Englischen bleiben, macht den Belohnungsschaltkreis komplett. Es merkt sich auch die Umstände, unter denen wir Vergnügen und Freude empfanden – also Orte, Personen, Gegenstände, Gerüche und so weiter. Mancher Raucher muss nur Kaffee riechen und spürt sofort das Verlangen nach der Zigarette. Wenn wir Menschen begegnen, mit denen wir schlechte Erfahrungen gemacht haben, entwickelt unser Gehirn ein Verlangen nach Flucht. Hat uns jemand bisher gute Gefühle bereitet, suchen wir ständig seine Nähe und greifen gleich verlangend und voller Vorfreude zum Telefon, sobald wir seine Nummer auf dem Display sehen.

Wenn wir etwas tun, das für uns jetzt gut ist, werden wir mit Vergnügen belohnt. Der Belohnungsschaltkreis bringt uns dazu, existentiell wichtige Dinge zu tun, zum Beispiel Essen, Trinken, Nachkommen zeugen und uns um sie kümmern. Damit wir aber genau das tun, hat uns die Natur einen Antreiber eingebaut, ein unbändiges Verlangen nach diesem Vergnügen. Je häufiger wir die Erfahrung gemacht haben, dass es uns Vergnügen bereitet, Fettes und Süßes zu essen oder geliebt zu werden, desto solider oder gar stärker ist unser Verlangen danach. So entstehen unsere Gewohnheiten, die nützlichen wie auch die schädlichen. So entstehen die Routinen, aus denen wir so schwer ausbrechen können.

Wir wissen natürlich auch rein rational, dass es uns gut geht, wenn wir bei Durst einen Schluck Wasser nehmen. Doch eine ausreichende Versorgung mit Flüssigkeit sicherzustellen, wäre viel anstrengender und viel fehleranfälliger als die Lösung über den Belohnungsschaltkreis. So wie viele alte Menschen, deren Gehirn übrigens wesentlich niedrigere Dopamin-Spiegel aufweist, müssten wir uns Tag für Tag, Stunde um Stunde daran erinnern, genug zu trinken. Wenn das Dopamin im Keller wäre, würden wir Essen und Trinken womöglich vergessen. Wie leicht könnte es uns dann – trotz Ratio – passieren, wie die dopaminlosen Ratten im Experiment von Robinson und Berridge vor vollem Futternapf zu verhungern!

Doch zu unserem Glück und Vergnügen sind wir mit diesem phantastischen Belohnungsschaltkreis ausgestattet. Er hat die Funktion eines Navigators durch das Leben, der uns spüren lässt, was im nächsten Moment richtig und falsch ist. Nach der nicht bewiesenen »Dopaminergic Mind Hypothesis« ist der Mensch erst durch einen im Vergleich zu seinen Vorfahren deutlich erhöhten Dopaminspiegel zu dem geworden, was er heute ist. Dazu gehört auch unsere Bereitschaft, Risiken einzugehen, um eine vergnügliche Belohnung zu erhalten. Auch in der Steinzeit und lange davor waren wir neugierig und risikobereit. Ein Mammut zu erlegen, war ein potentiell tödliches Wagnis. Der Mensch hat es auf sich genommen, weil er die Belohnung haben wollte. Wahrscheinlich hatte er sogar Lust auf das Wagnis selbst, denn freiwillig eingegangene Wagnisse führen zu Endorphin-Ausschüttungen. Natürlich entwickelte unser Belohnungssystem auch dafür ein Verlangen. Und selbst das war und ist sinnvoll: Wer keine Risiken einging, ging das größte Risiko ein, nämlich zu verhungern.

Warum stürzen sich Bungee-Jumper in die Tiefe? Die Lianenspringer von Pentecost lassen sich schon seit Jahrhunderten 30 Meter in die Tiefe fallen, und das an Lianen! Warum? Weil der freie Fall starke Emotionen auslöst, sowohl die in diesem Fall als reizvoll empfundene Angst wie auch im und nach dem Sprung die Euphorie. Zudem ist es erhebend, vom Rest des Stammes für seinen Mut bewundert zu werden.

Wir müssen uns nicht bewusst und willentlich darum kümmern, dass unser Belohnungsschaltkreis uns leitet. Es läuft alles unbewusst und automatisch ab. Einfach genial.

Wirklich genial? Entstanden ist dieses System über Jahrmillionen und hat sich seit zigtausend Jahren nicht verändert. Damals haben wir noch gejagt und gesammelt. Damals war Fettes und Süßes nur schwer und oft mit viel Risiko zu bekommen. Damals gab es keine Finanzsysteme, keine Staaten, keine Maschinen, keine Computer, kein Internet, keine Rohstoffknappheit. Damals waren Wanting und Liking genau in der richtigen Zeit. Wonach es die Menschen damals verlangte, war alles zu ihrem Besten und hatte praktisch nie negative Folgen.

Vor langer Zeit war der Belohnungsschaltkreis in den Köpfen der Menschen der richtige Kompass und er zeigte in die richtige Richtung. Damals.

Heute werden wir immer noch auf dieselbe Art und Weise gesteuert, obwohl sich die Realitäten drastisch verändert haben. Obwohl wir heute in der entwickelten Welt keine Zeiten des Hungerns mehr erleben und nicht mehr unserem Futter hinterherjagen müssen, essen wir immer noch mit dem gleichen Verlangen nach Süßem und Fettem. Da wir heute nicht mehr so viel davon brauchen, baut unser Körper die unerwünschten Reserven für unsichere Zeiten auf, die aber nicht kommen. So werden viele von uns chronisch übergewichtig oder gar fettleibig und bezahlen es meist mit Krankheiten und einem kürzeren Leben.

Dopamin selbst macht uns also nicht glücklich. Es macht uns nur süchtig. Süchtig nach der kurzfristigen Erfüllung unseres Verlangens, egal ob uns diese Erfüllung langfristig guttut oder nicht. Ist also der Belohnungsschaltkreis in unserem Gehirn Schuld an unserer fatalen Kurzfrist-Orientierung? Sollten wir demnach die vielfältigen Probleme, die sie uns beschert, durch Beinflussung des Botenstoffspiegels lösen? So wie Depressionen medikamentös behandelt werden, ließe sich vielleicht auch die Kurzfrist-Orientierung abmildern, wenn wir unser Verlangen nach dem langfristig Schädlichen künstlich reduzieren. Dann können wir möglicherweise erreichen, dass wir nicht mehr so oft für den kurzfristigen Genuss unsere Zukunft aufs Spiel setzen. Ist das die Lösung, die uns vor der Kurzfrist-Falle rettet?

Am Tropf

Die Antwort ist nein. Man kann Botenstoffe wie Dopamin und Serotonin nicht als Pille zu sich nehmen oder intravenös verabreichen. Auch Zäpfchen bringen nichts. Die Blut-Hirn-Schranke verhindert, dass ein über die Blutgefäße oder den Verdauungstrakt aufgenommener Neurotransmitter das Belohnungssystem erreichen kann. In den beschriebenen Experimenten mit Ratten wurde die natürliche Ausschüttung von Botenstoffen mit direktem Eingriff ins Gehirn manipuliert. Man könnte sich natürlich Elektroden in den Belohnungsschaltkreis stecken lassen. Aber das lassen wir besser sein. Wer weiß, welche langfristigen Folgen solche Eingriffe in das komplexe System unseres Gehirns haben würden.

Oder wir könnten auf chemischem Wege mit Hilfe von psychotropen Medikamenten den Abbau von bereits ausgeschüttetem Dopamin oder Serotonin hemmen, so dass es länger und intensiver wirken kann. Genau das bewirken die meisten Genuss- und Rauschmittel.

Wen das Leben nicht ausreichend belohnt, der holt sich eben die künstliche Belohnung.

Nikotin, Kokain, Heroin, Amphetamin (Speed) oder Ecstasy wirken auf jeweils unterschiedliche Weise in unserem Belohnungssystem. Kokain etwa ist ein Wiederaufnahmehemmer für Dopamin, aber auch für Noradrenalin und Serotonin. Kokain verhindert den Abbau dieser Botenstoffe und sorgt so für einen erhöhten Spiegel und damit für ein deutlich höheres Signalaufkommen an den Rezeptoren. Mit einem höheren Dopaminspiegel fühlt sich der Kokser grenzenlos leistungsfähig und mutig. Er verspürt kaum Hunger, dafür aber einen unbändigen Drang nach Taten. Die erhöhte Menge Serotonin macht den Kokainkonsumenten auch glücklicher und weniger schmerzempfindlich. Sowohl das Wanting-System als auch das Liking-System werden aktiviert. Der Kokser ist im Dauer-Flow.

Einem Flow mit Folgen allerdings. Ein ständig mit Dopamin,

Noradrenalin oder Serotonin gefluteter Belohnungsschaltkreis kann schlimmstenfalls eine neurologische Katastrophe zur Folge haben. Die Rezeptoren der Nervenzellen sind darauf ausgelegt, die Signale aus natürlichen Mengen an Botenstoffen zu verarbeiten. Mit einem ständigen Überschuss kommen sie nicht klar. Die Rezeptoren sind schnell überfordert. Bald können sie die Signalflut, die durch erhöhte Spiegel der Neurotransmitter ensteht, nicht mehr verarbeiten. Sie stumpfen ab, machen zu und verschwinden im Extremfall ganz. Im Belohnungssystem von Kokain-, Heroin- und Amphetaminabhängigen wie auch in dem von Rauchern und Alkoholikern sind die Dichte und Empfindlichkeit der Rezeptoren an den Synapsen im Vergleich zu gesunden Menschen auffällig gering.

Während im Normalfall minimalste Botenstoff-Konzentrationen ausreichen, um einen Kick auszulösen, braucht es nun mehr davon, um die Kommunikation der Nervenzellen und damit die ihnen zugedachte Wirkung zu erzeugen. Auf natürlichem Wege wird das immer schwieriger und irgendwann kaum noch möglich. Das Wohlgefühl bei normalen Reizen bleibt immer häufiger aus; die Aussicht auf konventionelle Genüsse – Sex, etwas Süßes, gute Musik – reicht nicht mehr aus, um ein gutes Gefühl zu bekommen. Der Bedarf an externen Stimulanzien, die dieses Wohlgefühl künstlich erzeugen, steigt und steigt. Für das gleiche Gefühl braucht der Süchtige nun mehr von seinem Schnee und entsprechend mehr von seinem Geld. Und wenn er das Geld dafür nicht mehr hat, muss es eben das Geld, Hab und Gut von anderen sein.

Was Sucht mit der für die Menschheit fatalen Kurzfrist-Falle zu tun hat? Gut, dass Sie fragen. Ein Abhängiger tappt mit jedem Sniff, jedem Zug, jedem Druck und jedem Glas in die Kurzfrist-Falle. Das Vergnügen im Hier und Jetzt geht auf Kosten seines Wohlergehens in der Zukunft. Nicht nur, dass die euphorisierende Wirkung von Kokain und Speed nur die Energie der nächsten Tage zeitlich nach vorne zieht und nach dem Rausch zwangsläufig die Schwäche kommt. Der Schaden an Gehirn, Psyche und sozialem Leben wird immer größer. Manche Abhängige haben durch eine lange Junkie-Karriere ihr ventrales Pallidum zerstört, den Kern des Liking-Systems. Sie wurden anhedonisch, wie das die Psychiater nennen, sie waren nicht mehr in der Lage, auch nur die geringste Freude zu empfinden. Das klingt weitaus harmloser als es ist. Die Folge ist ein Leben in Depression und Apathie. Wenn zudem Freunde und Familie verloren gehen oder vom Süchtigen selbst verlassen werden, wenn das ganze soziale Leben zusammenbricht, ist das nur eine späte Etappe in einer fatalen Kettenreaktion. Das alles wegen des Verlangens nach Vergnügen im Hier und Jetzt.

Das eigentlich wohlmeinende Belohnungssystem wendet sich gegen seinen Besitzer!

Vollends unheilvoll ist die Tatsache, dass das durch die Droge hervorgerufene Vergnügen mit der Zeit immer geringer, das Verlangen aber immer größer wird! Im Gehirn des stark Süchtigen wollen Wanting-System und Liking-System nicht mehr so recht zusammenarbeiten. Sie entkoppeln sich voneinander. Im gesunden Gehirn sollte ein schwächeres Vergnügen auch ein abnehmendes Verlangen zur Folge haben. Nicht so im Gehirn des Suchtkranken. Noch rätseln die Neurologen darüber, warum das sonst so gut harmonierende Wanting-Liking-Team sich dann nicht mehr verträgt.

Damit ist nicht mehr verwunderlich, was eine Studie im Jahr 2004 ergab.[46] Die Versuchsleiter erkannten erstaunt, dass Rauchergehirne auf das Betrachten ausgesprochen grässlicher Fotos von Raucherlungen, Rachenkrebs-Geschwulsten und schwarzen Raucherbeinen nicht etwa wie erwartet mit Abscheu reagierten. Im Gegenteil! Im fMRT zeigte sich im Wanting-System ein starkes Verlangen nach Zigaretten! Die vergleichsweise zurückhaltenden Warnungen à la »Rauchen kann tödlich sein« oder »Rauchen schädigt Ihre Spermien« auf Zigarettenverpackungen sind vollkommen wirkungslos. Und sogar die ekelhaftesten Horror-Fotos, wie sie in vielen Ländern zwingend auf Zigaretten-Packungen gedruckt werden müssen, bleiben so gut wie ohne Effekt auf das Verhalten der Raucher.

Im exzessiven Konsum von Drogen findet die teuflische Auswirkung unserer Kurzfrist-Orientierung einen ihrer Höhepunkte. Tatsächlich sind bei der Aussicht auf kurzfristige Belohnung exakt die gleichen Hirnareale aktiv wie bei einem Drogensüchtigen auf Entzug.

Bei nicht stoffgebundenen Abhängigkeiten ist das ähnlich. Jede zwanghafte und langfristig schädliche Ersatzhandlung ist eine Art Sucht, ein Abhängigkeitssyndrom, so die offizielle Bezeichnung. Dazu gehören Arbeitssucht, Sportsucht, Internetsucht, Magersucht, Spielsucht, Sexsucht oder ersatzweise die Pornosucht. Das Wanting-System lässt Menschen nach kurzfristigem Vergnügen gieren, ganz gleich, was es für sie oder für ihre Partner, Familie, Freunde, Kollegen oder für ihre Unternehmen und Staaten bedeutet.

Sind wir also chancen- und ausweglos wie Sklaven dem biochemischen Cocktail in unseren Köpfen ausgeliefert? Dann würde es uns unser vergnügungssüchtiges Kurzfrist-Hirn unmöglich machen, unsere Zukunft sinnvoller zu gestalten. Wir wären schlichtweg nicht fähig, einen kurzfristigen Genuss hintanzustellen, um langfristig einen Gewinn zu erzielen oder einen Verlust abzuwenden. Macht uns unser Belohnungssystem ungeeignet für die heutige, von uns selbst geschaffene Welt? Werden wir in einer komplexen Welt zu dummen, faulen und schlechten Menschen?

Hoffnungsstrahl

Wann haben Sie das letzte Mal etwas aus rein böser Absicht getan? Ihnen fällt kein Moment ein? Sehen Sie, so geht das auch den anderen. Pure Bosheit würde voraussetzen, dass man das Schlechte an sich als Motiv und Ziel seiner Tat wählt. Wenn Sie mich fragen: Den »schlechten Menschen« gibt es nicht.

Wenn irgendwo auf der Welt durch menschliches Handeln etwas Schlechtes und Furchtbares geschieht, handelt es sich doch fast immer um einen von zwei Fällen: Entweder wollte man das Gute und hat sich in den Auswirkungen seines Handelns geirrt. Oder man hat zwischen Eigennutz und dem Nutzen für andere falsch gewichtet.

Ich gehe davon aus, dass maximal ein Prozent aller Handlungen tatsächlich aus einer bösen Absicht heraus geschieht. Ich glaube, dass mindestens 99 Prozent der Handlungen auf der Welt aus einer im Grundsatz guten Absicht heraus erfolgen, wie auch immer sich der Handelnde das Gute und Richtige an seiner Tat erklärt. Der Einbrecher sieht sich vielleicht im moralischen Recht, weil der Wohlstand ungleich verteilt ist. Die somalischen Piraten finden ihr brutales Tun möglicherweise gerechtfertigt, weil die Industriestaaten ihre Meere rücksichtslos und gewinnsüchtig leergefischt und ihre Existenzgrundlage als Fischer zerstört haben. Der islamistische Selbstmordattentäter unter der Flagge der Al-Qaida rächt, in seinen Augen, nur die Kränkung und Zerstörung seiner Kultur durch unmoralische westliche Fernsehsendungen, Produkte und Geschosse. Die Motive sind innerhalb des jeweiligen Paradigmas keineswegs »böse«, auch wenn sie außerhalb dieses Bezugsrahmens so erscheinen.

Die Angst vor dem Fremden und das Unverständnis für das Verhalten anderer fußen im Kern auf unserer Unfähigkeit, die positive Absicht des anderen zu sehen. Lieber streiten, kämpfen und bomben wir.

Lieber reagieren wir innerhalb einer Viertelsekunde aufbrausend, wütend und beleidigt auf eine Aussage einer Kollegin, als dass wir drei Sekunden innehalten, um uns zu fragen, was ihre positive Absicht sein könnte.

Die schnelle emotionale Lösung schützt augenblicklich unser Selbstwertgefühl, koste es was es wolle. Kurzfristig fühlen wir uns besser. Langfristig bringt es Ärger, Stress bis hin zum Krieg. Und wieder stecken wir in einer Kurzfrist-Falle.

Nach all dem, was wir bis zu diesem Punkt über das menschliche Verhalten wissen, können wir nur schließen: So sehr wir auch über das kurzsichtige Verhalten von Menschen und ihren Organisationen den Kopf schütteln können; aus ihrer Sicht und ihrem jeweiligen Paradigma entsprechend haben sie fast immer positive Motive. Alle machen es aus ihrer eigenen Sicht richtig und verursachen dennoch eine Katastrophe nach der anderen.

Der Mensch ist nicht prinzipiell schlecht. Es ist zwar nicht in jedem Fall berechtigt, aber in fast allen Situationen sehr nützlich, unseren Mitmenschen prinzipiell gute Absichten zu unterstellen.

Der Mensch ist auch nicht prinzipiell faul. Uns allen bereitet es Vergnügen, Dinge zu tun und zu erschaffen. Es muss schon viel schiefgelaufen sein, wenn ein Mensch lieber untätig vor sich hindämmert, als aktiv zu sein. Was Douglas McGregor mit seinen sogenannten Theorien X und Y schon 1960 postulierte,[47] ist mittlerweile Stand der psychologischen Forschung und zeitgemäßer Führungspraxis[48]: Der Mensch an sich ist selbstmotiviert. Der Mythos von der Notwendigkeit der Motivation von außen, der in den vergangenen Jahrzehnten das Denken gerade in der Managementtheorie beherrschte, hat an Kraft verloren. Langsam wird uns klar, dass der Mensch nicht getrieben werden muss, dass ihm keine Rübe vor die Nase gehalten werden muss, sofern er grundsätzlich im für ihn richtigen Job ist. Die Freude am Tun stellt sich dann von ganz alleine ein, vor allem wenn er das Tun selbst wählen und gestalten darf. Es kommt vielmehr darauf an, Menschen nicht ständig zu demotivieren. Denn erst wenn der Mensch immer wieder die Erfahrung machen musste, dass es sich für ihn nicht lohnt, dass ihn nur Nachteile durch seinen Einsatz erwarten, wird er aufhören, von sich aus und gerne zu arbeiten und zu wirken.

Wenn wir also prinzipiell gut sind, sind wir dann einfach nur zu dumm, um das Richtige zu tun und richtig zu handeln? Das liegt nahe. Aber auch an die prinzipielle Dummheit der Menschen glaube ich nicht.

Dass wir anders als die Menschen vor hundert oder tausend Jahren mit der heutigen Lebenswirklichkeit oft schlecht umgehen können, liegt in erster Linie an der exponentiell gewachsenen Komplexität unserer Welt, die sich schneller entwickelt hat als unsere Denkfähigkeit.

Ich würde das nicht Dummheit nennen. Im Gegenteil, wir sind sogar sehr schlau. Unsere Fähigkeit zu abstrahieren und zu planen, unsere Klugheit, die wir jedem anderen Lebewesen auf der Erde voraushaben, hat viele faszinierende Technologien, Methoden und Produkte sowie die heutige Komplexität durch unzählige Erfindungen, Entdeckungen und Entwicklungen erst hervorgebracht.

Allerdings: Mit einem Verstand, der sich in den letzten Jahrtausenden kaum verändert hat, sollen wir nun Systeme steuern, die wir gar nicht mehr überblicken können. Das Problem ist also nicht, dass wir schlecht oder dumm sind. Das Problem ist, dass wir mit den Folgen unserer Klugheit nicht so gut umgehen können, wie wir sollten. Noch nicht, hoffentlich.

Kampf im Oberstübchen

Wären wir ausschließlich durch Emotionen gesteuert, wären wir tatsächlich Sklaven unserer Biochemie im Kopf. Dann wären wir kaum in der Lage, uns die Zukunft vorzustellen und noch weniger, etwas für die entfernte Zukunft zu tun.

Unser Glück ist, dass das Belohnungssystem in uns kein absolutistischer Herrscher ist. Forschungen der letzten Jahre zeigen, dass unser Gehirn zwei voneinander weitgehend unabhängige neuronale Systeme besitzt.[49] Vereinfacht gesprochen: Das eine ist das vom Vergnügen abhängige emotionale Gehirn, das unser Verhalten unbewusst steuert. Dazu verfügen wir, anders als die meisten Tiere, noch über ein logisch ausgeprägtes, rationales Gehirn. Die altbekannte Zweiteilung zwischen Verstand und Emotion ist also tatsächlich im Gehirn neurologisch nachweisbar. Zwei Herzen in einer Brust? Nein, zwei Gehirne im Kopf!

Lange Zeit glaubte man, mit der linken und rechten Hirnhälfte diese beiden Systeme lokalisiert zu haben. Emotionen liegen rechts und links wird rational gedacht – so verführerisch einfach das wäre, so funktioniert das allerdings nicht. Schon allein die Tatsache, dass sich das emotionale Belohnungszentrum in der unteren vorderen Mitte des Gehirns befindet, spricht gegen diese Theorie. Das ist seit Jahrzehnten bekannt, aber es soll noch immer Erfolgstrainer geben, die vom linken und rechten Hirn predigen.

Tatsächlich geht es in unserem Oberstübchen deutlich komplizierter und auch faszinierender zu. Es gibt zum Beispiel nicht das eine visuelle Zentrum, das man auf vielen älteren Abbildungen des Gehirns noch sehen kann, sondern etwa 50 Areale, die uns insgesamt und zum Teil unabhängig voneinander das Sehen ermöglichen.

Heute wissen wir zwar sehr viel mehr über die Vorgänge in unserem Gehirn und seine Funktionsweisen, doch insgesamt gesehen haben wir gerade erst an der Oberfläche gekratzt. Viele Zusammenhänge sind uns noch nicht klar. Wir dürfen aber vereinfacht annehmen, dass in uns ein emotionales und ein rationales Gehirn wirken und dass sie sich sehr gut ergänzen können. Das Kurzfrist-Hirn mit dem Belohnungsschaltkreis ist der Spezialist für das Unbewusste. Sein Botenstoff-Cocktail möchte dafür sorgen, dass wir uns in einem Korridor bewegen, in dem wir seiner »Meinung« nach nicht allzu vielen Gefahren ausgesetzt sind und unseren Fortbestand sichern. Mit seiner Hilfe meiden wir das Unangenehme und streben nach dem, was Erfahrung und angeborenes Wissen als angenehm und damit eher positiv eingeordnet haben. Vorsichtig sein lässt uns auch die Ratio. Umgekehrt kann sie uns auch vorantreiben und auf Entdeckungstour gehen lassen.

Stark vereinfacht gesagt: Wir haben ein emotionales Gehirn für die Gegenwart und ein rationales für die Zukunft.

Hirnforscher haben diesen beiden Systemen unterschiedliche Namen gegeben. Neben dem emotionalen und rationalen Gehirn nennen sie es Doer und Planner Self[50], Pragmatic and Idealistic Self[51], Want und Should Self[52], Hot System und Cool System[53] oder ganz einfach: System 1 und System 2[54].

Die Trennung von Ratio und Emotio ist eine Vereinfachung, die genau genommen falsch ist.

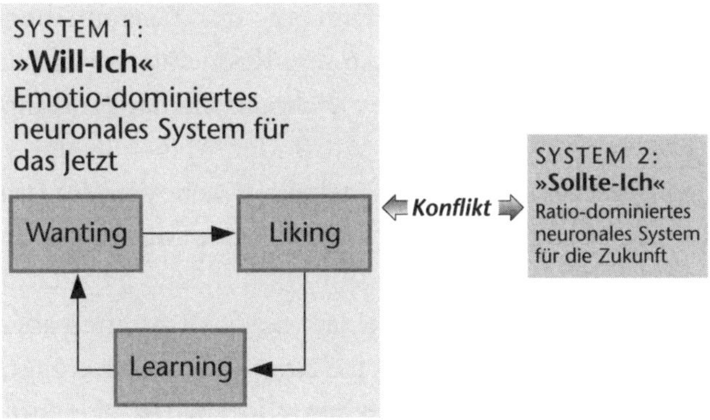

Abbildung 6: Der ungleiche Kampf im Oberstübchen

Seit Descartes den Dualismus populär machte, die Trennung von Geistigem und Körperlichem, tendieren wir dazu, alles in Gegensätze und Pole zu trennen, auch wenn es oft an der Wirklichkeit vorbeigeht.

In Wahrheit sind an allem, was wir denken und tun, immer beide beteiligt, das rationale und das emotionale Ich.

Das ist sehr nützlich, denn unsere täglichen Aufgaben sind nie mit Hilfe nur eines der beiden neuronalen Systeme lösbar.

Aber: System 1 und System 2 sind im Gehirn recht eindeutig lokalisierbar. Und welcher Teil in einer bestimmten Situation dominiert, ist durchaus klar zu beobachten. Deshalb bleibe ich, wie die forschenden Neurologen, bei dieser Vereinfachung und spreche vom rationalen und vom emotionalen Gehirn.

In Wahrheit funktioniert unser Gehirn absolut rational und logisch, auch das emotionale System. Dennoch kann unser Gehirn irrationales Verhalten erzeugen. Die Perspektive macht den Unterschied, doch dazu kommen wir später.

Unser Verhalten ist also das Ergebnis des Zusammenwirkens unserer beiden neuronalen Systeme. Kooperation scheint eher der Ausnahmefall zu sein. Es ist vielmehr ein harter Kampf, der da in unserem Oberstübchen stattfindet. Mal steht unser Verstand, mal stehen – wie in den meisten Fällen – unsere Emotionen der langfristig sinnvollen Lösung einer Aufgabe oder eines Problems im Weg.

Werden wir dann noch von einem schönen Anblick oder dem verlockenden Duft beispielsweise eines süßen Desserts gelockt, gewinnt das emotionale Gehirn besonders häufig die Oberhand. Und wenn die Ratio noch so sehr darauf drängt, den Nachtisch stehen zu lassen, grätscht uns der emotional bestimmte Belohnungsschaltkreis rein. Im Zweifelsfall siegt also das kurzfristig orientierte emotionale Gehirn.

Obwohl wir mit der einzigartigen Fähigkeit zu rationalem Denken ausgestattet sind, legen wir ein Verhalten an den Tag, das von außen betrachtet oft irrational ist. Selbstverständlich kann auch eine emotional dominierte Entscheidung langfristig sinnvoll sein. Aber in der Regel sind es genau diese aus der Sucht nach schnellem Wohlgefühl gewählten Alternativen, die uns in Teufels Küche bringen. Natürlich gilt das nicht für alle, aber mit Sicherheit für mehr Entscheidungen, als uns langfristig gesehen guttut.

Da das Emotionale zu oft gewinnt, manövrieren wir uns oft in die Situation, dass das Belohnungssystem für richtig und gut hält, was sich in der längerfristigen Betrachtung viel zu häufig alles andere als richtig und gut erweist.

In solchen Momenten ist das emotionale Hirn mit seinem Jetzt-Fetischismus viel zu häufig der Sieger im Wettbewerb mit dem rationalen Hirn und seiner Zukunftsorientierung.

Wie unzählige psychologische Experimente und Beobachtungen unter dem Gehirnscanner gezeigt haben, entscheidet und verhält sich der Mensch viel zu häufig irrational, weil sein Gehirn vergnügungssüchtig und zukunftsblind ist.

Gutes Gehirn, falsche Zeit

Tun Sie mir einen Gefallen? Was auch immer passiert, ganz gleich, was Sie denken oder empfinden, lesen Sie das folgende kurze Szenario bis zum Ende. Einverstanden? Also los!

Unsere Welt ist komplex geworden. Sie verhält sich viel zu chaotisch, als dass wir Menschen uns in ihr noch souverän zurechtfinden könnten. Die Systeme, die wir selbst kreiert haben – Wirtschafts- und Finanzsysteme, Steuersysteme, multinationale Konzerne, das Internet und so weiter –, können wir längst nicht mehr überblicken und umfassend begreifen und daher auch nicht mehr zuverlässig steuern. Die Technik, die Systeme und die Organisationen, die wir selbst geschaffen haben, drohen uns zu verschlingen.

Für Wissenschaftler aller Fachrichtungen, von der Neurobiologie bis zur evolutionären Psychologie, steht fest, dass unser Gehirn als zentrales Wahrnehmungs-, Beurteilungs- und Entscheidungssystem kaum weiter entwickelt ist als vor 10 000 oder 100 000 Jahren.

Unsere modernen Schädel beherbergen einen steinzeitlichen Geist.[55]

Schon in den 80er Jahren machte der Ausspruch »Atomwaffen in der Hand von Neandertalern« die Runde.

In einer Folge von *Star Trek* (Raumschiff Enterprise) sagt Captain Kirk zu einer Eingeborenen eines Planeten: »Wir waren einst wie ihr. Speere und Pfeile. Dann aber kam eine Zeit, in der sich unsere Waffen schneller entwickelten als unsere Weisheit und wir haben uns fast vernichtet«.[56]

Wir gestalten und nutzen mit unserem steinzeitlichen Gehirn unseren Lebensraum, also den gesamten Erdball, auf eine an kurzfristigem Gewinn und Vorteil orientierte Weise. Deshalb resultieren aus unserem Handeln immer öfter erschreckend negative Folgen. Wir holzen massiv Wälder ab, auch wenn wir wissen, dass sie sich davon niemals wieder erholen können. Wir fischen ganze Meere leer. Wir verwandeln blühende Landschaften in lebensfeindliche Wüsten. Unser massives Eingreifen in die Natur hat zu schier unfassbaren Schäden geführt. Und wir machen immer weiter. Wir bräuchten schon heute anderthalb Erden, um unseren Bedarf an Ressourcen zu decken, und wenn wir so weitermachen, brauchen wir in 40 Jahren derer drei.[57] Die mindestens zwei Milliarden zusätzlichen Erdenbürger bis 2050 werden wahrscheinlich nicht weiser mit unserem Planeten umgehen als die Menschen heute.

Ja, es könnte sein, dass wir neue Wege und Ressourcen finden werden. Schließlich konnten wir auch die düsteren Prognosen von Thomas Malthus über den anstehenden Nahrungsmangel[58] und das Verhungern von Millionen Menschen abwenden. Im Grunde warnte Malthus 1798 vor einer gigantischen Kurzfrist-Falle. Die Menschen ließen sich nicht daran hindern, sich rapide zu vermehren, obwohl die Nahrungsmittelproduktion nicht in gleichem Maße mitwuchs. Doch glücklicherweise entwickelte Justus von Liebig um 1840 den Mineraldünger, mit dem die Produktivität der Landwirtschaft um ein Vielfaches gesteigert und die Hungerkatastrophe abgewendet werden konnte.

Bei allem Optimismus, was ist, wenn wir für all die geschilderten gravierenden Probleme, in die uns unsere Kurzfrist-Orientierung führt, nicht rechtzeitig Lösungen finden? Wir laufen Gefahr, uns zu verspekulieren. Wir gehen das höchstmögliche Risiko ein. Wir spielen mit unserem Leben.

Wir essen, konsumieren, arbeiten, steuern und leben uns kaputt. Die Gier nach sofortigem Genuss und unmittelbarer Befriedigung siegt regelmäßig über das langfristig Gesunde. Wir haben jedes Maß verloren. Die Systeme und Organisationen, die wir uns erschaffen haben, verstärken nur den Hebel, mit dem wir uns und unsere ganze Welt zerstören und beschleunigen nur den persönlichen, gesellschaftlichen und schließlich auch globalen Kollaps.

Der Untergang der Menschheit ist nur noch eine Frage der Zeit …

Tausendmal gehört

Warum habe ich Sie um Geduld gebeten? Ich hatte Sorge, dass Sie das Buch enttäuscht oder genervt zur Seite legen. Es vielleicht sogar in die nächste Ecke pfeffern. Nicht, weil es Sie desillusioniert und traurig gemacht hat, dass der Menschheit so ein schlimmes Schicksal droht. Nicht, weil Sie wütend darüber sind, dass die Menschheit nicht damit aufhören kann, sich ihr eigenes Grab zu schaufeln. Sondern weil die bisher angeführten Gemeinplätze Sie gelangweilt, belästigt oder gar verärgert haben.

Denn all das, was Sie gerade gelesen haben, sind ja bis zum Überdruss wiederholte Formeln. Längst sind Aussagen wie diese zu Worthülsen verkommen. Diese Satzschablonen können überall angelegt werden. in jeder Talkshow, in jedem Volkshochschulkurs. Egal um welches Thema es dort geht, muss man als Teilnehmer oder Zuschauer damit rechnen, mit solchen Ergüssen konfrontiert zu werden. Kein Tag vergeht, an dem nicht mit erhobenem Zeigefinger gemahnt und die Gewissenlosigkeit und Gier der Menschheit angeprangert werden.

Doch die Wirkung ist nahezu null. Man scheint sich abgefunden zu haben. Selbst eine multinational auftretende Welle wie die Occupy-Bewegung verschwindet nach einer kurzen Zeit des Medien-Hypes wieder in der Versenkung, ohne nachweisbar etwas bewirkt zu haben. Es gab massenhaft Artikel, Interviews und Sendungen; die Reaktionen darauf waren überwiegend zustimmend und positiv – aber am Ende kam nichts dabei heraus. So scheint es heute zu laufen: Symbolisch handeln, »Zeichen setzen«, dies und das fordern, in Innenstädten auf Plätzen campieren oder sich an Gleise ketten. Doch nichts davon verändert unser kollektives Verhalten und die Systeme offensichtlich schon mal gar nicht. Für die wenigen Aktivisten ist das bitter. Und die vielen Zuschauer und Passanten?

Sie nicken wissend und sagen: »Ja ja«. Manch einer mag sich verpflichtet fühlen, den Protestierenden ein paar Minuten zuzuhören, und freut sich vielleicht, dass es noch Menschen gibt, die nicht aufgegeben haben anzuprangern und zu kämpfen. Aber genauso erfreut man sich auch an Kindern, die noch an den Weihnachtsmann glauben. Am Ende scheinen diese Aufrechten und Gutmeinenden in der öffentlichen Wahrnehmung auf einer Ebene mit jenen zu stehen, die an Straßenecken religiöse Traktate feilbieten.

Ja, haben denn diejenigen nicht recht, die nicht aufhören, gegen die allgemeine Einstellung, dass man doch sowieso nichts machen kann, zu wettern? Stimmt es etwa nicht, dass die unverhältnismäßige Bereicherung mancher »Finanzhaie« auf Kosten der Allgemeinheit ein unglaublicher Skandal ist? Dass es immer noch dramatisch viel Hunger auf der Welt gibt? Dass wir buchstäblich Krieg gegen die Fische führen und sie in wenigen Jahrzehnten ausgerottet haben? Dass Menschen an Krankheiten sterben, die in entwickelten Regionen der Welt längst besiegt sind? Dass der in Kernkraftwerken anfallende radioaktive Müll anscheinend auch heute noch auf Schiffe verladen und von dort ins Meer geworfen wird wie ein Eimer Küchenreste aus der Bordkantine?

Das Verbot der London Convention von 1993 konnte es nicht verhindern, dass vor der Küste von Somalia illegal entsorgter Atommüll an Land gespült wurde.

Alle sind sich einig, dass solche hausgemachten Katastrophen nicht sein müssen. Vieles ist nur eine Frage des Willens, der Kreativität und der Logistik. Aber endgültig in den Griff bekommen haben wir all diese Probleme bislang trotzdem noch nicht.

Wenn Wille und Fähigkeit zur Lösung unserer größten Probleme nachweislich fehlen, führt das fortgesetzte Anmahnen der wachsenden Probleme nur dazu, dass sich diese Wahrheiten mit der Zeit abnutzen. Sie werden zu Gemeinplätzen. Sie sind zwar richtig, aber sie nerven. Mit fatalen Folgen.

Niemand will diese Wahrheiten zum zukünftigen Verbleib des Menschen auf der Erde mehr hören. »Geh' mir weg mit dem Kram! Sollen die doch ohne mich die Welt zum Teufel jagen! Mit ein bisschen Glück bin ich schon gestorben, wenn uns hier auf dem Planeten alles um die Ohren fliegt.« Von dieser Nach-mir-die-Sintflut-Haltung ist es nur noch ein kleiner Schritt bis zur fatalistischen wie selbstmörderischen Überzeugung, dass der Mensch eben nicht die Krone der Schöpfung ist und sich selbst vom Angesicht der Erde fegen wird. Schadet nichts. Die Welt kommt auch ohne uns gut zurecht. Tja, selber schuld. Wir können ja sowieso nichts daran ändern.

Nur wenige Menschen und Organisationen versuchen, die Probleme tatsächlich anzugehen. Bill Gates gehört dazu. Seit 2007 setzt er einen großen Teil seines Privatvermögens für den Kampf gegen Malaria ein. »Ich will Malaria auslöschen, weil wir das können«, sagte er damals. Selbst die vielen Rückschläge, zum Beispiel die in den letzten Jahren auftretenden Resistenzen, haben ihn nicht von seinem Ziel abbringen können. Er engagiert sich eben langfristig. Am Ende wird Bill Gates fast sein gesamtes Vermögen dafür ausgegeben haben. Das ist sein erklärter Plan.

Es gibt viele solcher Einzelinitiativen, Aktionen und Projekte, überwiegend betrieben von ganz gewöhnlichen Menschen. Aber eine große Wende hin zur Langfrist-Orientierung im Denken und Tun quer durch die Gesellschaft hat bislang nicht stattgefunden. Statt unsere Schwierigkeiten auf breiter Front anzugehen, tun wir etwas ganz anderes.

My home is my castle

»Wir rücken enger zusammen, kochen, laden Gäste ein, machen es uns daheim so richtig gemütlich – und genau das brauchen wir jetzt auch«, konnte man in der Frauen-Zeitschrift *Für Sie* lesen. Weiter heißt es darin, es gehe

> »... um das Glück der Einfachheit, um die Rückbesinnung auf Familie, Freunde, Nachbarn, Hobbys. Cocooning steht für ein neues Verständnis von Genuss und Lebensart. Den Luxus, der auch für kleines Geld zu haben ist. Man kuschelt sich wieder enger zusammen – trotzdem wollen die Menschen etwas unternehmen. Da bietet es sich an, Freunde einzuladen und sie mit einem aufwändigen Menü zu bekochen.«

Für die 68er-Generation war es noch extrem uncool, sich daheim einzuigeln, für sie fand das Leben draußen auf der Straße statt. Doch die nachfolgende Generation hatte die Nase voll von Demonstrationen und politischem Engagement. Sie blies nicht mehr zum Angriff, sondern zum Rückzug. Die Flucht ins Einfache wird interpretiert als eine Rückbesinnung auf das, was wirklich zählt.

Kuschelige Sitzlandschaften, riesige Flachbildschirme, auf denen eine Kochsendung nach der anderen läuft, Feuer im Kamin und Dutzende Wellnessprodukte im Bad. Das Zuhause ist zum Rückzugsort geworden. Die Lust an der sicheren Wohnhöhle ist seit Jahrzehnten ungebrochen. Radieschen aus dem eigenen

Garten, zumindest der eigene Schnittlauch auf dem Fensterbrett muss sein. Mit einem beschaulichen Landleben vor Augen, das es so nie gegeben hat, ziehen wir uns zurück und abonnieren Zeitschriften wie das enorm erfolgreiche Magazin *Landlust*. Wir reisen viel und gerne, aber ohne Risiko und mit komplettem Versicherungsschutz. Statt uns auf Überraschungen in einem fremden Land einzulassen wählen wir die Pauschalreise, in der schon ein Jahr vorher feststeht und vertraglich zugesichert ist, wo wir uns am sechsten Reisetag befinden werden, wo und was wir essen und welche Touristenattraktion wir besuchen werden.

Als 2009 die Finanzkrise die gesamte Wirtschaft ins Wanken brachte, war die Möbel- und Haushaltswarenbranche davon nicht betroffen. Dirk-Uwe Klaas vom Möbelverband VDM stellte damals fest: »Von einer Krise spüren wir nichts, aber auch gar nichts!« Wenn draußen die Systeme bröckeln, wird das Nest weich ausgepolstert. Auch die Hersteller von Fertiggerichten mussten sich vor dem stärksten Konjunktureinbruch seit dem Zweiten Weltkrieg nicht fürchten, ihre Umsätze entwickelten sich überdurchschnittlich. Wer keine Lust aufs Kochen am heimischen Herd hat, deckt sich mit Stapeln von Tiefkühlpizzen ein.

Wir igeln uns ein. Aber das Internet!? Nie zuvor war der Mensch mit der Welt so verbunden wie heute, mag man da einwenden. Doch bei näherer Betrachtung unterstützt das Web diese Bewegung nach innen. Wir sehen Filme lieber online statt ins Kino zu gehen, treffen uns lieber auf Facebook statt im Club, Shoppen im Internet statt in der City. Für die Menschen, die sich in den inneren Zirkel zurückziehen, hat das einen klaren Vorteil. Sie vermeiden die direkte Konfrontation und werden so von der für sie noch sichtbaren Welt weniger enttäuscht.

2013 wollte die Hamburger Stiftung für Zukunftsfragen wissen, wem die Deutschen vertrauen.[59] Mit 75 Prozent ist die Familie Spitzenreiter, es folgen mit 61 Prozent die Freunde, mit 55 Prozent der Lebenspartner. Dann kommt ein großer Bruch:

Wissenschaft und Justiz rangieren mit jeweils 17 Prozent abgeschlagen auf Platz vier. Das heißt, nicht mal jeder Fünfte vertraut dem staatlichen Rechtssystem des Landes, in dem er lebt! In der Liste der Vertrauenswürdigen folgen Nachbarn, Arbeitskollegen und NGOs. Banken liegen bei fünf Prozent, ebenso wie die Gewerkschaften. Ganz weit unten auf der Liste stehen die Parteien mit einem Prozent. Dieses Umfrageergebnis macht klar, dass das Vertrauen nur bis zur Haustür reicht. Je größer die Distanz des Einzelnen zum Bezugsrahmen ist, desto mehr Misstrauen wird diesem entgegengebracht. Schon am Arbeitsplatz herrscht Unsicherheit. »Will mein Teamkollege mich über den Tisch ziehen?« Wenn nur jeder Hundertste der Meinung ist, die Politik verdiene Vertrauen, dann sind 99 Prozent der Menschen der Ansicht, dass ihre Vertreter im Grunde ungeeignet sind, die drängenden Probleme unserer Zeit zu lösen. Es ist kein Wunder, dass man sich aus einer Welt, auf die kein Verlass ist, die alles nur kompliziert und schlechter macht, zurückzieht.

2009, die Finanzkrise hatte Fahrt aufgenommen, hat die gleiche Stiftung die Deutschen auf ihre Befindlichkeit hin befragt. Im Bundesdurchschnitt gaben 55 Prozent an: »Mir geht es gut.« Aber nur 17 Prozent fanden: »Deutschland geht es gut.« Mit anderen Worten: Hier in meinem abgeriegelten Heim kann man es aushalten, aber draußen regiert das Chaos und geht alles den Bach hinunter. An dieser Einstellung ist ersichtlich, wie stark Menschen die Welt in ein Innen und Außen unterteilen. Und eingesponnen in einen festen Kokon dringt der Lärm der Welt nur noch gedämpft ans Ohr.

Was passiert, wenn es im Leben nur noch um Freunde, Familie und ein schönes Zuhause geht? Was wird aus dem, was nicht mehr zählt, aus der Wahrnehmung herausfällt, verdrängt und vergessen wird?

Wo versucht wird, das Leben auf die einfachsten Zusammenhänge zu reduzieren, bekommen Krisen, Kriege, Nöte und Gefahren keine Aufmerksamkeit mehr.

Es gibt diese Probleme natürlich nach wie vor, heute sogar mehr als jemals zuvor. Aber wir sehen uns zunehmend außer Stande, uns um diese direkten Folgen unseres Menschseins zu kümmern. Unser Verhältnis zu den Problemen der Welt, die wir uns selbst eingebrockt haben, ist ein passives.

Nach Jahrzehnten des Trachtens nach Fortschritt und Wohlstand, in denen wir kaum auf die ökologischen, sozialen und finanziellen Folgen geachtet haben, sind wir aufgewacht. Wir haben erkannt, was wir da angerichtet haben. Im Grunde weiß die Menschheit heute alles über die Folgen ihrer Lebensweise. Sie weiß auch, wie sie denken und handeln müsste, damit die Zukunft ganzheitlich betrachtet noch besser wird als die Gegenwart. Doch wir handeln nicht danach. Wir sehen den Gefahren oft tatenlos zu. Der Einzelne nimmt – mit wenigen Ausnahmen – eine abwartende Haltung ein oder resigniert und glaubt, sein Heil im Rückzug in die Privatsphäre zu finden.

Wer sich aus der Öffentlichkeit zurückzieht und meint, er habe mit alledem nichts zu schaffen, stiehlt sich aus der Verantwortung. Denn er gibt die Möglichkeit auf, auf sein Umfeld einzuwirken, neue Krisen zu verhindern und bestehende zu bewältigen. Mit dieser Haltung werden wir weder die alten Probleme lösen noch neue abwenden können.

Wer sich zurückzieht, verhält sich wie eine Maulbeerblätter verschlingende Seidenraupe, die sich in Seidenfäden einspinnt, bewegungslos verharrt, die Verbindung nach außen abbricht, sich zur Ruhe setzt. Was mit verpuppten Seidenraupen passiert, ist bekannt. Sie werden in kochendes Wasser geworfen. Sie bekommen gar nicht mit, was mit ihnen geschieht. Wenn es ihnen dann in ihrem gemütlichen Heim endgültig zu heiß wird, ist es zu spät.

Wie kann es sein, dass gerade jetzt, in einer kritischen Phase der Menschheitsgeschichte, ein geradezu kollektiver Verdrängungsmechanismus greift? Warum fällt es uns so schwer, uns heute den mannigfaltigen Herausforderungen zu stellen?

Flipperspiele

Freitag, 12. April 2013. Wir befinden uns mitten in der Zypern-Krise; der Euro-Raum hat seine Finanzen immer noch nicht im Griff. Schwerer aber wiegt, dass die chinesischen Behörden gerade angekündigt haben, dass das Wachstum weit unter den erwarteten acht Prozent liegen wird. Doch halt. Krisenzeit ist Goldzeit. Demnach sollte der Preis für das Edelmetall weiter anziehen. Doch der Kurs fällt im Tagesverlauf von 1 560 Dollar auf 1 483 Dollar. Was hat das zu bedeuten? Am folgenden Handelstag, Montag, 15. April, verliert Gold weiter massiv an Wert – zehn Prozent innerhalb eines einzigen Tages. Völlig unerwartet und völlig unerklärlich!

In Momenten wie diesen verstehen wir die Welt nicht mehr. Uns ist der Überblick abhanden gekommen. Das macht uns zaghaft und furchtsam. Wir zögern, aktiv zu werden, weil wir kein Bild mehr davon haben, was wir eigentlich erreichen wollen, wie sich unser Handeln auswirken wird. Und weil wir versuchen, die heutige Welt mit alten Schablonen zu begreifen. Aber die frühere Welt, in der diese alten Schablonen gute Dienste leisteten, gibt es nicht mehr. Die heutige Welt ist anders, sie ist komplexer als die alte.

Ein kompliziertes System, etwa eine Maschine, ein Schaltkreis oder ein Auto, besteht aus vielen Bauteilen. Es ist schwer zu überblicken und nicht jeder ist in der Lage, seine Zusammenhänge zu verstehen. Aber es ist zuverlässig. Man kann jedes Bauteil in seinen Eigenschaften und Funktionen genau erfassen, beschreiben und berechnen. Alle Ursachen und Wirkungen sind eindeutig. Tut man mit der Maschine immer das Gleiche, kommt auch immer das gleiche Ergebnis dabei heraus, so wie gestern so auch heute und morgen. Weil das Ergebnis berechenbar ist, ist es auch vorhersehbar. Und damit sicher. Selbst wenn einer nicht weiß, wie ein Auto funktioniert und es daher als eine Blackbox betrachten muss, kann er sich doch darauf verlassen, dass es fährt.

Die Welt ist eine Maschine. Davon war Pierre-Simon Laplace zu Anfang des 19. Jahrhunderts überzeugt.[60] Man müsse nur alle Elemente des Systems genau erfassen und berechnen und man würde den Gang der Welt vorhersagen und steuern können. Es bedürfe nur einer Intelligenz mit unvorstellbarer Rechenleistung. Laplace war Mathematiker. Die Philosophen nennen Menschen, die so denken wie Laplace Deterministen. Jedem ist heute im Prinzip klar, dass die Welt keine berechenbare Maschine ist. Aber wir handeln trotzdem viel zu oft als Deterministen. Ein paar Milliarden in Kindertagesstätten investiert, dann klappt das wieder mit dem Wirtschaftswachstum. Der Mindestlohn, die Mietpreisbremse, die Pkw-Maut, ein Verbot der privaten Krankenversicherung, ein Strafzoll, die Finanztransaktionssteuer und unendlich viele andere »Maßnahmen« sollen bestimmte Probleme lösen, ganz ohne negative Nebenwirkungen. Wenn, dann, eindeutige Ursache, klare Maßnahme, eindeutige Wirkung. Doch so funktioniert die Wirklichkeit nicht.

Alle streiten ab, dass wir nach wie vor analysieren, diskutieren, entscheiden und handeln, als wäre die Welt eine Maschine und wir der allwissende Laplace'sche Dämon. Aber genau das tun wir.

Dem Menschen fällt es offensichtlich schwer, sich von dieser Art des Denkens zu lösen und ein neues zu lernen. Er sehnt sich weiterhin nach den einfachen Verhältnissen und Lösungen.

Ein komplexes System verhält sich anders als ein kompliziertes. Komplexität hat zur Folge, dass wir immer wieder überrascht werden. Ein komplexes System liefert keine berechenbaren Ergebnisse, sondern es geht zu wie in einem Flipperautomaten. Selbst wenn der Spieler mit exakt derselben Kraft an dem Hebel ziehen könnte, der die Kugel in das Spielfeld katapultiert, würde sie doch ganz anders durch den Flipperautomaten klackern als beim Mal zuvor. Obwohl wir alle Einfalls- und Ausfallswinkel sowie die Stärke und Richtung aller Impulse aus den Aktoren kennen, sogar den Drall der Kugel, bleibt es doch völlig unmöglich, ihren Lauf vorherzusagen. Das wird uns voraussichtlich nie gelingen, weil wir nie genau genug messen können werden, schon die Ausgangsbedingungen nicht, geschweige denn alle Variablen zu jedem Zeitpunkt.

Dabei beherrschen wir Mathematik und Physik durchaus meisterhaft. Wenn ein Mensch etwas überblickt, versteht er bald auch die Zusammenhänge. In einem überschaubaren System, und sei es noch so kompliziert, kann er sich ausrechnen, wie sich sein Handeln auswirken wird. Macht er versehentlich einen Fehler, wird er die Rechnung anpassen und es beim nächsten Mal besser machen können. In einem komplexen System, etwa dem Wetter, dem Verhalten einer Gruppe oder einer Gesellschaft oder der Entwicklung eines Marktes, ist so ein Vorgehen nicht mehr erfolgreich. Niemand würde seinen Kopf darauf verwetten, genau vorherzusagen, welche Wirkungen eine politische Entscheidung oder ein Gesetz haben wird. Man kann ja noch nicht mal ermitteln, dass eine bestimmte Folge nur dieser Entscheidung zuzuschreiben ist. Kein Wunder, dass die Politik so wenig durch Logik, Vernunft und Sachverstand geprägt wird. Die Ärmsten haben gar keine Chance. So könnte man es auch mal sehen, für einen Moment.

Ein komplexes System kann über lange Zeiträume im Gleichgewicht und damit sehr stabil sein. Es benötigt keine intelligente Steuerung. Jeder Eingriff führt mit an Sicherheit grenzender Wahrscheinlichkeit zu unerwünschten Nebeneffekten. Gesellschaft und Wirtschaft würden auch ohne Eingriffe funktionieren, allerdings nicht immer so, dass wir es mit unseren ethischen Prinzipien, Werten und Motiven vereinbaren können. Also wollen wir eingreifen und verändern dabei unweigerlich das Gleichgewicht.

Da wir nun mal lieber heute als morgen die Früchte genießen wollen und weil wir die Welt immer noch als berechenbare Maschine missverstehen, gehen unsere Eingriffe langfristig mehr oder minder schief.

Überraschungen sind ein zentrales Merkmal komplexer Systeme. Sie wurden und werden immer zahlreicher. Es wundert mich nicht, dass das Wortpaar »unanticipated consequences«, unvorhergesehene Konsequenzen, in englischsprachigen Publikationen heute zehnmal (!) häufiger verwendet wird als noch 1999.[61]

Wir haben die Konsequenzen unseres Handelns immer weniger im Blick und erst recht nicht im Griff.

In komplexen Systemen herrscht das Chaos. Genauer gesagt, ein komplexes System verhält sich chaotisch. Es ist schlichtweg unmöglich, auch nur annähernd so viele Faktoren zu benennen, genau zu erfassen und ihre Entwicklung vorherzusagen, dass es gelingen könnte, die Gesellschaft und Wirtschaft eines Landes wie ein Computerspiel zu betreiben. In komplexen Systemen können wir nicht genau wissen und prognostizieren, wie sich unser Tun auf die Zukunft des Systems auswirken wird. Was für die

Zukunft komplexer Systeme gilt, trifft analog auch auf deren Vergangenheit zu. Wir können nicht abschließend erklären, wie es zu einer Situation kam.

Wir müssen eine weitere verunsichernde Tatsache zur Kenntnis nehmen: Es gibt in komplexen Systemen nicht nur keine eindeutigen Folgen, es gibt auch keine eindeutig identifizierbaren Ursachen.

Erst recht gibt es in einem komplexen System niemals eine einzige Ursache. Es gibt nur Faktoren, Einflüsse und Zusammenhänge. Das widerspricht so radikal unserer Denkweise, dass wir es kaum glauben können und wollen.

Der Mensch kann zwar planen, ist aber nicht in der Lage, komplexe Systeme über einen längeren Zeitraum gezielt und mit Sicherheit zum Erfolg zu führen, wie die Realität und unzählige Experimente gezeigt haben. Deshalb ist die Planwirtschaft gleich an mehreren Orten der Welt grandios gescheitert. Der gesamte damalige »Ostblock«, Kambodscha, Kuba oder Nordkorea sind oder waren Zeugen des Versagens einer solchen Planungsideologie. Der Versuch, Produktion sowie Verteilung von Gütern und Dienstleistungen von einer alles planenden Zentrale aus zu steuern, setzt voraus, dass diese Zentrale die Märkte und damit das Verhalten der Menschen auch wirklich genau berechnen und vorhersagen kann. Sie kann es nicht und wird es nie können. Jeder Versuch ist nach heutigem Ermessen dumm, bestenfalls naiv.

Was bedeutet das genau?

Alle Systeme, die unser Schicksal bestimmen, sind komplexe Systeme, deren Verhalten nicht exakt prognostizierbar ist und die folglich auch nicht gelingsicher steuerbar sind.

Das ist der Grund, warum wir uns in komplexen Systemen so unwohl fühlen, obwohl wir sie, abgesehen von der Natur, alle selbst geschaffen haben. Wir wissen gar nicht mehr, wie uns geschieht. Wir reagieren auf diese Unsicherheit mit Rückzug in das Bekannte und Überschaubare. Ein Kochrezept ist klar und übersichtlich. Die Ursachen für das Abschmelzen von Gletschern sind es nicht.

Würde es ausreichen, wenn wir alles radikal vereinfachen würden? An mancher Stelle würde es helfen, wenn wir etwa unsere Steuererklärung auf dem berühmten Bierdeckel machen könnten. Aber im Großen und Ganzen wird uns eine radikale Vereinfachung unserer Welt nicht gelingen. Schon allein dadurch, dass es viel mehr Menschen auf der Erde gibt und jeder einzelne davon weitaus mehr Gestaltungsmöglichkeiten hat als jemals zuvor, hat sich die Anzahl der Faktoren vervielfacht, die direkt oder nur mittelbar aufeinander einwirken. Wenn wir das System nicht vollständig verstehen können, können wir es auch nicht vereinfachen. Aber wir können unser Verhalten in und mit den Systemen verändern, wie wir noch sehen werden.

Sind es nicht auch andere Faktoren als der Mensch selbst, die heute die Welt bestimmen? Bestimmt die Natur nicht unser Schicksal? Nein. Selbst Naturkatastrophen wie starke Erdbeben und Tsunamis, so furchtbar die Folgen sind, haben nur eine zeitlich und räumlich relativ begrenzte Wirkung. Der ganz große Asteroideneinschlag oder der Ausbruch des Megavulkans im Yellowstone-Nationalpark, Ereignisse, die jeweils die Menschheit auslöschen könnten, sind bisher ausgeblieben. Die großen Pestzüge des Mittelalters, die immer wieder von China bis Europa die Bevölkerung dezimierten, und die spanische Grippe nach dem Ersten Weltkrieg waren wohl die größten natürlichen Katastrophen, mit denen der Mensch fertigwerden musste. Diese Pandemien kamen auch nicht von ungefähr. Mit Feldzügen und einer ausgedehnten Handelstätigkeit haben wir entscheidend dazu beigetragen, dass sich Seuchen über Jahrhunderte immer wieder ausbreiten konnten.

Nein, es sind nicht Naturkatastrophen oder eine ungezähmte Natur, die uns ernsthaft zu schaffen machen. Was unsere Welt wirklich bewegt, sind der Mensch und die menschengemachten Systeme. Bergbau, Landwirtschaft, Technik, Verkehr, Handel, Unternehmen – all das geht auf einfache Menschen zurück, wird von ihnen geprägt und das mit globaler Bedeutung. Wir selbst sind es, die die Welt zu einem für uns gefährlichen Ort machen. Wir selbst sind unser eigentliches Problem. Jeder einzelne der heute über sieben Milliarden Menschen kann potentiell große Bedeutung erlangen und letztlich das Leben anderer massiv beeinflussen, heute mehr denn je und mehr als jeder Vulkanausbruch. Das kann ein norwegischer Eigenbrötler und Rassist genauso sein wie ein Südkoreaner, der für sein Musikvideo praktisch über Nacht eine Milliarde Klicks auf YouTube erzielt, oder ein auf Hawaii aufgewachsener Amerikaner mit einem kenianischen Vater.

Milliarden Flipperkugeln, die gegeneinanderprallen, sich gegenseitig bremsen, schubsen und umlenken, das allein wäre schon unübersichtlich und wirklich komplex genug. Doch in Wirklichkeit ist es noch viel schwieriger. Es gibt etwas, das alles noch viel unberechenbarer macht.

Agenten

Im Fach Physik lernen Schüler, die mechanischen Bewegungen von Körpern zu berechnen. Impulse, potentielle Energien und Bewegungsenergien, Resultanten; das ist alles kein Hexenwerk.

Aber ein Mensch ist keine Kugel, deren Bewegung man berechnen kann. Und damit auch nicht die von ihm geschaffenen Organisationen und Systeme. Stellen wir uns vor, die Kugel aus unserem Flipperautomaten hätte mal einen schlechten Tag und wäre nicht so fit. Stellen wir uns vor, sie würde es sich zwischendurch mal anders überlegen, eine Abneigung gegen oder eine Vorliebe für bestimmte Bahnen entwickeln. Nehmen wir an, sie würde mal beleidigt sein und mal Rache üben. Die Kugel würde damit zum Agenten. So nennt man in den Systemwissenschaften die agierenden und reagierenden Elemente eines Systems, die selbst Entscheidungen treffen. Dann wäre der letzte kleine Hoffnungsschimmer ausgelöscht, dass wir dereinst einmal den Lauf der Flipperkugel werden berechnen können.

Komplexe Systeme, deren Elemente aufeinander und auf Umweltveränderungen reagieren, nennt man adaptiv. Mit adaptiven Elementen wird ein komplexes System zu einem komplexen adaptiven System. Elemente im »wahren Leben« sind Pflanzen, Tiere und Menschen, aber auch in gewissem Maße Moleküle und Software. Sie reagieren permanent aufeinander und passen ihr Verhalten und Handeln an die Umgebungsbedingungen an. Das wiederum regt die anderen Agenten an, die nun ihrerseits reagieren und sich anpassen. Alles hängt mit allem unüberschaubar zusammen. Dabei nimmt der Mensch selbstredend eine besondere Rolle ein, weil er das System im Kleinen und auch im ganz Großen bewusst und zielgerichtet gestalten will.

Wenn wir versucht haben, wohlüberlegt und gezielt in Ökosysteme einzugreifen, sind wir meist gescheitert. Aga-Kröte und Kaninchen in Australien, Wasserhyazinthen in Afrika – bislang ging der Schuss meist nach hinten los. Was der Mensch mit solchen Aktionen eigentlich erreichen wollte, hat er so gut wie nie erreicht. Meist hat er die Probleme, die er lösen wollte, in der Summe nur noch größer gemacht.

Die Immobilienkrise in den USA, die sich zur weltweiten Finanz- und Schuldenkrise ausweitete, war letztlich das Resultat einer Reihe gutgemeinter Eingriffe der US-Regierung in den Markt für Eigenheime. Zuerst die Regierung Clinton und danach die Bush-Administration wollten Gutes tun und insbesondere den ärmeren US-Bürgern ermöglichen, ein eigenes Haus zu bewohnen. Es sollte eine »ownership society«, eine Eigentumsgesellschaft, geschaffen werden, die ausdrücklich dazu beitragen sollte, den amerikanischen Traum zu verwirklichen. Eines der Gesetze hieß sogar »American Dream Downpayment Act«. Kurz gesagt, die Banken wurden gezwungen, Kredite zu extrem niedrigen Zinsen, oft ohne Eigenkapital und mit sehr unrealistischen spekulativen Beleihungsquoten zu vergeben. Und das an Bürger mit sehr geringem Einkommen. Im Nachhinein betrachtet konnte das nur schiefgehen. Die Folgen kennen und spüren wir weltweit.

Wie praktisch alle Märkte ist auch ein Markt für die eigenen vier Wände ein komplexes adaptives System. Alles schien beherrschbar und genau so als Wohltat zu funktionieren, wie es gedacht war. Die Eigentumsquote stieg auf breiter Front. Die Finanzbranche nutzte erwartungsgemäß alle Möglichkeiten, um Geld buchstäblich zu »machen«, und schuf gar neue Instrumente dafür. Nur leider kann das Kurzfrist-Gehirn des Menschen die Credit-Default-Swaps, ein Finanzprodukt zur Absicherung von Kreditausfällen, relativ schlecht überblicken. Als den ersten Hauskäufern finanziell die Luft ausging und dies zu einem Massenphänomen wurde, war die Kettenreaktion in Gang gesetzt. Das ganze Konstrukt brach wie ein Kartenhaus zusammen und erschütterte das globale Finanzsystem. Die Kurzfrist-Falle schlug millionenfach zu. Letzten Endes hatte niemand mehr den Überblick und ein wirksames Gegenmittel gegen die finanzielle Katastrophe.

Es gibt viel mehr Menschen in viel mehr komplexen adaptiven Systemen und viel mehr Möglichkeiten des Einzelnen, starken Einfluss zu nehmen. Jeder Gedanke an exakte Vorhersagbarkeit oder gar direkte Steuerbarkeit ist bestenfalls gutgemeint, aber im Grunde lächerlich.

Dass der Mensch ein sich adaptierender Agent ist, heißt jedoch auch, dass er lernfähig ist. Der Mensch hat die einzigartige Fähigkeit, sein Handeln an die Umgebungsbedingungen anzupassen. Seine konzeptionellen, sozialen und praktischen Fähigkeiten nutzt er in der Weise, dass er optimal auf seine Umgebung reagieren und einwirken kann. Wenn uns der zielgerichtete Eingriff in Ökosysteme mal gelungen ist, dann in sehr kleinen Schritten über lange Zeiträume. So haben wir gelernt, Boden urbar und Saatgut durch Züchtung fruchtbarer und resistenter zu machen.

Die wichtigste Ursache für die Unvorhersehbarkeit menschlicher Systeme – der Mensch selbst – ist gleichzeitig unser Silberstreif am Horizont, unser Hoffnungsschimmer. Wir haben es bislang sehr oft geschafft, irgendwie unsere Defizite auszugleichen. Unsere Zähne und Klauen zum Beispiel waren als Waffen nie der Rede wert. Wir waren für viele Tiere eine leichte Beute. Deshalb haben wir in der Frühzeit unserer Entwicklungsgeschichte gelernt, wegzulaufen und Waffen zu entwickeln. Nach und nach erlerntes Sozialverhalten erlaubte uns, Jahrtausende zu überstehen. Und ein Manager, der sein Handwerk in einer streng hierarchisch ausgerichteten Unternehmenskultur erlernt hat, ist durchaus in der Lage, einen zeitgemäßen Führungsstil zu praktizieren mit Freiheit, Verantwortung und unter Mitwirkung aller Mitarbeiter in einer Netzorganisation, wenn es seine Umgebung verlangt.

Was ist letztendlich mächtiger? Unsere Anpassungsfähigkeit oder das durch unsere Anpassungsfähigkeit geschaffene unberechenbare Chaos? Was heute gilt, muss morgen lange nicht mehr gelten. Dass jeder einzelne Mensch selbst nicht weiß, was er morgen und übermorgen entscheiden und tun wird, macht die Orientierung nicht einfacher. Die scharfe Trennung in Ost und West, Kalter Krieg und Eiserner Vorhang haben jahrzehntelang das Denken ganzer Generationen bestimmt. Und plötzlich, praktisch über Nacht, ist nichts mehr so, wie es war. Die ehemaligen Todfeinde CIA und die KGB-Nachfolge-Organisation FSB arbeiten einträchtig Hand in Hand, um eine ganz neue Gefahr zu bekämpfen: den religiös motivierten Terrorismus. Die Umweltthemen, die die Partei der Grünen lange Zeit für sich gebucht hatte, haben mittlerweile auch alle anderen Parteien in ihr Wahlprogramm aufgenommen. Übersichtlicher macht das die Sache für den Wähler nicht. Schienen früher die Fronten und Grenzen klar zu sein, weiß man heute oft nicht mehr, woran man ist.

Bis zur Industrialisierung hat das mit dem adaptiven Verhalten ganz gut geklappt. Im Großen und Ganzen war der Mensch mit seiner Anpassungsstrategie recht erfolgreich. Aber diese Erfolgsgeschichte ist an einem Scheidepunkt angelangt. Unsere Auseinandersetzung mit Problemen ist heute alles andere als erfolgreich und oft noch nicht einmal lösungsorientiert. Wir haben ein passives Verhältnis zu all den Krisen entwickelt, die uns bedrohen. Das lässt Schlimmes befürchten.

Gap

Spätestens seit der Industrialisierung klafft der Spalt zwischen unserer Wirkung und unserer Fähigkeit, mit dieser Wirkung umzugehen, Jahr für Jahr weiter auseinander. Die Abbildung zeigt die exponentiell ansteigende Kurve der Komplexität und die nur linear ansteigende Kurve unserer Fähigkeit, mit dieser Komplexität umzugehen. Der Abstand dazwischen wurde und wird immer größer. Wir verstehen es immer weniger, mit unserer Umwelt umzugehen. Diese wachsende Diskrepanz ist eine enorme Gefahr.

Lange Zeit war uns das nicht bewusst. Wir waren bestrebt, unsere Probleme zu lösen und unsere Wünsche zu erfüllen. Dafür

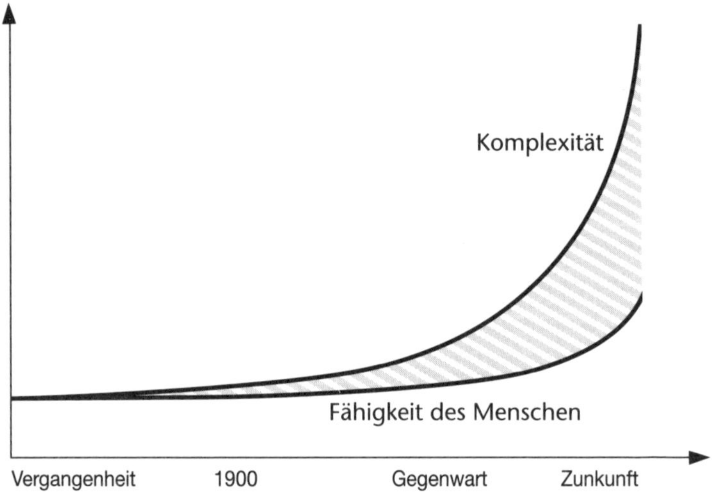

Abbildung 7: Komplexität und Fähigkeit

entwickelten wir neue Technologien und Methoden. Vieles hat sich dadurch gebessert, etwa die medizinische Versorgung, die Lebensqualität in den Städten und auch die Arbeitsbedingungen. Doch vieles hat sich auch verschlechtert. Mit unserer herkömmlichen Art zu leben und zu wirtschaften richten wir enormen Schaden an.

Die Menschheit belastet die Biosphäre in gefährlicher Weise zu ihrem Nachteil, um kurzfristig mehr Wohlstand zu erreichen. Und unsere Finanzsysteme sind in einem Zustand, dass man wirklich an der Intelligenz der Spezies Mensch zweifeln muss. Viele Löcher haben wir, wenn überhaupt, nur notdürftig gestopft und oft sogar ein anderes, größeres aufgerissen. Entscheidende Rohstoff-, Energie- und Nahrungsquellen drohen uns auszugehen, selbst wenn wir mit neuen Verfahren die Ressourcen zunächst erweitern können.

Bleiben wir bei diesem Verhalten, müssen wir langfristig die Folgen tragen. Wir steuern auf eine Reihe von Katastrophen zu –

ökologische, soziale und finanzielle, und wir werden sie erleben, wenn wir es nicht schaffen, diesen Spalt zu schließen.

Der Mensch ist, wie er ist. Sein Gehirn ist nun mal notorisch auf das unmittelbare Wohlfühlen programmiert. Die Zeit ist zu kurz, um darauf warten zu können, dass sich unser Gehirn allmählich anders organisiert. Auf Evolution zu hoffen, ist müßig. Sie passiert viel zu langsam, wenn überhaupt. Zudem wird unsere Welt ja nicht einfacher. Wir werden es auf biologischem Wege nicht lernen, mit der selbstgeschaffenen Komplexität besser umzugehen. Anstatt bewusst zu lernen, setzen wir fröhlich weiter auf bequeme Kurzfristigkeit. Ganz offensichtlich.

Wir müssen mehr lernen, wir müssen schneller lernen. Vor allem müssen wir uns die für unsere Zukunft entscheidenden Fähigkeiten aneignen.

Auch wenn wir komplexe Welten niemals vollständig verstehen können, können wir sehr wohl Verhaltensweisen entwickeln und praktizieren, die uns das Überleben in einer lebenswerten Welt erlauben.

Lernen heißt hier nicht nur, mehr zu wissen, sondern in erster Linie Verhalten zu ändern. Aber ist das in unseren Genen vorgesehen? Man könnte meinen, dass wir als Kinder einer nur komplizierten Welt keine Möglichkeiten haben, eine komplexe adaptive Welt zu meistern.

So unfähig sind wir im Grunde gar nicht. Wir haben Sprache entwickelt und Schrift erfunden. Wir können in die Tiefen des Meeres hinabtauchen und Roboter auf dem Mars steuern. Und das alles haben wir gelernt mit einem Gehirn, das im Wesentlichen dem unserer steinzeitlichen Vorfahren entspricht. Es war gar nicht dafür vorgesehen, all diese faszinierenden Dinge zu bewerkstelligen und zu beherrschen. Noch nicht einmal das Autofahren, das wir so intuitiv beherrschen, lag in unserer Veranlagung. Und trotzdem haben wir diese Fähigkeiten entwickelt. Warum sollten wir dann nicht auch lernen können, unser heutiges Verhalten so zu verbessern, dass es langfristig mehr nutzt und weniger schadet?

Gibt es denn nichts, was uns dazu bringen könnte, schneller das Richtige zu lernen?

Auf der Schulbank – in der letzten Reihe

Natürlich lernen Menschen ständig. Aber sie lernen zu oft das Falsche. In seinem Buch *Schnelles Denken, langsames Denken* unterscheidet der Nobelpreisträger Kahneman zwischen zwei grundlegenden Arten des Denkens und damit auch des Lernens. Er spricht dabei von zwei Ebenen, einmal der kognitiven, intellektuellen Ebene, auf der Denken und Lernen langsam erfolgen. Die andere Art zu denken finde auf einer emotionalen, einfachen und sehr niedrigen Stufe statt. Auf dieser Ebene lernen wir laut Kahneman sehr schnell, in der Regel zu schnell.

Für das emotionale, schnelle Lernen nennt Kahneman die Finanzkrise ab 2008 als Beispiel: »Wenn die Hauspreise drei Jahre hintereinander ansteigen, dann handeln wir so, als ob sie für immer nach oben gehen würden. Das ist Lernen auf einer sehr niedrigen Stufe.« Der von Standard & Poor's berechnete sogenannte Case-Shiller-Index hatte schon Jahre vor dem Platzen der Immobilienblase gezeigt, dass sich die Häuserpreise immer stärker von den Verbraucherpreisen abkoppelten. Die Blase war mehr als deutlich sichtbar. Zudem hatten die Autoren von rund einem Dutzend Büchern vor dem Crash gewarnt.

Doch obwohl potentielle Hauskäufer und Investoren wissen oder doch zumindest vermuten mussten, dass die Blase irgendwann platzen würde, glaubten sie dennoch nicht daran, dass es in der Zeit ihres Investments passiert. Zumindest handelten sie nicht nach dieser Erkenntnis. Die Emotion – »Bestimmt kann ich noch von der Entwicklung profitieren« – siegte über die Ratio – »Es kann jeden Moment krachen, das Risiko ist zu hoch«.

Erinnern Sie sich noch an den Kampf im Oberstübchen? Emotionales Gehirn und rationales Gehirn? Hier treten sie noch mal auf, als schnelle und langsame Schüler. Die emotionale, schnelle Art des Lernens ist uns angeboren, es geht ganz von alleine. Leider. So lernen wir, dass Süßes gut schmeckt, Schwarzfahrer nur selten erwischt werden, dass auch mit mäßigem Arbeitseinsatz das Gehalt auf dem Konto eingeht oder dass ein teures Wahlgeschenk direkt mit Stimmen belohnt wird. Wir lernen, dass wir uns mit diesem vermeintlichen Vorteil sofort wohl fühlen. Was wir auf diese schnelle und direkte Weise nicht lernen, ist, dass Süßes unsere Gesundheit schädigt, dass Schwarzfahrer die Nutzung öffentlicher Verkehrsmittel für alle deutlich teurer und deshalb unattraktiver machen, dass, wer nur mit halber Kraft arbeitet, sein Unternehmen, die Arbeitsplätze der Kollegen und auch sich selbst existentiell gefährdet und dass teure Wahlgeschenke die politische Handlungsfähigkeit beeinflussen und von der nächsten Generation mit Zinseszins bezahlt werden müssen. Wir lernen dabei nicht, dass die Anstrengung oder Mäßigung meist nur aufgeschoben und später noch größer ist.

Im Vergleich zum emotionalen Lernen ist das kognitive Lernen anstrengend und langsam. Bewusst Alternativen zu entwickeln, wo es auf den ersten Blick keine gibt, und bestehende Alternativen systematisch gegeneinander mit Argumenten zu ihrer langfristigen Wirkung abzuwägen, ist uns nicht von Geburt an mit auf den Weg gegeben worden. Unsere Umwelt gezielt auf potentielle Überraschungen zu scannen, Präventivstrategien zu entwickeln und wirksame Akutstrategien umzusetzen, muss aktiv gelernt werden. So wie Autofahren auch.

Als »kurzsichtige« Menschen können wir nichts dafür, dass wir nicht sehen können, was in 500 Metern Entfernung passiert.

Wir könnten uns aber die Mühe machen und es uns genauer anschauen. Aber stattdessen bleiben wir stehen und lamentieren darüber, dass das Bild so verschwommen ist.

Nicht weil die Komplexität so groß ist, drohen wir als Menschheit zu scheitern. Wir sind gewissermaßen zu faul zu lernen, wie man langfristig gesehen sinnvoller denkt, entscheidet und handelt.

Dies ist meiner Überzeugung nach unser eigentliches Problem. Das ist der wirkliche Grund dafür, dass unsere Zivilisation in Gefahr ist.

Zum Aussterben verurteilt

Die verkohlten Autoreste qualmen noch. Der Gestank verschmorten Gummis zieht durch die verwahrlosten Viertel des an die Hauptstadt angrenzenden Verwaltungsdistrikts. Die Unruhen sind vor sieben Tagen ausgebrochen und noch immer ist kein Ende in Sicht. Hier, wo sich ein Großteil der Bevölkerung des gesamten Ballungsraumes in gesichtslosen Hochhaussiedlungen und heruntergekommenen Mietshäusern drängt, breitet sich der Flächenbrand des Aufruhrs in Windeseile aus. Allein in der letzten Nacht sind in den nordöstlich gelegenen Vororten der glitzernden Metropole 177 Fahrzeuge in Flammen aufgegangen. Aber die Wut vieler Vorstadtbewohner ist noch lange nicht verraucht. In ihrem Kampf gegen die Staatsgewalt sind sie auf Zerstörung aus.

Eine Woche ist vergangen, in der die Regierung den Ernst der Lage dramatisch unterschätzt hat. Ihre Aufrufe zu Toleranz und Dialog haben nicht gefruchtet. Wie auch? Es ist, als würde man einem gerade erwachten, hungrigen Tiger »Platz!« zurufen. Erst jetzt versucht der Premierminister in einer eilig zusammengerufenen Krisensitzung die Verantwortlichen der Ministerien für Verteidigung, Justiz, Wohnungsbau und Soziales auf eine Linie zu bringen. Anschließend kündigt er zwar ein Notprogramm an, aber niemand hat eine Ahnung, wie es genau aussehen soll. Die Politik ist ratlos, sie ist unfähig, den Aufruhr zu stoppen.

Währenddessen frisst sich die Gewalt immer weiter ins Land hinein. Durch die Elendsquartiere anderer Städte ziehen randalierende Trupps, mancherorts wird scharf geschossen. Geschäfte werden geplündert, öffentliche Gebäude und Wohnhäuser angegriffen, Fenster zerschlagen, Brände gelegt. Manche Kommunen haben den öffentlichen Nahverkehr eingestellt, weil die Gefahr zu groß ist, dass Busse abgefackelt werden. Die in vielen Landesteilen verhängte nächtliche Ausgangssperre zeigt keine Wirkung.

Allein am elften Tag des Aufstandes gehen im ganzen Land über 1 400 Autos in Flammen auf. Mancherorts bilden sich Bürgerwehren, weil die Polizei nicht mehr in der Lage ist, für Ordnung zu sorgen. Am zwölften Tag wird der Ausnahmezustand ausgerufen. Erst nach 20 Tagen ist alles vorbei.

»Ein bisschen war das wie Bagdad«, sagte später die Postangestellte Fatima, die mit ihrer Familie in einem der sozialen Brennpunkte wohnt und den Gewaltexzessen schutzlos ausgeliefert war. Sie wolle nur noch eines: weg!

Geplant ins Chaos

Wo sind wir? In einer mittelamerikanischen Bananenrepublik, in der sich die notorischen sozialen Spannungen entladen? In einem zentralafrikanischen Staat, in dem die Bevölkerung von einer dekadenten Herrscherfamilie bis aufs Hemd ausgenommen wird? In einer Diktatur auf der anderen Seite des Erdballs, in der sich die Ärmsten und Hoffnungslosesten erheben, weil ihre Lage nicht mehr zu ertragen ist?

Wir sind in Europa. Die bürgerkriegsähnlichen Zustände hatten 2005 im Pariser Vorort Clichy-sous-Bois ihren Ausgang genommen. Bald waren Regionen wie die Bretagne und das Elsass betroffen, ebenso Städte wie Marseille und Lille. Markiert man die damals in Aufruhr befindlichen Orte auf der Karte Frankreichs rot, sieht diese aus wie ein glühender Aschehaufen.

Wie konnte es zu diesen Ausschreitungen kommen? In den Pariser Vorstädten sind die Franzosen, die aus der Provinz in die Metropole kamen, um hier ihr Glück zu finden, und die vielen

Einwanderer aus den ehemaligen Kolonien gemeinsam eingepfercht. In Clichy-sous-Bois zum Beispiel steht einer sechsköpfigen oder größeren Familie durchschnittlich nur eine Drei-Zimmer-Wohnung zur Verfügung. Die Stadtplaner hatten seit den 60er Jahren nur dafür gesorgt, für die Millionen Zuzügler schnell und billig Wohnraum zu schaffen. Sobald die meist aus afrikanischen Ländern stammenden Familien eingezogen waren, wurden sie sich selbst überlassen. Wer Arbeit fand und es sich leisten konnte, zog weg. Zurück blieben diejenigen, die es nicht schafften, die chancenlos blieben und keinen Ausweg aus ihrer Frustration fanden. Die Vorstädte wurden zu Ghettos, in denen unmenschliche Wohnverhältnisse, Bildungsmiseren, Arbeitslosigkeit und das Gesetz der Straße herrschten. Es ging immer weiter bergab. Bald wagte sich die Polizei kaum noch in die einschlägig bekannten Trabantenstädte.

Damit hat die Politik und die von ihr beauftragte Stadtplanung auf ganzer Linie versagt. Es reicht nicht, die Menschen, die es in einen Mega-Ballungsraum zieht, in eilig hochgezogenen Siedlungen unterzubringen. Man muss auch eine ausreichende Infrastruktur schaffen, Integration fördern und all die Maßnahmen umsetzen, die Neubürger zu echten Mitgliedern der Gesellschaft machen. Man kann es kaum langfristig gedacht nennen, wenn in die sogenannten Problemschulen in den gefährlichsten Außenbezirken ausgerechnet diejenigen Lehrer geschickt wurden, die sich am wenigsten wehren konnten. Sie kamen frisch von der Universität und hatten kaum Berufserfahrung, am wenigsten mit Jugendlichen, die von Kindesbeinen an gelernt hatten, mit Kriminellen und Gewalttätern fertigzuwerden. Die dienstälteren und besser vernetzten Lehrer hatten hingegen Mittel und Wege gefunden, woanders unterzukommen und die Versetzung in die Brennpunkte zu umgehen. Mit dieser Verteilung erreichte man nur, dass die jungen Lehrer in den Banlieues grausam überfordert waren und die Jugendlichen dort Schule und Bildung nicht als sinnvollen Weg aus Gewalt und drohender Arbeitslosigkeit begreifen konnten. Mancherorts fehlte sogar eine direkte Verkehrsanbindung an die Hauptstadt. Wie soll jemand dort Arbeit finden, wenn er vom etwa 20 Kilometer östlich gelegenen Clichy-sous-Bois mit öffentlichen Verkehrsmitteln eineinhalb Stunden Fahrtzeit bis nach Paris braucht? Haben das die Stadtplaner etwa nicht gewusst? Warum ist dieser Faktor nicht berücksichtigt worden? Warum haben sie nicht gehandelt, als es noch Zeit war?

Solange die in die Vorstädte Abgeschobenen das etablierte Bürgertum nicht störten, krähte kein Hahn nach ihnen. Warnende Stimmen wurden überhört. Aus den Augen, aus dem Sinn. Als den politisch Verantwortlichen klar wurde, dass sich vor den Toren von Paris ein Krisenherd gebildet hatte, waren die Probleme schon zu groß geworden, um sie schnell zu lösen. Wie sollte man all die Missstände in den Elternhäusern, an den Schulen, am Arbeitsmarkt gleichzeitig beheben? Einzelne Maßnahmen, halbherzig durchgeführt, mussten kläglich scheitern. Die Kurzfrist-Denke der politischen Führung war dafür verantwortlich, dass sich in Vororten wie Clichy-sous-Bois eine Parallelgesellschaft entwickelt hatte, deren Perspektivlosigkeit geradewegs in die Aufstände vom Herbst 2005 mündete. Haben die Verantwortlichen damals etwa gedacht, dass sich alles von alleine lösen würde?

Kurzsichtigkeit im Denken und Handeln herrschte aber auch auf Seiten der Protestierer und Randalierer. Ihnen ging es nicht nur darum, gegen eine von ihnen als feindlich wahrgenommene Staatsmacht zu kämpfen. Sie machten einfach kaputt, was ihnen in den Weg kam. Kindergärten, Schulen, die Häuser und Autos ihrer eigenen Nachbarn. Wo ist da der Sinn?

Die Bewohner der Banlieues werden die damaligen Ereignisse kaum vergessen haben. Doch die gutsituierten Bürger von Paris und wir Zuschauer in Europa, die Abend für Abend die Geschehnisse im Fernsehen verfolgten, haben die Ereignisse verdrängt.

Frankreich, Paris, Banlieu? Da war doch mal was, oder? Dem heftigen Schrecken folgte das Vergessen darüber, dass eine der bedeutendsten Hauptstädte der Welt 20 Tage lang in Angst und Schrecken verbrachte. Diese Verdrängung funktioniert aber nur so lange, bis der nächste Ausbruch von Gewalt sie ad absurdum führt. Sollte man jedenfalls meinen.

Auf dem Pulverfass

2007 flackerten die Aufstände in Paris wieder auf. 2011 brannte es dann auch in London, Birmingham, Liverpool und Manchester. Die Bilder glichen sich. Straßenschlachten, brennende Autos, eine ratlose Polizei, die mit den Krawallmachern nicht fertig wurde. Immer waren es vergleichsweise geringfügige Anlässe, die plötzlich und völlig unvorhergesehen das Fass zum Überlaufen brachten. Eine ungerechtfertigt oder unverhältnismäßig brutal erscheinende Verhaftung, ein unglücklicher Verkehrsunfall reichten aus, dass Menschen den sozialen Frieden aufkündigten und alles zum Kippen brachten.

Auch in Deutschland gab es Randale. Im August 2011 wurden in Berlin in vier Nächten 67 Autos angezündet. Hier waren wohl eher Langeweile und Mutproben die Auslöser. Aber auch das ist ein sozialer Protest gegen eine empfundene Sinnlosigkeit und Perspektivlosigkeit, bedingt und herangezüchtet durch eine an kurzfristigem Wohlfühlen orientierte Gesellschaft.

Wie schnell sich Menschen außerhalb des Gesetzes stellen und gesellschaftliche Normen missachten, zeigt ihr Verhalten bei Stromausfällen, Stürmen, Überschwemmungen. Sobald die Infrastruktur lahmgelegt ist, drohen Plünderungen. Als der Hurrikan »Katrina« 2005 New Orleans verwüstete, erhielt die Polizei offiziell die Legitimation, Diebe zu erschießen, und der Versicherungskonzern AXA schickte vorsorglich einen bewaffneten

Trupp in die Stadt, um versicherte Kunstwerke zu schützen. Als Wirbelsturm »Sandy« 2012 auf die amerikanische Ostküste zuraste, waren ebenfalls Plünderungen eine der größten Sorgen der Kommunen. Die Vermutung liegt nahe, dass zumindest einige der 45 Menschen, die bei dieser Naturkatastrophe umkamen, sich aus Angst vor Diebstahl geweigert hatten, ihr Haus zu verlassen. Die Furcht vor Einbrüchen war größer als die vor einem Wirbelsturm der Kategorie 1. Dass dies nicht ganz unbegründet war, zeigt die Tatsache, dass damals Plünderwillige sogar über Twitter Gleichgesinnte suchten, um sich gemeinsam über Hab und Gut anderer herzumachen.

War das schon immer so? Als im November 1965 in New York und weiteren Staaten im Nordosten der USA der Strom ausfiel, weil irgendjemand in Ontario ein Schutzrelais falsch angebracht hatte, verbrachten 30 Millionen Menschen noch eine friedliche, von Nachbarschaftshilfe geprägte Nacht ohne Strom. Im Juli 1977 war das schon ganz anders. Wieder war in New York das Stromnetz zusammengebrochen, neun Millionen Menschen hatten 25 Stunden keinen Strom. Die Folge waren 1 600 geplünderte Geschäfte und über 1 000 Brandstiftungen; ganze Häuserblocks lagen in Schutt und Asche.

Wie weit dieser Verfall der Kultur als Bindemittel der Gesellschaft geht, zeigt die Tatsache, dass es nicht nur Arme und Benachteiligte sind, die sich sozial ausgegrenzt sehen und sich auch mal ein Stück vom Kuchen abholen oder ihre Wut ausleben wollen, wenn sich eine günstige Gelegenheit bietet. Auch die gutsituierte Bürgerschicht macht mit, wenn die Schranken fallen. Als beispielsweise 2010 und 2011 der Widerstand gegen das Stuttgart-21-Projekt immer emotionaler wurde, waren es vor allem Menschen aus dem gehobenen Bürgertum und der gebildeten Mittelschicht, die sich als Wutbürger verstanden und den Verkehr behinderten, Wasser in die Treibstofftanks der Polizeiwagen schütteten und handgreiflich wurden, wenn man sie aufforderte, den Platz zu verlassen. Kein Gedanke daran, was sie mit ihrem Handeln anrichten. Kein Überlegen, wie schnell es auf sie zurückfällt, wenn sie sich der Bindung an Recht und Gesetz entledigen. Niemand will in einer Welt leben, in der Unsicherheit und Chaos herrschen. Aber in dem Moment, in dem die Kultur außer Kraft gesetzt ist, scheint nur das Ich, Ich, Ich zu zählen.

Unter Stress halten uns unsere kulturellen Errungenschaften als Gemeinschaft nicht mehr zusammen. Das Band, das den Einzelnen an den gesellschaftlichen Konsens bindet, ist brüchig und mürbe geworden.

Der dünne kulturelle Firnis bröckelt, darunter kommt das biologische Kurzfrist-Wesen immer deutlicher zum Vorschein. Die gesellschaftlichen Absprachen sind so elaboriert wie nie zuvor. Das geht von »Du darfst nicht töten« bis zu »Du musst für ein Brötchen, in das du noch beim Bäcker beißt, 19 Prozent Mehrwertsteuer bezahlen, und wenn du es mit auf die Straße nimmst, sind es sieben Prozent«. Die Kultur samt ihrer von uns getroffenen Vereinbarungen legt uns Grenzen auf, um ein Zusammenleben und ein Überleben zu ermöglichen. Eine Winzigkeit kann darüber entscheiden, ob sich Teile einer Gesellschaft weiter an Gesetze halten oder ob sie in eine Art Urzustand zurückfallen.

1982 wurden in Frankreich 22 sogenannte »sensible Kommunen« mit Sonderprogrammen gefördert. 1992 war im französischen Ministerium für Städtebau schon von 320 »schwierigen Kommunen« die Rede. Zehn Jahre später waren es 750 »sensible urbane Zonen«, 1 500 weitere Sozialbausiedlungen gelten darüber hinaus als »besonders schwierig«. Diese Zahlen offenbaren einen Tsunami, der auf uns zurast. Frankreich ist ja nicht das einzige Land, das seine Schwierigkeiten mit einem wachsenden Teil der Gesellschaft, der sich ausgegrenzt sieht, nicht mehr in den Griff bekommt.

Die sozialen Probleme, die wir uns mit unserem kollektiven Kurzfrist-Denken eingehandelt haben, werden nicht weniger, sondern mehr.

All diese Probleme gehen auf unsere Weichenstellungen in der Vergangenheit zurück. Wir sind dafür verantwortlich. Sie holen uns ein. Wir leben in einem Eimer voller Knallfrösche. Geht einer hoch, drohen auch die anderen zu explodieren, sodass es den Eimer zerreißt. Bis jetzt haben wir Glück gehabt und die gesicherten Verhältnisse haben sich immer wieder herstellen lassen. Noch.

Alles nur Schwarzmalerei? Wenn ein paar Jugendliche mal über die Stränge schlagen, ist das doch nicht gleich der Untergang! Wo kämen wir denn hin, wenn sich Benachteiligte nicht auch mal lautstark zu Wort melden dürften! Mancher mag meinen, dass wir uns im Großen und Ganzen doch auf einer Insel der Sicherheit und Glückseligkeit befinden. Und dass die wirklich gefährlichen Auseinandersetzungen immer nur woanders stattfinden. Ist das wirklich so?

Monopoly

Sie stimmen wahrscheinlich zu, dass Kriege – also über Gewalt, Mord und Totschlag geführte Auseinandersetzungen zwischen Nationen, Völkern, Ethnien, Religionsgemeinschaften oder Kulturen – ein Zeichen unüberwindlich scheinender Differenzen sind.

Bei genauer Betrachtung wird deutlich, dass auch Kriege ihren Ursprung meist in der Kurzfrist-Denke einer oder gleich aller beteiligten Parteien.

Zugleich sind Kriege kurzfristig wirksame Lösungsversuche, die nur in den seltensten Fällen nicht weiteres Unheil nach sich ziehen. Wer hierzulande den Zweiten Weltkrieg nicht miterleben musste, ist in einer Welt aufgewachsen, in der Kriege nur weit weg passieren. Wir glauben, in Mitteleuropa vor kriegerischen Auseinandersetzungen sicher zu sein. Wir haben uns daran gewöhnt, in Sicherheit zu leben. Das tun wir aber definitiv nicht. Der Sicherheitsabstand zum Chaos ist nur gefühlt.

Als 1991 die Bürgerkriege in Jugoslawien begannen, haben sich viele verwundert die Augen gerieben, dass keine 200 Kilometer von Wien entfernt das Österreichische Bundesheer Truppen an die Grenze zu Slowenien schickte. Uralte Ressentiments, nationalistische Strömungen und machtbesessene Politiker kosteten in den darauffolgenden Kriegen mindestens 150 000 Menschen das Leben. Die Anführer der südslawischen Völker wollten im Jetzt schnell die Macht erlangen und genießen, die Normalbürger wollten im Jetzt schnell die ihnen eingeflößte Angst vor den anderen loswerden. Das emotionale Belohnungssystem trieb die Menschen aus Angst vor ihren Brudervölkern dazu, ihr Wohlgefühl von Sicherheit und Stolz durch Zerstörung und Tötung wiederherzustellen. So schlugen sie sich und schossen sich in den Bruderkriegen gegenseitig in die Köpfe und werden noch über Generationen unter den Folgen leiden.

Die Verteidigung unseres Wohlstands fängt am Hindukusch an, wie man uns erklärt hat. Unsere Soldaten sollen etwa in Afghanistan dafür sorgen, dass Kriege möglichst von Mitteleuropa ferngehalten werden. Doch die Krisen werden dadurch nicht weniger. Sie werden mehr.

Spätestens seit Veröffentlichung des Buches *Die Grenzen des Wachstums* durch den Club of Rome im Jahr 1972 ist uns bewusst, dass die Ressourcen der Erde endlich sind. Jahrzehntelang sind wir damit verschwenderisch umgegangen und tun es immer noch. Längst wird die Ausbeutung der noch verbliebenen Bodenschätze durch das wirtschaftliche Wachstum von Ländern wie China und Indien angeheizt. Noch immer wagen wir es, sie verharmlosend als »Schwellenländer« zu bezeichnen. Dabei haben sie die Schwelle längst übertreten. Wir müssen aufpassen, dass nicht wir es sind, die bald vor der Türe stehen. Warum das so ist? Weil die Industrieländer jahrzehnte-, wenn nicht jahrhundertelang auf die unentwickelten Länder herabgesehen haben, sie übervorteilt haben und sich auf deren Kosten ihr Wohlergehen gesichert haben. Statt zukunftssicher zu denken und zu handeln, haben wir verbraucht, konsumiert und einen letztlich flüchtigen Wohlstand genossen. Nicht für dieses relativ kurzfristige Vergnügen werden wir bezahlen müssen, sondern für unser Versäumnis, nicht rechtzeitig an die Zukunft gedacht und für eine Zeit vorgesorgt zu haben, in der es nicht mehr selbstverständlich ist, für Geld alles zu bekommen.

Was passiert, wenn sich die Nationen tatsächlich massiv um die Ressourcen prügeln? Ist es wirklich ausgeschlossen, dass wir von hier aus irgendwann Krieg führen, um an letzte Reserven zu kommen? Schon in den Auseinandersetzungen früherer Jahrhunderte und Jahrzehnte ist es zumindest teilweise um Zugang zu Rohstoffen gegangen. Natürlich müssen Staaten vorsorgen, beizeiten ein Netzwerk aufbauen, um auch in den nächsten Jahrzehnten die Rohstoff- und Energieversorgung dauerhaft zu gewährleisten. Aber durch Kriege? Wenn du nicht tust, was ich will, zwinge ich dich mit der Waffe oder bringe dich gleich um die Ecke. Sieht so etwa eine langfristig richtige Lösung aus?

Was hat der jüngste Irak-Krieg bislang gekostet? Zehn Jahre nach dem Einmarsch am 20. März 2003 ist die Bilanz jedenfalls katastrophal. Nach einer Studie der Brown University in Providence, Rhode Island, gab es 190 000 Tote, darunter etwa 134 000 Zivilisten. Auf mindestens 2,2 Billionen US-Dollar belaufen sich die Kosten allein für die Vereinigten Staaten. Das sind 2 200 Milliarden US-Dollar, die die ursprünglich von der

Bush-Regierung erwarteten 50 bis 60 Milliarden US-Dollar um ein Vielfaches übertreffen. Das ist aber nicht der eigentliche Verlust. Viel stärker fällt ins Gewicht, dass der Westen durch den Irak-Krieg dramatisch an Glaubwürdigkeit verloren hat, gerade in der muslimischen Welt. Das wird uns in Zukunft noch weit mehr Menschenleben und Geld abverlangen.

Wie wird es sein, wenn wir uns etwa um Wassernutzungsrechte schlagen? Die emotional aufgeladene Diskussion um die Privatisierung von Stadtwerken in Deutschland zeigt, wie empfindlich der Nerv ist, der da getroffen wird. Global agierende Konzerne wie Nestlé, Coca Cola und Pepsi rangeln heute schon um die beste Ausgangsposition und kaufen rund um die Welt Trinkwasserquellen auf. Worauf würden Sie setzen? Dass sich die steigende Zahl der Menschen auf der Erde gütlich einigen kann und die Wasservorkommen einträchtig und langfristig sinnvoll aufteilt? Oder dass sich die Menschheit in die Wasser-Besitzenden und die Durstigen teilen wird, dass die einen ihr Eigentum mit allen Mitteln verteidigen werden und dass die anderen mit allen Mitteln versuchen werden, die Verteilung anders zu gestalten?

Aber die Bedrohung durch einen Nuklearkrieg haben wir wohl ausgestanden, oder? Neben China, den USA, Russland, Großbritannien und Frankreich verfügen auch Nordkorea, Pakistan, Israel und Indien über Nuklearwaffen. Das sind nicht gerade Länder, die als Hort des Friedens und der Stabilität bekannt sind. Auch wenn die Vereinigten Staaten und Russland den Kalten Krieg scheinbar beendet haben, heißt das nicht, dass es in Asien und anderswo nicht noch verdammt heiß werden kann. So räumte der ehemalige Chef der Internationalen Atomenergie Agentur (IAEA), Mohamed ElBaradei, vor wenigen Jahren ein, die Gefahr eines nuklearen Krieges sei noch nie so groß gewesen wie heute.

All diese Gefahren gehen auf das Versäumnis zurück, rechtzeitig eine langfristig richtige und für die Beteiligten annehmbare Lösung zu finden.

Aus dem kurzsichtigen Verhalten des Menschen ergeben sich düstere Aussichten. Es ist gut möglich, dass sich die Nationen angesichts einer weiterhin wachsenden Weltbevölkerung irgendwann gegenseitig an die Gurgel gehen.

Was wäre, wenn die Menschheit es gar nicht anders kann? Was wäre, wenn sie dazu verdammt ist, kurzfristige Maßnahmen wie Krieg und Ausbeutung zu ergreifen? Wenn sie aus genetischen Gründen nicht in der Lage ist, langfristig wirksame Lösungen für nationale oder globale Probleme zu ersinnen, geschweige denn durchzusetzen?

Irgendwie scheinen wir zu ahnen, was uns bevorsteht. Mehr noch: Eigentlich wissen wir es. Wie gehen wir damit um?

Schleichende Gewöhnung

All die Katastrophenfilme zeugen davon, wie unwohl uns in unserer Haut ist, wie unsicher wir uns tief in unserem Inneren fühlen. Sie sind ein künstlerischer Ausdruck dessen, was uns beschäftigt und bewegt. Es gibt Unternehmen, die sich auf die Herstellung von Kunstblut spezialisiert haben. Literweise wird es an Filmsets verspritzt, damit das zahllose Sterben echt aussieht. Ganze Heerscharen von Informatikern, Graphikern und Kreativen arbeiten daran, Endzeitszenarien möglichst lebensecht in Pixel umzusetzen. Mehrmals pro Jahr können wir im Kino miterleben, wie die Weltbevölkerung dezimiert, ausgelöscht, in die Steinzeit zurückgebombt wird. Noch können wir unser Unbehagen in einen angenehmen Grusel transformieren. Die Filmbilder in unseren Köpfen tragen sogar dazu bei, dass wir uns daran gewöhnen, Katastrophen normal zu finden und geschehen zu lassen. Aber die Realität wird uns einholen.

Uns ist nicht klar, dass wir in einer Traumwelt leben, die es so nicht gibt. Noch gelingt es uns, auf den Traumpfaden einer vermeintlich heilen Welt zu wandeln. Wir schaffen es, uns selbst und einer sich an den Rand der Zerstörung bringenden Menschheit vorzugaukeln, dass alles einigermaßen im Lot ist. Wie kann es sein, dass wir nicht zur Kenntnis nehmen, was da vor sich geht? Wie kann es sein, dass unsere Reizschwelle so hoch liegt? So wie beispielsweise bei der europäischen Krisenbewältigung im Falle Zyperns.

Die zypriotische Wirtschaft ist stark von Banken geprägt, weil Anleger dort hohe Zinsen verbuchen können und kaum Steuern zahlen müssen. Zudem werden die Kontrollen auf Schwarzgeld nicht besonders engagiert ausgeführt. Das macht Zypern als Parkplatz für Geld aus dem Ausland sehr attraktiv. Wirtschaftlich ist das Land eng mit Griechenland verbunden, das seit Jahren in einer tiefen Krise steckt. Viele Investitionen haben sich als nicht rentabel erwiesen, also bleiben die Zinszahlungen für bereits gewährte Kredite häufig aus. Zyperns Banken ist die Luft ausgegangen. Der Staat ist hochverschuldet, kann also nicht helfen. Zypern steht vor dem Bankrott. Der Schwarze Peter wird auch diesmal wieder an die Europäische Union weitergegeben.

Was tun? In Windeseile entscheidet die EU, dass Einlagen bei zyprischen Banken, die 100 000 Euro übersteigen, mit einer Zwangsabgabe von rund einem Drittel belegt werden. Die Kunden der Banken werden massiv enteignet, um die Banken zu retten! Für den darüber hinaus noch benötigten Rest an frischem Kapital sollen die europäischen Steuerzahler aufkommen. Bürger ganz Europas sollen also dafür bezahlen, dass Zyperns Bankenlandschaft über die Maßen aufgebläht war und die dortige Politik unfähig und unwillig war, rechtzeitig einzugreifen. Deutschlands Anteil an dem Rettungspaket von zehn Milliarden Euro beträgt 2,7 Milliarden. Niemand weiß, ob Zypern jemals in der Lage sein wird, die Hilfen zurückzuzahlen. Die Europäische

Union übernimmt auch noch die Zinskosten für das heruntergewirtschaftete Land. Ganz gleich, wie es kommt, die EU geht ins Risiko.

Wohlgemerkt: Wir können der EU nicht vorwerfen, dass sie unter enormem Zeitdruck versucht, den Brand kurzfristig mit öffentlichen Geldern zu löschen, zumal wir keine bessere Lösung haben. Fällt Ihnen eine ein? Mir auch nicht. Vielleicht wäre es besser gewesen, man hätte Zypern finanziell zusammenbrechen lassen. Aber auch nur vielleicht. Wollen wir das wirklich als bessere Lösung fordern? Nein, ganz bestimmt nicht. Die menschlichen, wirtschaftlichen, sozialen und politischen Folgen könnten katastrophal sein und das nicht nur für Zypern. Fatales Kurzfrist-Handeln passiert, wie wir hier sehen, oft als Folge früherer Fehler. Der dann im Krisenfall entstehende Zeit- und Handlungsdruck führt unweigerlich in die nächste Kurzfrist-Falle.

Wir haben uns schleichend an das ständige Brechen von Vereinbarungen und von Regeln der Vernunft gewöhnt.

Die Maastricht-Regeln, die Begrenzung der Haushaltsdefizite der EU-Mitgliedsstaaten auf drei Prozent des Bruttoinlandproduktes, die Limitierung der Gesamtverschuldung auf 60 Prozent – diese Vereinbarungen wurden von Anfang an missachtet, auch von Deutschland. Noch wesentlich dramatischer sind allerdings die buchstäblich gigantischen Schuldenlasten, die in den Maastricht-Regeln gar nicht erfasst sind und die sich selbst dann auftürmen, wenn die Staatshaushalte ausgeglichen wären: Es sind die Verbindlichkeiten des Staates gegenüber seinen Bürgern für Renten, Pensionen, für staatliche Krankenversicherung und soziale Pflegeversicherung. Es ist leicht zu errechnen, dass das alles unter normalen Umständen nicht bezahlbar sein wird.

Doch damit nicht genug: Hinzu kommen die Lasten und Verpflichtungen für die diversen Rettungsmaßnahmen und Rettungsschirme infolge der Finanzkrise. Wir glauben, Vermögen zu haben, weil wir Forderungen gegen den Staat und seine staatlichen Versicherungen haben. Tatsächlich aber besteht unser Vermögen zu einem guten Teil aus Forderungen gegen Krisenstaaten, die mit guter Wahrscheinlichkeit niemals zurückgezahlt werden.

Das finanzielle Genick bricht dem ganzen System dann die demographische Falle, zumindest in Deutschland. Wenn die letzte große Generation, die Babyboomer, ab 2025 in Rente geht und ihr dann eine dramatisch gefallene Zahl junger Menschen die Renten zahlen soll, wird das Kartenhaus zusammenbrechen.

Adenauers Trick wird zur finanziellen Bombe. Das ist praktisch nicht mehr zu verhindern, denn an der demographischen Struktur können wir kaum etwas ändern.

Den staatlichen und privaten Schulden stehen natürlich auch große Vermögen gegenüber. Es wird womöglich die einzige Lösung sein: Wie auch immer sie genannt und ausgeführt werden wird, es wird die Enteignung von Vermögen sein. Hans-Werner Sinn vom ifo Institut drückt es klar aus: »Das Geld ist weg!«

Es gibt weltweit so gut wie keinen Staat, dessen Haushalt nicht chronisch defizitär ist, dessen Verschuldung nicht ständig zunimmt, und zwar nicht für Investitionen, sondern zum großen Teil für reinen Konsum und die Zinszahlung zuvor aufgenommener Kredite. Die Kurzfrist-Falle schlägt seit Jahrzehnten weltweit und ständig zu. Und sie wird mit jedem Jahr mächtiger. Schulden erlauben zusätzliche Ausgaben, was heute für Wohlgefühl und Wiederwahl sorgt. Die Emotionen siegen über jede Vernunft. Im Grunde genommen hatte die Aufnahme Griechenlands in die Eurozone primär emotionale Gründe. Die Wiege der Demokratie und der europäischen Kultur sollte nicht außen vor bleiben. Emotion schlägt Vernunft. Wir haben uns die »Geschäftsmodelle« auch manch anderer EU-Mitglieder nicht vernünftig angeschaut. Es ist unfassbar, dass wir das alles einfach so hinnehmen, dass wir das für Normalität halten.

Für den Einzelnen scheint das alles zu verschmerzen zu sein. Er zuckt ein wenig zusammen, wenn er merkt, dass es in der EU zu bis dahin unvorstellbaren Enteignungen von einfachen Bankkunden kommen kann. Und dass er wieder mal für die Fehler anderer geradestehen soll. Doch so groß, dass er sich dagegen auflehnen und lautstark protestieren würde, ist die Pein dann doch nicht. Gegen allmählich entstehende Missstände ist das Kollektiv nicht gefeit, weil schon der Einzelne es nicht als wichtig empfindet und nicht aufbegehrt.

In der Summe müssten wir aufschreien, doch weil die Zumutungen in kleinen Häppchen kommen, regen wir uns nicht auf. Wir lassen es geschehen und wir lassen es mit uns machen.

Wir erkennen und bearbeiten die zentralen Probleme oft erst dann, wenn sie sich mit vertretbaren Mitteln nicht mehr lösen lassen. Je länger wir warten, desto höher der Aufwand und der Preis für die Lösung. Je länger wir untätig sind, desto größer und zahlreicher sind die Probleme und desto geringer die Chancen, sie in den Griff zu bekommen.

Aber es sind nicht nur die Beziehungen der Menschen untereinander, die uns entgleiten. Auch unsere Beziehung zu unserer Umwelt birgt den Keim der Zerstörung.

Blowout

Dass Kohlenstoffdioxid (CO2) einen Einfluss auf die Temperatur auf der Erdoberfläche haben könnte, ist bekannt, seit der schwedische Chemiker und Physiker Svante Arrhenius im April des

Jahres 1896 seine Überlegungen dazu veröffentlichte. Erst hundert Jahre später begannen Klimaforscher weltweit, sich ernsthaft mit diesem Problem auseinanderzusetzen. Es dauerte weitere Jahre, bis erste Reaktionen der Politik auszumachen waren. Erst gab es ein langes Hickhack, ob denn nun eine Erwärmung zu beobachten sei oder nicht. Dann wurde leidenschaftlich darüber gestritten, ob und zu welchem Anteil sie menschengemacht ist.

Was wird passieren, wenn die Durchschnittstemperatur auf der Erde um einige Grad steigt? Genau wissen können wir so gut wie nichts. Wir können nicht mehr als plausibel begründete Vermutungen anstellen. Mit sehr großer Wahrscheinlichkeit steigt der Meeresspiegel. Das Eis Grönlands, der Arktis und weite Teile der Antarktis sollen in den letzten 20 Jahren schneller als in mehreren 1 000 Jahren zuvor geschmolzen sein. Es fällt schwer, diese erstaunlich starke und schnelle Reaktion nicht in Verbindung mit unserer Lebensweise zu bringen. Zudem erhöht die thermische Ausdehnung des Wassers den Meeresspiegel. Schon ein zusätzlicher Meter könnte bis zu 200 Millionen Menschen zu Klimaflüchtlingen machen. Grönlands schmelzendes und in den Atlantik fließendes Süßwasser bringt das komplexe Wirkungsgefüge im Atlantik durcheinander und könnte den Golfstrom abschwächen oder gar unterbrechen. In Europa würden wir ohne den Golfstrom, der unsere natürliche Heizung ist, nicht mehr Weizen und Wein, sondern Eiszapfen ernten.

Doch darüber, ob es so kommt und ob wir diese Entwicklungen überhaupt verhindern können, streiten wir uns seit Jahrzehnten. Die einen berufen sich auf den wissenschaftlichen Konsens. So gut wie alle Klimawissenschaftler gehen unisono davon aus, dass die vom Menschen verursachte höhere Konzentration von Treibhausgasen mit großer Wahrscheinlichkeit die Ursache der Klimaerwärmung ist. Die anderen fühlen sich weiser. Das Klima habe sich in der Erdgeschichte ständig geändert. Es sei überhaupt nichts Besonderes. Oder die fluktuierende Sonnenaktivität sei schuld.[62] Und schließlich sei es ja 15 Jahre lang gar nicht wärmer geworden. Jedenfalls könnte der Mensch gar nichts dafür. Ergo sei es unnötig und unsinnig, Panik zu machen und so immens die Emissionen zu beschränken. Konsens der Wissenschaftler? Darüber lachen die Klimaskeptiker. Schließlich habe sich der Konsens der offiziellen Wissenschaft schon unzählige Male in der Geschichte als falsch erwiesen.

Ja, das kann im Prinzip alles wahr sein. Selbst der UN-Klimarat IPCC offenbart mit dem jüngsten Klimabericht von 2013 seine Ratlosigkeit. Die Natur ist eben ein komplexes System, das wir nicht zuverlässig prognostizieren können.

Was also tun und was lassen? Glauben wir der offiziellen Wissenschaft, müssen wir unser klimaschädliches Treiben schnell und drastisch mindern, um wenigstens das Schlimmste zu verhindern. Glauben wir den Klimaskeptikern, können wir es entspannter angehen lassen. Reduzieren wir die Emissionen, behindern wir die wirtschaftliche Entwicklung, vor allem derjenigen Menschen, die unser Wohlstandsniveau erst noch erreichen wollen. Reduzieren wir sie nicht, spekulieren wir darauf, dass es schon irgendwie gutgehen wird. Dabei riskieren wir, tödlich falschzuliegen.

In einer solchen Situation sind wir gut beraten, auf fundamentale Prinzipien zurückzugreifen.

Es gibt in einem komplexen System wie dem globalen Klima nur eine einzige richtige Maxime: möglichst nicht eingreifen.

Je wirksamer wir unseren Einfluss auf die Biosphäre reduzieren und neutralisieren, desto weiser handeln wir. Wir wären auf der sicheren Seite. Wenn wir hingegen darauf spekulieren, dass unser Einfluss auf das Klima minimal oder gar gleich null ist und wir folglich weitermachen können wie bisher, ist das ein denkbar gefährliches Spiel.

Wir können ziemlich sicher sein, dass das Kurzfrist-Tier im Menschen verhindern wird, dass wir weitsichtig und weise handeln. Erst wenn die Umstände unerträglich sind, denken wir um. Doch beim Klima wird es zu spät sein.

In den letzten 40 Jahren wurden unter dem Meeresboden gigantische Vorkommen eines neuen potentiellen Energieträgers gefunden: Methanhydrat. Bei niedrigen Temperaturen und hohem Druck ist das in Jahrmillionen vor allem bei der Verwesung von Plankton und Algen entstandene Methan nicht gasförmig, sondern verbindet sich mit Wasser zu Methanhydrat. Es sieht dann wie weißer Grillanzünder aus. Methanhydrat ist zwar leichter als Wasser, weil es aber mit dem Untergrund verbacken ist, steigt es nicht zur Meeresoberfläche auf. Man geht davon aus, dass in Form von Methanhydrat mehr als doppelt so viel Kohlenstoff gebunden ist wie in allen Erdöl-, Erdgas- und Kohlevorräten zusammen. Ist das die Lösung unserer Energieprobleme für die nächsten 100 Jahre? An mehreren Stellen werden Pläne für den Abbau entwickelt.

Methanhydrat ist nur in dem engen Druck- und Temperaturfenster stabil, in dem es sich gebildet hat. Steigt die Temperatur der Ozeane, löst sich Metanhydrat aus dem Meeresboden. Gelangt es an die Oberfläche, löst sich das Gas Methan heraus. Es hat die mindestens 20fache Klimarelevanz von Kohlendioxid und würde sehr wahrscheinlich die Klimaerwärmung stark antreiben. Je wärmer es wird, desto mehr Methanhydrat löst sich und gelangt in die Atmosphäre, desto wärmer wird es und so weiter. Eine sehr schnell ablaufende globale Klimakatastrophe wäre die Folge. So wie es in der Erdgeschichte schon mehrfach passiert ist. Dagegen ist der bisher diskutierte Klimawandel ein Witz.

Wir kennen zwar grob die Zusammenhänge, haben aber keine Ahnung von dem, was wir da letztendlich lostreten. Am Klima wird es nochmals deutlich: Wir sind längst in eine Phase der Abkopplung unseres sich nur langsam entwickelnden Verstandes von den immer schneller wachsenden Möglichkeiten unserer Einflussnahme auf die Biosphäre eingetreten.

Wir manipulieren an einem komplexen System herum und wissen, dass es zum globalen Desaster führen kann. Doch wir spekulieren darauf, dass es schon nicht so schlimm werden wird. Vermutlich machen wir damit so lange weiter, bis ein gigantischer Blowout eine Kettenreaktion auslöst und uns das Licht ausbläst. Dann geht es nicht mehr um die Umsiedlung von 200 Millionen Menschen. Dann geht es um alles.

Wo stehen wir jetzt auf unserer gemeinsamen Reise durch die schier unglaubliche Kurzfrist-Orientierung des Menschen? Was wissen wir?

1. Wir sind und bleiben Homo praesens. Im tatsächlichen Handeln sind uns der sofortige Vorteil und das augenblickliche Vergnügen wichtiger als eine gute Zukunft. Wir ziehen den schnellen Gewinn vor, auch auf Kosten des langfristigen Verlusts.
2. Wir können die Zukunft nicht fühlen, wir können sie nicht gut denken, weswegen wir auch so schlecht zukunftsgerichtet handeln können. Wir werden zukunftsdumm geboren. Unser Gehirn lässt uns zu oft wie triebgesteuerte, faule, vergnügungssüchtige Dummköpfe entscheiden und agieren.
3. Unser rationales Bewusstsein scheint nichts ausrichten zu können gegen den biochemischen Cocktail in unseren Köpfen. Sind unsere Vorsätze auch noch so klug, sobald es ernst wird, werfen wir sie über Bord.
4. Wir geben das alles nicht zu, aber unserere Taten zeugen davon.
5. Wir können an unserem in Jahrmillionen entstandenen Belohnungsschaltkreis im Kopf nichts ändern. Unsere neurologische Programmierung meint es zwar gut mit uns. Sie ist nur

leider nicht geeignet für eine komplexe Welt, die durch unsere eigene Innovationskraft schneller entstanden ist, als sich unsere Fähigkeiten, mit ihr umzugehen, entwickeln konnten.

6. Wir sind überfordert. Wir haben offenbar nicht die Fähigkeiten und Kapazitäten, angemessen mit uns und unserer Zukunft umzugehen. Wir haben weder die Denkkapazität, noch die Entscheidungskapazität, noch die Umsetzungskapazität.
7. Das Problem, dass wir nicht mehr mit der Welt zurechtkommen, versuchen wir mit der völlig falschen Medikation zu lösen. Wir nutzen zu wenig unseren Verstand, lassen uns viel zu sehr von unseren auf unmittelbares Wohlfühlen ausgerichteten Emotionen leiten und vertrauen unserer Intuition in Situationen, in denen sie uns nicht helfen kann.
8. Wir zerstören unsere individuelle Zukunft, die unserer Organisationen, unserer Gesellschaft und unsere Lebensgrundlagen. An die Warnungen, Mahnungen und schlechten Nachrichten haben wir uns schleichend gewöhnt. Wir verdrängen sie, ziehen uns naiv zurück und warten ab.
9. Es sieht schlecht für uns aus.

Mit dieser Diagnose könnten wir die Hände in den Schoß legen und den Dingen ihren Lauf lassen. Offenbar sind wir machtlos. Oder nicht?

Teil III: In Zukunft

Future Me

Lassen Sie uns genau hinschauen: Können wir die Zukunft aus physiologischen Gründen wirklich überhaupt nicht denken und sinnvoll gestalten? Oder fällt es nur den meisten von uns sehr, sehr schwer? Sollte es Menschen geben, die hin und wieder in der Lage sind, den kurzfristigen Verlockungen zu widerstehen und den rationalen und langfristig gedachten Optionen im realen Handeln Priorität zu geben, dürfen wir dann nicht hoffen, dass aus ihnen mehr werden könnte? Gibt es nicht doch einen Ausweg aus der Kurzfrist-Falle? Und wenn ja, worin besteht dieser Ausweg?

Keimende Hoffnung

Dass wir zukunftsdumm geboren sind, stimmt zweifellos. Daran können wir nichts ändern. Wir werden unser Belohnungssystem, das uns immer wieder in die Kurzfrist-Falle lockt, nicht einfach umprogrammieren können. Es hat sich über Jahrmillionen entwickelt. Wir müssen uns damit abfinden und wohl oder übel damit leben.

Ich will mich aber nicht damit abfinden, dass wir unser Verhalten nicht ändern können. Damit sollten wir alle uns nicht abfinden.

Die Folgen unserer Kurzfrist-Orientierung sind heute schon dramatisch, und sie werden immer gravierender.

Wir sind nicht für die höhere Mathematik geboren und beherrschen sie dennoch, jedenfalls manche von uns. Wir sind nicht zum Sprechen einer Fremdsprache geboren und lernen trotzdem relativ erfolgreich Englisch in der Schule. Wir sind auch nicht zum Fahrradfahren geboren. Seit Pierre Michaux 1867 sein Tretkurbelrad auf der Weltausstellung in Paris der staunenden Weltöffentlichkeit vorstellte, sind erst fünf Generationen vergangen. Das ließ der Evolution zu wenig Zeit, um unseren Körper genetisch oder epigenetisch an die Anforderungen des Fahrradfahrens anzupassen. Trotzdem kann so gut wie jeder Fahrrad fahren.

Wir sind also sehr lernfähig, auch wenn wir zukunftsdumm geboren werden. Wir mühen uns in Schule und Studium durch schwierigen Stoff, um später einmal gute Chancen im Leben zu haben. Hier nehmen wir unmittelbare Anstrengung für langfristiges Wohl in Kauf.

Wir sind prinzipiell sehr wohl in der Lage, unsere angeborene Kurzfrist-Orientierung zu lindern und ihr zum Trotz langfristig sinnvoll zu handeln.

Dabei kommt es allerdings auf die Motivation an. Fast alle Kinder sind automatisch bestrebt, Fahrradfahren zu lernen. Der Reiz ist groß, es macht offensichtlich Spaß. Englischlernen macht hingegen nur manchen Spaß. Hier ist die Motivation dann eher die Vermeidung von Druck und Ärger. Um solche funktionierenden Lernsituationen zu schaffen, haben wir riesige Systeme entwickelt: die Schule mitsamt ihren Hausaufgaben, Strafarbeiten, Belobigungen, dem Sitzenbleiben, Gruppendruck und so weiter. Ob dieses System der heutigen Zeit angemessen ist, steht auf einem anderen Blatt. Ob gelernt wird, hängt immer von den Motiven, Emotionen und Umständen ab, die mit dem Lernen verbunden sind. Ohne emotionalen Anreiz kein Lernen. Im Grundsatz sind wir offenbar in der Lage, Umgebungen zu schaffen, die zu sinnvollem Lernen führen.

Können wir mit dieser Erkenntnis das langfristige Denken und Handeln vielleicht tief verinnerlichen und im größeren Maßstab lernen und praktizieren? Können wir wirksame Strategien entwickeln und wirksam umsetzen, die uns zu langfristig sinnvollerem Handeln bringen? Und können wir gar gesellschaftliche Systeme entwickeln, die langfristig richtiges Denken und Handeln so selbstverständlich wie Fahrradfahren machen und uns letztlich trotz unserer individuellen Defizite zu einer zukunftsfähigeren Gesellschaft machen?

Es gibt Anzeichen dafür.

Ich bin auf eine amerikanisch-australische Studie gestoßen, für die 1 653 australische Unternehmen von 1992 bis 2005 intensiv beobachtet wurden.[63] Dabei wurden vor allem die Entscheidungen der Manager über den Zeitverlauf analysiert. Die Frage war, ob sie eher kurzfristig oder eher langfristig orientierte Entscheidungen treffen. Ganz entgegen der allgemeinen Erwartung und im Widerspruch zum verbreiteten Image der Managerkaste fanden die Forscher eine signifikante Zunahme zukunftsorientierter Entscheidungen, selbst wenn dafür kurzfristige Nachteile in Kauf zu nehmen waren. Erfolg wurde von den Managern offenbar zunehmend in einen langfristigeren Zeitkontext gestellt. Das Kurzfrist-Denken der Manager scheint demnach abzunehmen. Zwar langsam, aber deutlich messbar. Mit anderen Worten: Zukunftsdenken ist lernbar.

Das ist ermutigend!

Irgendetwas gibt es also, das uns nachhaltiger und langfristiger denken, vor allem handeln lässt. Da gibt es irgendeinen Faktor, den wir uns zu Eigen machen können.

Wenn wir wüssten, welcher das ist, dann könnten wir ihn gezielt nutzen und möglicherweise in gesellschaftlichen Systemen wie dem Bildungssystem, der Finanzwirtschaft oder dem politischen

System wirksam machen. Aber welcher Faktor ist das? Und müsste er nicht auch in psychologischen Experimenten und Studien auftauchen?

Und tatsächlich: Macht man sich einmal auf die Suche, findet man Interessantes. So beschäftigt sich Katherine L. Milkman, eine junge Professorin an der Wharton School, nicht nur mit dem Gegensatz von Gegenwarts- und Zukunftsdenken, sondern mit dem unterschiedlichen Verhältnis von naher Zukunft und etwas weiter entfernt liegender Zukunft. Dazu analysierte sie mit ihrem Team die Verkaufsdaten eines amerikanischen Online-Supermarkts aus dem Jahr 2005.[64]

Die Kunden hatten die Möglichkeit, die Lieferung zu terminieren. Das heißt, sie konnten wählen, ob die Bestellung schon am nächsten Tag oder erst einige Tage später bei ihnen eintreffen sollte. Aus dem großen Datenbestand wurden die Bestellungen herausgepickt, die sofort ausgeliefert werden sollten, und diejenigen, die nach Ablauf von fünf Tagen geliefert werden sollten. Das waren rund eine Million Bestellungen.

Um das Bestellverhalten hinsichtlich Kurzfrist- oder Langfrist-Denken bewerten zu können, legten Milkman und ihr Team mit einem systematischen Verfahren eine Skala mit sieben Warenkategorien an. Am einen Ende des Spektrums standen die »Will-haben-Produkte«, am anderen Ende die »Sollte-ich-kaufen-Produkte«. Diese Einteilung erschließt sich ganz intuitiv: Will-haben-Produkte sind beispielsweise Wein, Eiscreme, Kekse, Pizza oder Süßigkeiten. Als Sollte-ich-kaufen-Produkte wurden zum Beispiel Obst, Seife, Gewürze oder Trinkwasser klassifiziert.

Milkman und ihre Kollegen fanden heraus, dass Kunden eindeutig eher bereit sind, viel Geld auszugeben und ungesunde Produkte zu kaufen, wenn ihre Anlieferung unmittelbar bevorsteht. Umgekehrt neigen sie dazu, gesündere Waren zu bestellen, wenn sie erst in fünf Tagen zu erwarten sind. Je später der Liefertermin, desto vernünftiger verhielten sich also die Käufer.

Dass Kunden so entscheiden, könnte auch daran liegen, dass sie schlicht genauer wissen, was sie kurzfristig benötigen, doch das glaubten die Forscher nicht. Das Verhalten kann man nur mit dem Sofort-Effekt und der Zeit-Inkonsistenz erklären, die wir oben kennengelernt haben. Die Kurzfrist-Falle schnappt viel eher zu, je kürzer der Zeithorizont ist, in dem wir denken und für den wir entscheiden.

Wie sich unterschiedliche Zeitpunkte von Entscheidung und Genuss auswirken, konnten Wirtschaftswissenschaftler aus den USA und Großbritannien mit einem Experiment[65] zeigen: Sie legten Testteilnehmern eine Liste von Filmen vor, aus der sie sich drei aussuchen durften, um sie sich später kostenlos anzusehen. Es war die Belohnung für einen vorher nur zum Schein durchgeführten Test. Tatsächlich war der Umgang mit der Belohnung aber das eigentliche Experiment. Auf der Liste gab es sowohl Unterhaltungsfilme wie *Vier Hochzeiten und ein Todesfall* und *Speed* als auch anspruchsvolle Filme wie *Das Piano* oder *Schindlers Liste*. Die Forscher wollten herausfinden, ob und wie der Entscheidungszeitpunkt die Qualität der Wahl beeinflusst. Dafür bildeten sie drei Gruppen: Die Teilnehmer aus der ersten wählten dreimal hintereinander je einen Film aus und durften ihn sofort, noch am selben Abend anschauen. Die Probanden aus der zweiten Gruppe wählten drei Filme auf einmal aus, durften den ersten davon noch am selben Abend ansehen, den zweiten Film mit zwei Tagen Abstand, den dritten Film mit weiteren zwei Tagen Abstand. Die Teilnehmer der dritten Gruppe wählten ebenfalls drei Filme auf einmal aus, durften den ersten davon aber erst nach einigen Tagen anschauen, die anderen beiden Filme jeweils mit weiteren Tagen Abstand danach.

Das Ergebnis: Im ersten Fall, mit drei separat getroffenen Entscheidungen über den jeweils in Kürze zu sehenden Film, also drei klassischen Kurzfrist-Entscheidungen, wählten die Probanden überwiegend die seichte Filmkunst, also Actionfilme und Komödien. Anspruchsvolle Werke waren so gut wie gar nicht vertreten. Das Verlangen nach unmittelbarem Vergnügen siegte. Die zweite Gruppe wählte für den ersten und unmittelbar bevorstehenden Filmabend wieder vorwiegend die einfache, bequeme Kost. Aber für den zweiten und dritten Film, die einige Tage später gesehen werden sollten, kamen plötzlich die anspruchsvolleren Filme in Frage, und zwar am zweiten Abend zu 60 Prozent und am dritten Abend, der noch etwas weiter weg lag, sogar zu 70 Prozent. *Schindlers Liste* wurde für den ersten Abend nur einmal gewählt, für die nächsten Abende aber 13-mal! Die dritte Gruppe bestätigte dieses Muster. Sie hatte nur eine einzige Entscheidung für drei in der Zukunft liegende Abende zu treffen und wählte für alle überwiegend anspruchsvollere Filme aus.

Je näher uns eine Alternative zeitlich ist, desto spezifischer können wir sie beschreiben, desto intensiver können wir sie »vor-erleben«. Je konkreter wir einen süßen, fettigen Snack vor Augen haben, desto schwerer fällt es uns, der Versuchung zu widerstehen. Unsere instinktiven Emotionen und Sehnsüchte übernehmen die Kontrolle und »überstimmen« die Vernunft, die Disziplin und die Selbstkontrolle. Doch je später uns eine Belohnung zufließen soll, je unkonkreter sie ist und je weniger klar wir sie »vor-erleben« können, desto ruhiger, überlegter und vernünftiger gehen wir an eine Entscheidung heran. Das wissen Psychologen seit über 50 Jahren.

Wenn wir uns also bei wichtigen Entscheidungen irgendwie dazu bringen könnten, einen längeren Denkhorizont anzulegen und uns dann trotzdem bereits jetzt festzulegen, würden wir langfristig betrachtet »richtiger« handeln.

Dementsprechend würden sich Studenten in einer Mensa oder Mitarbeiter in einer Kantine viel gesünder ernähren, wenn sie ihre Mittagsmenüs eine Woche im Voraus festlegen würden und sich am Tag selbst nicht mehr anders entscheiden könnten.

Das klingt vielleicht etwas diktatorisch, ist es aber in Wahrheit nicht. Denn die zur Wahl stehende Vielfalt wird ja nicht eingeschränkt, es wird nur eine Zeitspanne zwischen den Zeitpunkt der Entscheidung und den Zeitpunkt der Auswirkung der Entscheidung eingeschoben, die sich sehr positiv auf das Ergebnis auswirkt. Das macht den ganzen Unterschied. Dass die zeitliche Wahlfreiheit dadurch etwas eingeschränkt ist, wird mehr als ausgeglichen: Würden wir dieses Prinzip in allen Mensen und Kantinen anwenden, wären die Menschen im Durchschnitt gesünder und dem von uns allen finanzierten Gesundheitssystem würden erhebliche Kosten erspart. Das ist empirisch belegt: In einem Test entschieden sich über 50 Prozent der Teilnehmer für Obst als Snack, wenn sie sich eine Woche im Voraus verbindlich entscheiden sollten. War der Zeitpunkt schließlich gekommen und ließ man ihnen die Möglichkeit, ihre Entscheidung zu ändern, griffen über 80 Prozent doch wieder zur Schokolade.[66] Was für ein Unterschied!

Den Mechanismus des Eintauschens von ein wenig individueller Freiheit gegen kollektiven Vorteil kennen wir aus vielen anderen staatlichen Eingriffen in unser Leben: So hindern uns etwa Geschwindigkeitsbegrenzungen daran, unsere Freiheit auf Kosten eigenen Schadens und des Schadens anderer auszuleben. Die Gurtpflicht schützt uns vor unserem eigenen Schaden. Auch die Betäubungsmittelgesetze sollen das tun.

Den Zeitpunkt der Entscheidung vom Zeitpunkt ihres Effekts zeitlich zu entfernen, ist also eine heiße Spur. Warum können etwa Politiker so schlecht Entscheidungen im Heute für den Zustand des von ihnen verantworteten Haushalts in zehn oder 20 Jahren treffen? Der Grund ist offensichtlich: Weil die Auswirkung sie ganz persönlich nicht betrifft! Weder im Heute, noch in der Zukunft. Doch Studenten bestellen Essen für sich selbst. Auch die Kunden des Online-Supermarkts bestellen die Waren für sich. Ähnliches gilt für Filmfans, sie investieren ihre eigene Zeit. Politiker treffen jedoch keine Entscheidungen über ihren eigenen Geldbeutel. Was sie als dopamingeleiteten Homo praesens wirklich treibt, ist die Auswirkung ihrer Entscheidung auf das nächste Wahlergebnis und erst damit auf sie selbst. In dieser Situation sind kurzfristige Wohltaten auf Pump deutlich wirksamer als ein langfristig vernünftigerer Umgang mit dem Geld der Steuerzahler. Dass reihenweise EU-Regierungen für ihren Sparkurs in der Euro-Schuldenkrise abgewählt wurden, spricht leider für sich. Die Bürger entscheiden ebenfalls danach, was möglichst sofort und für sie selbst eine Wohltat ist.

Nicht die Politiker alleine sitzen in der Kurzfrist-Falle. Als Wähler sitzen wir dort selbst. Wir stoßen die Politiker immer wieder zurück in die Kurzfrist-Falle, selbst wenn mal einer wirklich langfristig sinnvoll entscheiden will.

Um auf lange Sicht sinnvollere Entscheidungen zu fördern, kommt es also darauf an, dass der Entscheider

1. nicht für sofortige Auswirkungen im Jetzt entscheidet, sondern für Auswirkungen in der Zukunft,
2. von den Auswirkungen seiner Entscheidungen wirklich selbst betroffen ist,
3. bei seiner Wahl bleibt, sofern sich die Umstände nicht ändern.

Zukunftskompetente Entscheidungen treffen wir, wenn wir uns jetzt für das entscheiden, was uns selbst in der weiteren Zukunft gut tut, und wenn wir bei dieser Entscheidung bleiben.

Interessant! Wie aber gelingt es Ihnen, dass Sie im Alltag bei einer anstehenden Entscheidung genau so vorgehen?

Zukunft wie Sex

Die Milkman-Studien haben auch belegt, was viele andere Wissenschaftler zuvor schon formuliert hatten: Wir handeln im ständigen intrapersonellen Konflikt zwischen »ich will« und »ich sollte«.[67] Bedient man sich der Freud'schen Terminologie, wäre das der Konflikt zwischen dem triebhaften »Es« und dem vernünftigen »Ich«. Das Über-Ich, also der Vertreter der internalisierten, von außen vorgegebenen Werte und Normen mischt auch noch mit.

So betrachtet scheint unser Entscheidungsverhalten gar nicht mehr so unverständlich. Demnach sind es die Umstände, unter denen wir Entscheidungen treffen, die darüber bestimmen, welcher der beiden Konfliktgegner in unserem Oberstübchen im Vorteil ist und gewinnt.

Alltagssituationen, in denen wir – jeder für sich und die Mächtigeren für uns alle – Entscheidungen treffen, sind ein Heimspiel für das »Will-Ich«, für den inneren Hedonisten. Deshalb gewinnt er ein Spiel nach dem anderen gegen das »Sollte-Ich«, den inneren Idealisten. Punktet Letzterer, handelt es sich oft nur um einen Ehrentreffer.

Wie können Sie, ich und wir alle dieses zentrale Problem lösen? Wenn wir bloß genauer wüssten, wie man bewusst und gezielt den inneren Hedonisten schwächt und den inneren Idealisten stärkt. Es würde sich mehr als lohnen. Es ist absolut notwendig, im wahrsten Sinne dieses Wortes. Es würde dem Einzelnen, den Familien und Gemeinschaften, den Unternehmen und den Gesellschaften helfen, ihr Leben und Wirken zukunftsfähiger zu gestalten – und letztlich die Menschheit vor dem drohenden kollektiven Selbstmord bewahren.

Wie kann es gelingen, Bedingungen zu schaffen, die das »Sollte-Ich« im Kampf mit dem »Will-Ich« stärken? Wie definieren wir das Spiel, in dem das »Sollte-Ich« größere Chancen hat als bisher? Wie bekommen wir es hin, dass das Publikum nicht das »Will-Ich«, sondern das »Sollte-Ich« anfeuert? Wie können wir dem »Will-Ich« in den entscheidenden Phasen im Spiel des Lebens die gelbe oder gar rote Karte zeigen?

Die zentrale Frage ist also: Wie macht man die langfristig sinnvolleren Optionen so interessant und attraktiv, dass der Mensch der Verlockung des Naheliegenden, Dringenden, Bequemen, Angenehmen, Lustvollen widersteht und ihre langfristig unvernünftige, teure, schädliche und gar tödliche Wirkung nicht mehr so oft eintritt. Oder einfacher: Wie macht man Langfrist-Orientierung sexy?

Es genügt nicht, an das vernünftige »Sollte-Ich« zu appellieren, wie es etwa die Botschafter der Nachhaltigkeit dankenswerterweise tun. Damit es reales Tun wird, muss man zudem auch noch das »Will-Ich« verführen. Das »Will-Ich« muss Spaß und Freude an der langfristig sinnvollen Entscheidung haben.

Was oder wer auch immer es so eingerichtet hat: Ohne Liebe und ohne die Lust auf Sex wäre der Mensch vielleicht in einem fort vom Aussterben bedroht. Neun anstrengende Monate lang auf die Belohnung warten, zwei oder mehr Jahrzehnte lang die Nahrung mit einem zusätzlichen Familienmitglied teilen, sich ein halbes Leben lang kümmern – vor allem in früheren Zeiten mussten diese Mühen offenbar stark in den Hintergrund treten, um die Art zu erhalten. So kommen Kurzfrist-Nutzen und Langfrist-Nutzen in lustvollen Einklang. So schaffen Wanting-System und Liking-System sinnvolle und vernünftige Zukunft, im Grundsatz jedenfalls.

Verführen? Da lohnt sich doch ein Blick ins Marketing, oder genauer, in die Werbung. Wie verführt man uns dazu, Dinge zu kaufen, die unser »Will-Ich« nicht wirklich wollte? Nehmen wir die Unterhaltungsbranche, also etwa den Markt für Bücher oder

Filme. Es gibt einerseits Produkte, mit denen sich schnell und leicht Geld machen lässt. Den Reibach machen Verlage, Filmproduzenten und -verleihe meist mit dem eher Seichten. Liebesgeschichten, Fantasy-Romane und diverse Arten von Krimis haben einen enormen Marktanteil. Ich will persönliche Vorlieben nicht bewerten und niemandem vorschreiben, was sie oder er für Filme sehen soll. Ich stelle es nur fest. Die Masse der Leser und Zuschauer will unterhalten werden, im Jetzt genießen, sich für ein paar Stunden aus der Wirklichkeit verabschieden. Wir kennen das ja mittlerweile.

Andererseits gibt es die Werke mit Anspruch, Tiefe und Gehalt. Die Tatsache, dass nach wie vor tiefsinnige Bücher publiziert und Filme mit Substanz gedreht werden, dass solche Projekte wenigstens kostendeckend sind, liegt zum einen natürlich daran, dass es auch Menschen gibt, die Dopaminausschüttungen erleben, wenn sie daran denken, am Wochenende endlich Tolstois *Krieg und Frieden* mit seinen unzähligen Handlungssträngen und über 250 handelnden Personen zu genießen. Viele sind das freilich nicht.

Wie stellen es die Filmprofis an, dass auf den Kinoleinwänden nicht nur geliebt, gelacht und geblutet wird?

Sie unterscheiden die Vermarktungsfähigkeit von der Spielfähigkeit eines Films. Die Vermarktungsfähigkeit bringt das Publikum in die Kinos. Die Spielfähigkeit bestimmt, wie stark der Film weiterempfohlen und mehrfach angesehen wird. Ein Film kann nur dann ein Blockbuster werden, wenn er sowohl vermarktungsfähig als auch spielfähig ist. *Titanic* oder *Avatar*, die beiden größten Erfolge des Regisseurs, Produzenten und Drehbuchautors James Cameron, waren beides.

Die Vermarktungsfähigkeit ist die Anziehungskraft des Films. Berühmte Filmstars machen einen Film auf einen Schlag ein gutes Stück vermarktungsfähiger. Das ist auch der Grund für ihre ansehnlichen Honorare. Trotz herausragender Besetzung können Filme dennoch floppen, wenn die Spielfähigkeit schlecht ist, etwa wenn die Story nicht fesselt oder begeistert und die Zuschauer sich nach dem Kinoerlebnis nicht weiter damit beschäftigen.

Erkennen Sie es wieder? Es ist eine perfekte Nachbildung und Ansprache unseres Belohnungssystems. Vermarktungsfähigkeit spricht das Wanting-System an und die Spielfähigkeit das Liking-System. Beide müssen ineinandergreifen, wenn ein Film zum Erfolg werden soll.

Der Film *Schindlers Liste* von Steven Spielberg war kaum vermarktungsfähig. Wer wollte schon die anspruchsvolle wie erschütternde Romanverfilmung einer Nazi-Story in Schwarzweiß und in Überlänge sehen? Zudem standen außer Ben Kingsley keine wirklich prominenten Stars auf der Besetzungsliste, sondern eher die echten Könner aus den hinteren Reihen wie Ralph Fiennes und Liam Neeson. Aber der Film war so gut gemacht, dass er sensationelle Kritiken erhielt. Die Zuschauer, die ihn gesehen hatten, waren emotional ergriffen und sagten: »Den musst du gesehen haben!« *Schindlers Liste* hatte eine hohe Spielfähigkeit.

Wer einen Film wie diesen vermarkten will, muss also das Publikum irgendwie dazu bringen, sich mindestens einige Tage vorher unwiderruflich für den Film zu entscheiden. Der kritische Punkt liegt also im Vorverkauf. Ist das Ticket erst einmal bezahlt, wird der Film auch gesehen. Hat der Zuschauer aber die Karte für dieses wichtige Werk noch nicht in der Tasche, sondern steht er spontan vor dem Kino, wird er sich eher für einen vermarktungsfähigeren Streifen mit Brad Pitt und Angelina Jolie entscheiden.

Für die ausschlaggebende Frage, wie man jemanden dazu bringt, sich schon Tage vorher für einen anspruchsvollen und wichtigen

Film zu entscheiden, liefert dieses Beispiel auch gleich die Antwort: Indem man den potentiellen Zuschauer dazu veranlasst oder gar zwingt, das Sehen des Films und die Konsequenzen daraus emotional im Voraus zu erleben. So hatte es eine große Kampagne, einen regelrechten Hype gegeben. *Schindlers Liste* galt denen, die ihn vorab gesehen hatten, als einer der besten und bewegendsten Filme aller Zeiten. Solche Aussagen waren omnipräsent in den Medien, der Film war in aller Munde. Steven Spielberg erhielt Preise und wurde von Staatspräsidenten geehrt. Kaum ein Prominenter konnte es sich leisten, sich seiner Meinung über den Film zu enthalten. Dass damit Oskar Schindler, ein Deutscher, als Retter und nicht als Vernichter von Juden dargestellt wurde, war für Hollywood neu. Und darüber wurde ausgiebig informiert und debattiert. Der potentielle Zuschauer konnte sich der öffentlichen Diskussion irgendwann nicht mehr entziehen, sodass viele beschlossen, den Film unbedingt auch sehen zu müssen, allein schon um mitreden zu können.

Dann folgte das zweite und entscheidende Element der erfolgreichen Vermarktungsstrategie für diesen epochalen Film. Die Filmprofis boten intensiv Karten im Vorverkauf zu vorteilhaften Preisen an, viel mehr als üblich. Es klang auch immer durch, dass das Kontingent bald erschöpft sein würde, dass die Karten also knapp seien. Das ohnehin schon emotional aufgeladene »Will-Ich« der Kinofans hatte nun zwei weitere Argumente, den guten Preis und die Gefahr, nicht dazuzugehören, weil man den Film wegen knapper Karten zu spät oder gar nicht sehen könnte. Das kaum noch zu bändigende »Wanting« der Filmenthusiasten entlud sich schließlich am Vorverkaufsschalter, millionenfach.

Schindlers Liste war für das Kurzfrist-Hirn nicht attraktiv. Wer ihn aber gesehen hatte, schätzte den Film als wertvoll und horizonterweiternd ein und erzählte bewegt davon. Die Zuschauer hatten nicht nur weit über drei Stunden Lebenszeit totgeschlagen, sondern Erfahrungen gesammelt, die nachwirkten. Das Epos steht auf Platz drei der 100 »most inspiring movies« und auf Platz acht der 250 bestbewerteten Filme aller Zeiten. Zugegeben, es ist ein für die Zukunft der Menschheit eher harmloses Beispiel.

Es zeigt aber modellhaft, wie es gelingen kann, die auf längere Sicht wertvolle Entscheidung zu fördern, indem man das »Will-Ich« frühzeitig in Kontakt mit dem »Sollte-Ich« bringt.

Das potentielle Publikum erfuhr auf allen Kanälen, wie wichtig und gut *Schindlers Liste* ist. Es konnte, ja musste sich intensiv damit beschäftigen. Früh zu informieren ist entscheidend, denn an der Abendkasse ist das »Sollte-Ich« jämmerlich schwach, ein Schatten seiner selbst, wie wir gesehen haben. Mit zeitlichem Vorlauf und einem attraktiven Vorverkaufsangebot ist das »Sollte-Ich« noch stark und mächtig. Die Macher von *Schindlers Liste* haben es durch eine Art positiver geistiger Brandstiftung gewissermaßen geschafft, dass sich das »Will-Ich« schlecht fühlte bei dem Gedanken, den Film nicht gesehen zu haben, sich aber gut fühlte bei dem Gedanken, dazugehören und mitreden zu können.

Lassen wir zunächst noch die Frage unbeantwortet, ob bei dem vorgeschlagenen Weg zur langfristig sinnvolleren Entscheidung Manipulation im Spiel ist und gegen unseren Willen gearbeitet wird. Jedenfalls ist es Filmvermarktern gelungen, Millionen von Menschen dazu zu bewegen, nicht in eine Komödie, sondern in *Schindlers Liste* zu gehen. Könnten auch wir es schaffen, uns selbst so zu steuern, dass wir häufiger die aufs ganze Leben betrachtet besseren Entscheidungen treffen? Ja, es geht.

Wer also will, dass eine langfristig vernünftige Option einer kurzfristigen, weniger angebrachten Alternative vorgezogen wird, muss dafür sorgen, dass sich der Entscheider mit der langfristigen Option rechtzeitig intensiv beschäftigt. Das »Sollte-Ich«, der innere Idealist, muss mit ihr in Kontakt kommen, er muss sich mit der Option intensiv verbinden können. Und dafür braucht der Entscheider einen spürbaren zeitlichen Vorlauf. Das heißt, der Effekt der Entscheidung darf nicht unmittelbar bevorstehen. Dann können wir die Kurzfrist-Falle umgehen.

Liegt die Wirkung der vernünftigen Option weit in der Zukunft, gibt es also zwei Möglichkeiten: Entweder die Wirkung der vernünftigen Option wird in die Gegenwart versetzt und erlebbar oder der Entscheider versetzt sich in Gedanken in die Zukunft, um dort die Wirkung der Option zu erleben.

Rat aus der Zukunft

Schafft man es, die Wirkung der vernünftigen Option in der Gegenwart erfahrbar zu machen, spricht man damit den inneren Hedonisten, das »Will-Ich« an. Dann entscheiden wir emotional, alleine danach, wie wir uns kurzfristig wohler fühlen. Wir entscheiden wie der junge Joschka Fischer: spontan, aus vollem Herzen und oft unvernünftig. Wir wollen Spaß, wir wollen es bequem haben, wir wollen uns nicht mäßigen oder einschränken. Wir wollen jetzt beliebt sein, ohne uns dabei körperlich oder geistig anstrengen müssen, und die langfristigen Folgen sind uns reichlich gleichgültig. Aber wenn solche Kriterien erfüllt sind, spricht für das »Will-Ich« nichts dagegen, die vernünftige Option zu wählen. Nur ist das leider selten der Fall.

Schafft man es aber, das Ich mental in die Zukunft zu versetzen, um so die Wirkung der vernünftigen Option zu erleben und sich intensiv mit ihr auseinanderzusetzen, spricht man damit den inneren Idealisten an, das rationale Ich, das »Sollte-Ich«. Dann entscheiden wir wie Mr. Spock stärker nach logischen Argumenten: überlegt, tugendhaft und meist vernünftig. Wir wollen

Wohlergehen und Freude nicht nur für den Moment, sondern für das ganze Leben verbuchen können. Deswegen sind wir bereit und in der Lage, heutiges Vergnügen und heutigen Nutzen zurückzustellen und es im Jetzt weniger bequem zu haben. Wir sind auch bereit, uns körperlich oder geistig mehr anzustrengen, uns zu mäßigen und einzuschränken, damit wir in der Zukunft mehr Freude haben, gesünder und gebildeter sind und überhaupt mehr Nutzen ernten können. Uns ist dann auch nicht mehr so wichtig, heute beliebt zu sein, selbst wenn wir damit zunächst Nachteile in Kauf nehmen müssen. Wichtiger ist uns Anerkennung für unser langfristiges Wirken und im Reinen mit uns selbst zu sein. Und wenn wir diese Wertschätzung in der Zukunft erfahren, und sei es nur durch Projektion unseres Selbst in die imaginierte Zukunft, laden wir unseren inneren Idealisten auf und machen ihn in der Gegenwart durchsetzungsfähig. Die Lösung ist also:

Das Zukunfts-Ich, das Future Me.

Das Future Me ist die Verstärkung für Ihr »Sollte-Ich« im Kampf mit dem »Will-Ich«. Ihr Future Me hilft Ihrem rationalen, zukunftsorientierten Gehirn, sich häufiger durchzusetzen. Das Future Me ist das wirksamste Werkzeug für die Vermeidung der Kurzfrist-Falle im Leben.

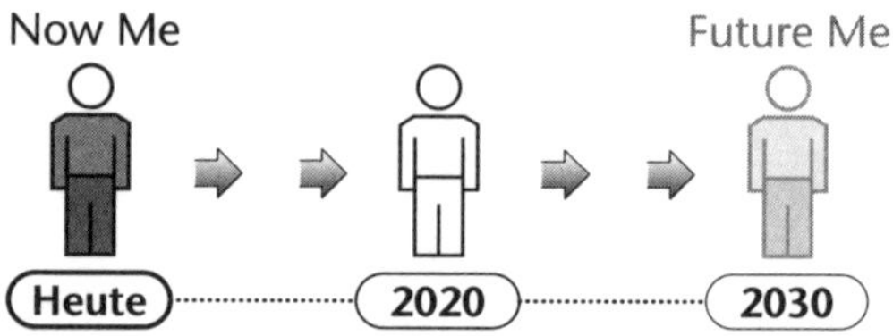

Abbildung 8: Future Me

Sie fragen sich, wie das funktionieren soll? Stellen Sie sich vor, Sie sind abends zu Fuß in der Stadt unterwegs zu einer Verabredung. Um zum Treffpunkt zu gelangen, müssen Sie eine große Kreuzung überqueren. Sie stehen an der Fußgängerampel und warten darauf, dass sie grünes Licht gibt. Sie springt um. Eine junge Frau hat es eilig und springt als Erste auf die Fahrbahn. Da schießt von der Seite ein Sportwagen heran und erfasst sie. Die Frau wird durch die Luft geschleudert und prallt auf die Straße, nur wenige Meter von Ihnen entfernt. Sie liegt da in ihrem Blut. Sie sind geschockt und mit Ihnen auch die anderen Passanten, die Zeugen des Unglücks wurden.

Wenn Sie nun nicht gerade eine Ausbildung zum Rettungssanitäter gemacht haben, wird es Sie nun unweigerlich dazu drängen, wegzulaufen. Es sind große Ängste, die Sie davontreiben: Sie könnten etwas falsch machen und damit der Verletzten den Tod bringen. Sie könnten versagen und sich blamieren. Vielleicht ist die Frau auch HIV-positiv und Sie könnten sich anstecken. Mit diesen Ängsten sind Sie nicht allein. Jedes Jahr treibt es tausende potentielle Ersthelfer weg von den Unfallorten dieser Welt.

Ihr Jetzt-Ich, das »Will-Ich«, möchte Sie schnellstmöglich weglotsen, raus aus dieser unangenehmen Situation. Gleichzeitig wissen Sie aber ganz genau, dass das falsch wäre. Ihr anderes Selbst, der innere Idealist, Ihr »Sollte-Ich« mahnt Sie: Es wäre eine Pflichtverletzung, davonzulaufen! Die junge Frau braucht dringend Hilfe. Jemand muss das Richtige tun! Stabile Seitenlage … Schocklagerung … die Bilder aus dem Erste-Hilfe-Kurs ziehen durch Ihren Kopf.

Wie werden Sie entscheiden? Ihr Gehirn beginnt bereits, Ihr Belohnungssystem mit Dopamin zu fluten, gewissermaßen in Vorfreude darauf, gleich zu verduften und weitab des schrecklichen Schauplatzes zu sein. Zudem werden Stresshormone wie Adrenalin, Noradrenalin und Cortisol ausgeschüttet, um Ihre Flucht aus der psychischen Belastungssituation zu unterstützen.

Ihr Gegenwarts-Ich schreit laut: »Hau ab! Verschwinde!« Ihr Fluchtreflex zwingt Sie, sich instinktiv aus dem Staub zu machen.

Aber halt! Was sagt Ihr anderes Ich? Was ist mit dem inneren Idealisten, Ihrem Zukunfts-Ich? Was würde es Ihnen sagen, wenn Sie es in diesem kritischen Moment befragen könnten?

Ihr Zukunfts-Ich, das vielleicht zehn, 20 oder 40 Jahre älter ist als Sie in diesem Moment, würde Ihnen klar und deutlich antworten: »Wenn du jetzt feige bist und wegrennst, wirst du dich dein ganzes Leben lang dafür schämen! Hilf ihr! Tue, was du tun kannst! Dann wirst du für den Rest deines Lebens stolz sein. Oder dich zumindest nicht schämen.«

Dieser Rat aus Ihrer eigenen Zukunft wird Sie binnen einer Sekunde erreichen. Sie werden die Worte hören und jetzt in der Gegenwart Scham und Stolz empfinden.

Durch die rationale Konstruktion des Future Me holen Sie die Emotion aus der Zukunft in die Gegenwart.

Ihr Belohnungssystem wird nun zum Zukunftsmanager im Hier und Jetzt. Sie fühlen, wenn man in diesem Moment davon sprechen darf, so etwas wie Freude bei dem Gedanken, helfen zu können.

Es ist ziemlich wahrscheinlich, dass Sie mit diesem Rat aus Ihrer eigenen Zukunft beherzt an die Sache rangehen werden, wenn er Sie emotional voll trifft. Sie werden die Angst vor einer möglichen Infektion mit dem HI-Virus durch Vorsicht reduzieren. Sie werden sich sagen, dass auch Ihr Zukunfts-Ich von Ihnen nicht erwartet, mehr zu tun als das, was Sie können. Sie werden wissen, dass Ihr Zukunfts-Ich schon stolz sein wird, wenn Sie auch nur ernsthaft versucht haben zu helfen. Sie laufen die paar Meter zu der Frau, die auf dem Asphalt liegt. Sie beugen sich über sie und sprechen sie an: »Hallo? Hören Sie mich?«

Wenn man in komplexen Systemen weder die genauen Ursachen einer Situation, noch die genauen Folgen einer Tat kennen kann und folglich auch nicht das genau richtige Handeln bestimmen kann. Wie sollen Sie dann wissen, was Ihrem Future Me gut tut und was nicht? Das ist eine zentrale Frage. Wie hätte etwa die US-Regierung eigentlich handeln sollen, die den Banken vorschrieb, Kredite an finanzschwache Haushalte zu vergeben? Was sollen wir tun, wenn wir nicht wissen, ob und wie unsere Zivilisation klimaschädlich ist? Die Antwort ist: Wir müssen nach weisen Prinzipien denken, handeln und leben. Dazu gehört das Prinzip, in komplexe Systeme möglichst gar nicht einzugreifen. CO2-Emissionen jedweder Art und Menge stellen aber einen Eingriff dar. Ein anderes Prinzip lautet: Kreditvergabe und Kreditnahme müssen ökonomischer Vernunft entsprechen. Niemand soll gezwungen oder verführt werden, dieses Prinzip zu missachten. Dazu gehört auch: Verschulde dich nur für Investitionen, aus deren Ertrag du das Darlehen bedienen kannst. Einfacher geht es nicht. Ein sehr universelles Prinzip habe ich schon genannt: Verhalte dich so, dass dein Verhalten das Vorbild für alle anderen sein könnte. Sinngemäß äußerte sich Immanuel Kant.

Es klingt einfach und das sind die Prinzipien auch. Das Schwierige ist wieder das Kurzfrist-Hirn des Menschen. Die Biosphäre wird weiter belastet. Es wird eine Finanzpolitik betrieben, deren Folgen und Risiken sich niemand mehr vorstellen kann.

Was heißt das für Ihr Future Me? Es soll nicht nur Sie in der Zukunft beschreiben, sondern auch die Prinzipien, nach denen Sie sowohl in der Zukunft wie auch auf dem Weg dorthin entscheiden und handeln wollen.

Prinzipien machen es uns leichter, uns auch in einer noch so komplexen Welt zurechtzufinden. Nach »weisen Prinzipien« zu leben, kann Anstrengung und Opfer erfordern. Doch das ist in der Regel weniger schmerzlich als das spätere Bedauern.

Unter dem Gehirn-Scanner, dem fMRT, konnte die Wirkung dieses Future Me indirekt nachgewiesen werden. Forscher von Universitäten wie Princeton, Harvard und Carnegie Mellon maßen und beobachteten in einem gemeinsamen Experiment die Hirntätigkeit von Menschen, während diese sich zwischen unmittelbaren, aber kleinen und größeren, später erfolgenden Belohnungen entschieden.[68] Es zeigte sich, dass die Aussicht auf kurzfristige Belohnungen die Areale des Hirns aktivierte, die vor allem von emotional bestimmten neuronalen Systemen dominiert werden, vor allem dem Belohnungssystem.

Wählten die Probanden trotz der kurzfristigen Versuchung die langfristig nützlichere Option, waren die eher rational und abstrakt »denkenden« Hirnareale weitaus aktiver als die emotionalen.

Wählten die Versuchsteilnehmer jedoch eher die kurzfristige Belohnung, waren die Aktivitäten in den rationalen und den emotionalen Arealen ähnlich, wobei es zumeist eine etwas höhere Aktivität in den emotional dominierten Regionen gab. Im Kopf der Probanden spielte sich also der besagte Kampf im Oberstübchen ab, den aber regeläßig das emotionale, eher an der Gegenwart als an der Zukunft orientierte Ich gewann.

Wenn die Forscher nun nach einer Vorhersage fragten, wie sehr der Proband ein bestimmtes Ereignis in der ferneren Zukunft glaubt genießen zu können, zeigte sich eine geringe Aktivität in den Hirnregionen, die mit introspektiver Selbstbetrachtung in Verbindung gebracht werden, vor allem im ventromedialen präfrontalen Kortex. Machten die Versuchsleiter aber die Vorgabe, dass man sich das Ereignis möglichst intensiv vorstellen und sich in diese imaginierte Zukunft tief hineinversetzen soll, waren diese Hirnregionen wesentlich aktiver. Es scheint so zu sein, dass diese Gehirnregion die Fähigkeit des Menschen bestimmt, sich die Zukunft aus seiner eigenen subjektiven Perspektive vorzustellen.

Dieses Ergebnis bestätigt die Hypothese von den separaten

neuronalen Systemen für Gegenwart und Zukunft, den beiden Versionen unseres Egos, dem Jetzt-Ich und dem Zukunfts-Ich.

Schon 1989 stellte man fest, dass Menschen die Ursachen und Faktoren, die zu einem Ereignis oder einer Situation in der Zukunft führen könnten, um rund 30 Prozent besser erkennen können, wenn man sie dazu bringt, sich vorzustellen, dass das Ereignis oder die Situation bereits eingetreten ist.[69] Das Future Me wirkt! Es ist eine Vision und Vision kommt von videre, von sehen. Die emotionale Verbindung zu Ihrem Future Me ist das Bild, das sie in Ihrem Innern von sich selbst haben. Noch wirksamer ist es, sein Future Me von außen zu betrachten und zu beobachten, sich also von der Situation zu dissoziieren. Sie können Ihr Future Me also enorm stärken, wenn Sie sich ein Bild von sich selbst in der Zukunft machen. Vielleicht lassen Sie sich ein Morphing-Foto anfertigen, das sie zwei Jahrzehnte älter, aber gesund und glücklich zeigt. Vielleicht erstellen Sie auch eine Collage mit Fotos, die das Lebensumfeld Ihres Future Me zeigt. Je bildhafter Sie Ihr Future Me vor Augen haben, desto stärker kann es wirken, desto präsenter ist es, desto besser kann es Sie in jedem Moment Ihres Lebens beraten.

Die 10-10-10-Regel von Suzy Welch[70] kann helfen, das Future Me ins Bewusstsein zu rücken: Fragen Sie sich, welche Auswirkung eine Entscheidung oder Handlung in zehn Minuten, in zehn Monaten, in zehn Jahren haben wird.

Im Ergebnis treffen Menschen mit einer geringeren Vorstellungskraft für die eigene Zukunft deutlich kurzsichtigere Entscheidungen als Menschen mit einer stärkeren Vorstellungskraft. Die entsprechend unterschiedlichen Aktivitäten des ventromedialen präfrontalen Kortex lassen sich im Scan nachweisen. Während für den einen das Zukunfts-Ich fern und verschwommen bleibt und folglich das Jetzt-Ich viel wichtiger und stärker ist, hat der andere sein Zukunfts-Ich sehr klar vor Augen: Er schätzt es deshalb deutlich mehr und kann auch in Situationen, die von intensiven Emotionen geprägt sind, vernünftige Entscheidungen mit Weitblick treffen.

Wer im Affekt handelt, also unter starker emotionaler Erregung, in der die Vernunft so gut wie keine Rolle mehr spielt, schadet so gut wie immer seinem Zukunfts-Ich. Dann ist die Beleidigung ausgesprochen, der zufällige Passant verprügelt oder gar der Lebenspartner getötet. In solchen Momenten gibt es selten Raum für mühevolles rationales Abwägen. Aber ein emotional verankertes Future Me kann selbst in solchen Situationen den rechten Weg weisen, weil es genau so schnell wirkt wie der Zorn.

Der Mensch kann gleichzeitig sparsam und verschwenderisch, vernünftig und genusssüchtig, tugendhaft und triebhaft, aggressiv und friedlich sein, je nach aktueller Situation. Die Krux ist nur:

Wenn ein Zukunfts-Ich schwach ist, kann es nicht mit den starken Emotionen des Jetzt-Ich konkurrieren. Es wird immer unterliegen. Ist das Zukunfts-Ich emotional fest etabliert, trainiert und daher stark, hat es deutlich größere Chancen, im Widerstreit mit dem Jetzt-Ich die Oberhand zu behalten.[71]

Der Schlüssel zur Langfrist-Orientierung im Denken und Handeln ist die Stärke des individuellen Future Me. Damit haben wir die Eingangsfrage zum Teil beantwortet: Ja, es gibt eine Chance, der Kurzfrist-Falle zu entgehen. Es ist die bewusste Stärkung des Future Me, die Fähigkeit zu trainieren, sich selbst intensiv und klar in der Zukunft zu sehen, um daran die langfristigen Wirkungen der Entscheidungen und Taten in der Gegenwart angemessen bewerten zu können.

Wie kann so ein Future Me konkret aussehen?

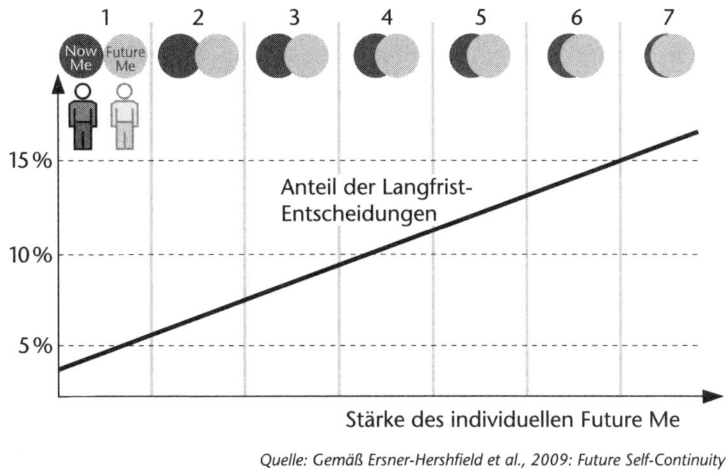

Abbildung 9: Starkes Future Me führt zu besseren Entscheidungen

2067

Muss das Future Me eine ausführlich und im Detail perfekt ausgearbeitete Lebensvision sein? Muss man für sein ganzes Leben einen genauen Plan haben? Muss man sich exakt an diesen Plan halten? Muss man jede Entscheidung breit und tief durchdenken?

Muss man sein Leben lang ein Asket, Geizhals, Workaholic und Vergnügungsmuffel sein? Nein, überhaupt nicht! Nichts davon!

Unser Leben ist das Resultat unzähliger kleiner Entscheidungen, die wir bewusst und unbewusst treffen, mal mehr, mal weniger intelligent und glücklich. Jede Begegnung mit einem Menschen, jeder neue Begriff, jede neue Idee, von der wir erfahren, kann unser Leben verändern. Möglicherweise wird auch dieses Buch Ihr Leben verändern. Es geht gar nicht um die großen Wendungen im Leben. Es sind vielmehr die vielen kleinen Weichenstellungen, die sich über Jahre multipliziert und uns dorthin gebracht haben, wo wir heute sind. Sie werden uns auch dorthin bringen, wo wir in Zukunft sein werden. Seien wir ehrlich: Viele dieser Momente, in denen unser Leben durch kleine und entscheidende Impulse verändert wird, sind Kinder des Zufalls. Vieles, was in diesen Augenblicken eine Rolle spielt, ist geprägt vom Bestand unserer Erfahrungsbibliothek, von unserem individuellen Botenstoff-Cocktail im Kopf sowie von unseren Interessen und Aufmerksamkeiten. Und hier wirkt das Future Me.

»Mein Erleben ist das, worauf ich mich entschieden habe, meine Aufmerksamkeit zu richten«, schrieb William James, der Altvater der amerikanischen Psychologie.[72] Und auch Goethe wusste: »Sobald der Geist auf ein Ziel gerichtet ist, kommt ihm vieles entgegen.« Interesse steuert Aufmerksamkeit. Was wir also ins Zentrum unseres Interesses stellen, bestimmt, was wir wahrnehmen, was wir lesen, was wir verstehen und wohin wir gehen. Ist unser Future Me im Zentrum unseres Interesses, tun wir, im besten Fall automatisch, genau das, was unserem Future Me guttut und wir lassen, was ihm schadet. Man muss also kein emotionsloser Roboter werden, um sein Future Me im Alltag wirken zu lassen. Im Gegenteil, man darf gar nicht so werden.

Das Future Me soll Antworten auf fundamentale Lebensfragen geben. Es soll dazu beitragen, dass wir, über das gesamte Leben gesehen, ein möglichst geringes Maß an Bedauern und ein möglichst hohes Maß an Zufriedenheit erleben.

Sie und ich, wir werden sterben. Unser Tod ist sicher, die Zukunft ungewiss. Verblüffenderweise können wir unseren Tod nutzen, um unsere Zukunft glänzender zu machen. Warum empfehlen unzählige Therapeuten und Trainer, die eigene Grabrede zu schreiben, um herauszufinden, was wirklich wichtig ist? Weil es tatsächlich hilft. Das Nachdenken über den eigenen Tod lenkt unsere Aufmerksamkeit auf das Wesentliche. Das ist wohl auch der Grund, warum uns alle großen Religionen immer wieder an unseren Tod, an den Tag des »Jüngsten Gerichts« erinnern. Ob im Judentum, Christentum oder Islam – dem Menschen wird ein Weiterleben seiner Seele in ewiger Glückseligkeit in Aussicht gestellt, soweit er sich im Leben gut verhält. Die Buddhisten sehen es etwas anders, aber auch bei ihnen wird im Moment des Todes Bilanz gezogen. Gebet und Meditation sind die Methoden, mit denen sich Gläubige unter anderem ihrer Vergänglichkeit bewusst werden sollen. Genau das legen auch aktuelle Forschungsergebnisse nahe. So fand beispielsweise Kimberly Wade-Benzoni mit ihren Kollegen in validen Experimenten heraus, dass Gedanken an den eigenen Tod Menschen veranlassen, sich in eindrucksvollem Ausmaß erstens viel selbstloser zu verhalten und zweitens stärker auf ihre eigene Zukunft und die künftiger Generationen bedacht zu sein.[73] Es ist erstaunlich, dass viele Grundprinzipien, Rituale und Methoden der großen Religionen so gut zu den neuesten Erkenntnissen der Psychologie und sogar der Neurologie passen.

Die Australierin Bronnie Ware hat viele Jahre als Sterbebegleiterin gearbeitet und dabei erfahren, was Menschen im Angesicht ihres Todes am meisten bedauern und was sie auf ihr Leben zufriedener hätte zurückblicken lassen.[74] Mehr Geld, mehr Macht, mehr Ruhm, mehr Sex, mehr Besitz, mehr Genuss; nicht diese Dinge lassen sie hadern. Stattdessen bedauern sie, nicht den Mut gehabt zu haben, ihr eigenes Leben zu leben, sich selbst treu zu sein, anstelle die Erwartungen anderer zu erfüllen. Vor allem Männer beklagen, zu viel gearbeitet zu haben und darüber die Jugend ihrer Kinder und das Leben ihrer Partner verpasst zu haben. Dabei spielt es natürlich eine Rolle, wie selbstbestimmt und erfüllend die Tätigkeit war, denn am meisten bedauert man harte Arbeit für die Ziele anderer. Sterbende bereuen oft, aus Rücksicht auf andere ihre wahren Gefühle nicht ausgedrückt zu haben und in nicht erfüllenden und deprimierenden Beziehungen gelebt zu haben. Auch Freunde vernachlässigt zu haben, tut den meisten auf dem Sterbebett weh. Wie eine Zusammenfassung des Bedauerns klingt der fünfte Punkt, den Bronnie Ware nennt: Ich wünschte, ich hätte mir erlaubt, glücklicher zu sein.

Wer dem Tod nahe ist, hätte also gerne weniger in seinen Gewohnheiten gelebt, die am Ende des Lebens nicht glücklich gemacht haben. Mit anderen Worten: Sterbende hätten gern an entscheidenden Stellen ihres Lebens den Mut aufgebracht, sich anders zu entscheiden.

Bronnie Wares Analyse ist natürlich nicht repräsentativ, doch sie gibt Hinweise darauf, was unser Future Me ausmachen sollte. Der Tod macht uns alle gleich. Es gibt derzeit über sieben Milliarden Varianten, wie ein Mensch sein Leben gestalten kann oder gestalten möchte. Aber darin, wie wir uns im Leben fühlen wollen, unterscheiden wir uns kaum voneinander. Wir wünschen uns Anerkennung, Bedeutung, Liebe, Ausgeglichenheit, Euphorie, Selbstbestimmung, Gesundheit, Frieden, Sinn und so weiter. Menschen rund um den Erdball haben die gleichen physiologischen, psychischen und sozialen Bedürfnisse und Motive. Wir unterscheiden uns nur darin, wie wir diese Bedürfnisse und Motive priorisieren und wodurch wir die angestrebten Emotionen erzeugen wollen. Der eine jagt dem Geld hinterher, der andere wird Mönch. Die eine widmet ihr Leben ihrer Familie, die andere wird Bundeskanzlerin. Jeder erfüllt seine emotionalen Sehnsüchte auf seine Weise.

Es ist ein Irrtum zu glauben, dass wir für unser Future Me ganz genau wissen müssen, was wir in zehn, 20 oder 30 Jahren erreicht haben wollen.

Wenn Sie es wissen, ist es hilfreich. Doch jetzt alle Entscheidungen für die Zukunft zu fällen und einen ganz genauen Lebensplan zu entwerfen, ist nicht nur unnötig, sondern auch falsch und qualvoll. Diese Annahme ist ein weitverbreitetes Missverständnis über Zukunftsmanagement im Privatleben. Es hält Sie nur unnötig lange und manchmal für immer davon ab, sich an Ihrem Future Me zu orientieren.

Unser Future Me soll in seinem Kern ausdrücken, wie wir uns in unserer Zukunft fühlen wollen.

Einige »Denkfragen« helfen Ihnen, dem näher zu kommen: Worauf wollen Sie stolz sein? Was soll man von Ihnen denken und halten? Wofür wollen Sie stehen? Wer ist Ihnen wichtig? Wie gesund und fit wollen Sie sein? Welche Sorgen wollen Sie sich nicht machen müssen? Welche Kritik an Ihnen wollen Sie nicht hören? Woran wollen Sie nicht schuld sein? Inwiefern wollen Sie anders sein als heute? Wer ist so, wie Sie selbst gern sein möchten? Was wollen Sie erlebt haben? Was wollen Sie mit voller Überzeugung über sich sagen können? Wie alt wollen Sie werden?

Sie mögen sich fragen, ob konkrete Ziele komplett sinnlos sind. Nein, sind sie nicht. Denn klare Ziele sind nötige Etappen auf dem Weg in die eigene Zukunft. Was auch immer Sie sich als Ziel setzen wollen, ob Master-Abschluss, eine bessere berufliche Position, das Beherrschen einer weiteren Fremdsprache, Heirat, Traumauto, ein höheres Einkommen, Modelfigur, Waschbrettbauch oder auch nur ein besseres Handicap beim Golf, nehme Sie es sich vor! Wenn Sie gern systematisch vorgehen, teilen Sie ein Blatt in so viele Spalten auf, wie Sie Lebensjahrzehnte vor sich sehen. Dann teilen Sie es zeilenweise in Lebensbereiche ein, etwa Familie und Freunde, Gesundheit, Fähigkeiten und Wissen, Karriere, Finanzen und so weiter. Nun können Sie in jedes so entstandene Feld schreiben, wann Sie was erreicht haben wollen.

Schmücken Sie Ihr Future Me mit Zielen wie oben aus, aber machen Sie sie nicht zu seinem Kern, denn insbesondere materielle Ziele sind bestenfalls Mittel zum Zweck. Den Zweck bildet wiederum der Kern Ihres Future Me. Materielle und äußerliche Ziele lösen sich in Luft auf, wenn wir sie erreicht haben. Was haben wir uns im bisherigen Leben nicht schon alles vorgenommen, um dann später festzustellen, dass es uns gar nicht so wichtig war und es uns nicht glücklicher gemacht hat? Solche Ziele sind austauschbar. Jederzeit. Ihr Future Me aber sollte eine Konstante sein, an der Sie zwar immer wieder arbeiten, die sich aber in ihrem Kern nicht wesentlich ändert.

Sie haben es sicher schon bemerkt: Unser Zukunfts-Ich ist in den meisten Fällen nicht so viel anders als unser Jetzt-Ich. Es wird älter und reifer sein. Es wird erlebt haben, was unser Jetzt-Ich noch nicht ahnen kann. Es wird in einer durch Technologien, Trends und Ereignisse veränderten Welt leben. Es wird die dramatischen Folgen der Kurzsichtigkeit des Menschen ertragen müssen.

Aber unser Jetzt-Ich und unser Zukunfts-Ich sind beide schon heute in uns. Sie *können* sich gar nicht grundlegend voneinander unterscheiden.

Nota bene: Das heißt nicht, dass wir für immer so bleiben, wie wir sind. Menschen tendieren zur sogenannten Illusion vom Ende der Geschichte. So kamen Jordi Quoidbach und Kollegen in den eingangs schon genannten Versuchen mit mehr als 19 000 Personen zu dem Schluss, dass der Mensch dazu neigt, seine persönliche Entwicklung für abgeschlossen zu halten.[75] Wir glauben demnach, uns in den kommenden zehn Jahren deutlich weniger zu verändern als in den vergangenen zehn. Dabei spielt es keine Rolle, wie alt wir sind. Wir glauben, dass wir jetzt der Mensch sind, der wir für immer bleiben werden. Dabei macht es uns nicht stutzig, dass manche von uns viel Geld und Schmerz investieren, um sich Tätowierungen entfernen zu lassen, die ihr Damals-Ich so cool fand, oder dass viele durch tränenreiche und ruinöse Scheidungen gehen, um sich vom Lebenspartner zu trennen, der wenige Jahre zuvor die Liebe ihres Lebens war. Manche unserer Werte unterliegen im Verlauf unseres Lebens relativ großen Veränderungen, aber Sie können solche Veränderungen nicht vorauswissen. Stellen Sie sich Ihr Future Me daher am besten als eine sehr gut gelungene Fortsetzung Ihres Now Me vor. Denn mehr als uns im Einklang mit unseren heutigen Werten weiterzuentwickeln, die sowohl unser Jetzt-Ich wie auch unser Zukunfts-Ich prägen, können wir uns nicht vornehmen.

2067. Ein Datum, das nach Science-Fiction klingt. Für mich ist es ein besonderes Jahr. Es ist *das* Jahr meines Lebens. Es ist das Jahr meines Todes. Mitte Oktober soll es so weit sein. Okay, wenn es weitergehen soll, freue ich mich natürlich. Aber wenigstens diesen 14. Oktober 2067 will ich erleben. Ich will 100 Jahre alt werden, mindestens. So habe ich es jedenfalls vor. Wenn ich die Fortschritte der Medizin verfolge, ist das noch nicht einmal besonders ambitioniert.

2067 ist für mich ein Symbol für mein Future Me, für mein Selbst in der Zukunft und in den Jahren bis dorthin. 2067 nutze ich als Anker, um mich selbst immer wieder an mein Future Me zu erinnern. So bringe ich es ins Zentrum meines Interesses und meiner Aufmerksamkeit. Es erschreckt mich immer wieder, dass ich regelmäßig in verständnislose Gesichter blicke, wenn ich von 2067 erzähle. Nein, 100 Jahre alt wolle er oder sie nicht werden, lieber gut leben und früher sterben. Aus irgendeinem Grund haben viele meiner Mitmenschen die Vorstellung, dass dieses Alter zu erreichen heißt, sich bis 80 noch einigermaßen bewegen und denken zu können und die restlichen 20 Jahre dahinzusiechen.

Nein, das ist natürlich nicht meine Vision. Mag ich auch körperlich nicht mehr alles hinbekommen, was man mit 60 und 70 noch kann, so möchte ich mit 100 geistig präsent sein, ich möchte denken, reden und schreiben können. Und ich möchte im Reinen mit mir sein und nicht allzu viel bedauern.

Durch die Arbeit meines Unternehmens FutureManagementGroup AG werde ich täglich mit einer Vielfalt an Visionen, Szenarien und Projektionen über mögliche Zukünfte konfrontiert. Ich habe, zumindest in den Grundzügen, eine Vorstellung davon, in was für einer Welt mein Future Me 2047 oder 2057 leben wird und in welcher Welt es 2067, vielleicht, sterben wird. Ich habe einigermaßen fundierte Zukunftsannahmen darüber, was kommt, was bleibt und was geht. Daraus kann ich schließen, was ich in diese Zukunft mitnehmen kann, wovon ich mich früher oder später verabschieden muss, was ich noch lernen und woran ich mich gewöhnen muss und darf.

Mein Jetzt-Ich muss in den entscheidenden Augenblicken also »einfach« nur dafür sorgen, dass es meinem Zukunfts-Ich in dieser veränderten Welt immer noch gut und möglichst etwas besser geht.

»Einfach«?

Dämonen zu Engeln

»Wo die Natur nicht will, ist alle Mühe umsonst«, soll Seneca gesagt haben. Der Geist mag willig sein, doch das Fleisch ist ganz sicher schwach. Nehmen wir an, Sie, ich und mit uns viele andere schaffen es, sich ein starkes Future Me zuzulegen. Nehmen wir an, dass es uns darüber hinaus gelingt, es mental und emotional präsent zu halten und es in der einen oder anderen entscheidenden Situation wirken zu lassen. So viel Willenskraft können wir sicherlich aufbringen, oder?

Sie wissen so gut wie ich, dass unsere Willenskraft im Alltag nicht ausreicht, unsere edlen und langfristig richtigen Vorsätze wenigstens zum großen Teil in die Tat umzusetzen. Sonst würden wir das, was wir uns vorgenommen haben, selbstverständlich erreichen.

Das Gegenteil ist der Fall. Aufklärung, Warnung und Appell wirken zudem nur kurz, wenn überhaupt. Sich »mehr Mühe geben« wirkt nicht. Zielorientierte Vergütung wirkt nicht. Meterweise Ratgeberliteratur mit Anleitungen und Checklisten wird rund um den Globus konsumiert, meist mit kaum messbarem Effekt.

Warum ist das so? Weil all diese Interventionen im Wesentlichen nur das rationale Gehirn ansprechen. Unseren Belohnungsschaltkreis mit Wanting-, Liking- und Learning-System beeindruckt das nicht sonderlich.

Die Psychotherapeuten wissen das schon lange: Therapie über Einsicht funktioniert nicht. Sie funktioniert nur über Emotion. Das emotionale Belohnungssystem bewertet alles in uns und um uns herum. Es gibt keinen Weg, es zu umgehen. Es gibt keine Chance, es zu besiegen. Ein noch so tolles Future Me wird Ihnen nichts bringen, wenn es eine rein rationale Konstruktion ist.

Sie haben bestimmt schon viele Male erlebt, dass Sie über eine Entscheidung lange gegrübelt haben, dass Sie sich Alternativen überlegt, Argumente pro und contra gesammelt und diese gegeneinander abgewogen haben. Es kann gar nicht anders sein. Die Vorteile der gewählten Option sprechen klar für sich. Die logisch betrachtet beste Option liegt dann klar vor Ihnen. Sie freuen sich, die für Ihr Future Me optimale Alternative gefunden zu haben. Sie haben sich entschieden. Aber es passiert nichts. Nicht gleich, nicht morgen, nicht in vier Wochen, es passiert nie.

Die Neurologen und Psychologen nennen es die »ventrale Schleife«:[76] Eine im Sinne Ihres Future Me getroffene vernünftige Entscheidung wird nicht direkt in die Tat umgesetzt. Vorher durchläuft sie erst noch einmal das emotional dominierte und unbewusst agierende limbische System. Die Entscheidung muss dort erst freigeschaltet werden.

Und das erfolgt erst, wenn die mit der Entscheidung über das Erfahrungsgedächtnis verbundenen Gefühle positiv sind oder zumindest nicht negativ.

Unser emotionales Erfahrungsgedächtnis hat also das erste und letzte Wort bei allem, was wir tun.[77] Das erste Wort hat es, wenn wir etwas beabsichtigen. Das letzte Wort hat es, bevor wir etwas umsetzen. Wir bewerten immer emotional, auch wenn alles ganz rational aussieht.

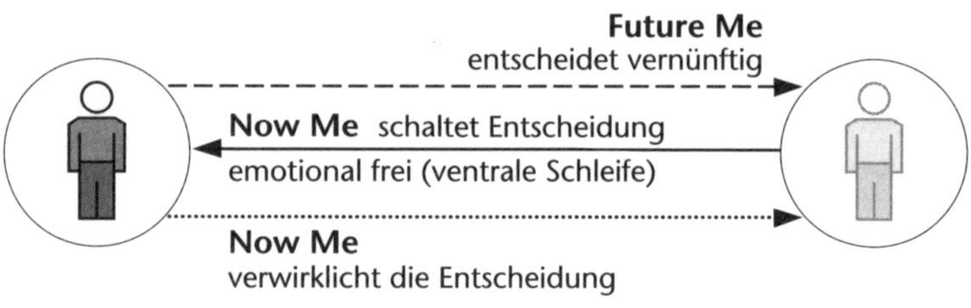

Abbildung 10: Ventrale Schleife

Sylvia Andonie aus Mexiko ist die Weltrekordhalterin im »Double Deca Ultratriathlon«. Das ist ein Ultratriathlon, ein Ironman mal zehn (deca) mal zwei (double), also ein 20-facher (!) Ironman: 76 Kilometer schwimmen, 3 600 Kilometer Radfahren und 844 Kilometer Laufen. Warum quält sich eine Triathletin durch härtestes Training? Ihr Wanting-System lässt sie Dinge tun, die von außen betrachtet ganz offensichtlich wenig bis nichts mit Vergnügen zu tun haben.

Der menschliche Belohnungsschaltkreis ist in der Lage, jegliches Denken und Handeln positiv zu bewerten, also auch Verzicht und Anstrengung. Entscheidend ist nur, dass später eine Belohnung winkt, die es wert ist, dass also die Wirkung auf das Future Me emotional so deutlich präsent ist, dass sie die Anstrengung rechtfertigt.

An dieser Stelle muss ich mit einem häufigen Irrtum aufräumen:

Unser emotionales Ich trifft genau genommen nie irrationale Entscheidungen!

Ein Widerspruch zu dem, was wir uns bisher angesehen haben? Überhaupt nicht! Das Belohnungssystem maximiert Ihr Wohlgefühl. Es soll Ihnen gutgehen. Dieses Ziel verfolgt es sehr konsequent und durchaus logisch. Unser Wanting-System treibt uns dorthin, wo das Liking-System Wohlgefühle erlebt und über das Learning-System in der Erfahrungsbibliothek gespeichert hat. Ganz logisch und rational.

Weil der Belohnungsschaltkreis aber weitgehend zukunftsblind ist, findet er in unserer Erfahrungsbibliothek in der Regel keine emotional aufgeladenen Informationen darüber, welche Auswirkungen seine Entscheidungen langfristig haben. Das emotionale Gehirn weiß nichts über die Zukunft. Es weiß nur, was uns in der Vergangenheit emotional gutgetan hat.

Unser emotionales Ich ist in seiner abgeschlossenen Welt vollkommen rational. Was sich nicht gut anfühlt, wird nicht gemacht. Daher müssen auch die langfristig sinnvollen Entscheidungen und Taten dem Belohnungssystem emotional nützlich erscheinen. Ohne eine emotional wirksame Vorstellung vom

Zukunfts-Ich geht das nicht. Dann kommt es unserem Belohnungsschaltkreis vollkommen unsinnig und irrational vor, sich heute anzustrengen. Wozu auch? Unser Gehirn verweigert sich diesem Unsinn mit großer Macht.

Das ist ein zentraler Punkt: Um langfristig nützlicheres und sinnvolleres Verhalten zu erzeugen, muss man das Belohnungssystem dazu bringen, Entscheidungen und Taten zuzulassen, die in seiner kleinen Gegenwartswelt irrational wären!

Das kann nach meiner Erfahrung nur auf eine einzige Weise passieren: Wir müssen die zeitliche Perspektive unseres emotionalen Ichs auf das Zukunfts-Ich erweitern, damit es »versteht« und einwilligt und darüber Freude am für die Zukunft richtigen Verhalten hat.

Das Liking-System von Sylvia Andonie, der Double-Deca-Ultratriathletin, hat viele Male erlebt, wie unglaublich gut es sich anfühlt, als Erste oder unter den Ersten über die Ziellinie zu laufen, wie erhebend es ist, in den Medien zu sein und bewundert zu werden. Das ist der ganz logische Grund, warum ihr Wanting-System sie immer wieder die vermeintlich schlimmsten Qualen auf sich nehmen lässt.

Um das für unser Future Me Richtige zu tun, müssen wir schlicht dazu motiviert sein.

Das Lern-System im Belohnungssystem muss lernen, dass sich das langfristig Richtige gut anfühlt, damit es dem Wanting-System befiehlt, das dafür Nötige zu veranlassen. Dann ist das dopaminbestimmte Wanting-System ein zuverlässiger Navigator in eine gute Zukunft.

So werden Dämonen zu Engeln.

Doch wie füllen wir unser Erfahrungsgedächtnis mit Erlebnissen, die in diese Richtung führen, wenn unser Belohnungssystem aus Unlust oder gar Angst schon den ersten Schritt verhindert?

Ich will!

Unser bewusster Wille ist das, was uns unser weitgehend unbewusst arbeitendes Gehirn uns wollen lässt. Was wir als bewussten Willen erleben, wird von unserem unbewussten emotionalen limbischen System bestimmt, bevor es uns bewusst wird.[78] Es entscheidet sich vorbewusst, also bevor wir es wissen. Genau genommen haben wir also keinen rational gebildeten freien Willen. Darin sind sich die Hirnforscher heute weitgehend einig. Sei es drum, die Illusion eines freien Willens tut uns gut und daran rüttele ich jetzt nicht, zumal es hier nicht ins Gewicht fällt.

Unsere Willenskraft ist für unseren Erfolg von größerer Bedeutung als unsere Intelligenz.

Studien[79] haben ergeben, dass Menschen mit ausgeprägter Willenskraft und Selbstkontrolle wesentlich seltener in die Kurzfrist-Falle tappen. Sie wählen wesentlich seltener die sofortige Belohnung, wenn eine attraktivere Belohnung zu einem späteren Zeitpunkt winkt.[80] Selbstkontrolle führt zu besseren Beziehungen[81], besserer Gesundheit[82], mehr Wohlstand und weniger Kriminalität[83]. Diese persönliche Eigenschaft wird schon in der Kindheit angelegt. Und sie ist nur ausgesprochen schwer zu ändern. Waren wir bislang also auf einem Irrweg? Besteht überhaupt die Chance, sein Wanting-System doch irgendwie zu überlisten?

Nein! Solange sich Ihr Belohnungssystem gegen etwas sperrt, hilft selbst Willenskraft nicht, jedenfalls nicht auf Dauer. Auch für Selbstdisziplin braucht es lohnende Motive und Ziele.

Jeder kennt Menschen, die anscheinend enorm viel Willenskraft haben. Doch meistens haben sie nur ein zu ihren Zielen passendes Wanting und Liking und die passenden Einträge in ihrer Erfahrungsbibliothek. Das treibt sie zu dem an, was sie tun. Oft sind sie gute Selbstkontrolleure und Selbstorganisateure. Und sie sind motiviert. »Nichts schmeckt so gut, wie sich Schlanksein anfühlt«, soll das Magermodel Kate Moss gesagt haben.

Jedoch, unsere Willenskraft ist endlich. Psychologen vergleichen sie gerne mit einem mentalen Muskel, der ermüdet, wenn es keine Ruhephasen gibt. Sie bezeichnen dieses Phänomen als Ego-Depletion,[84] als Selbsterschöpfung. Wer tagsüber bei der Arbeit viel Willenskraft aufbringen muss, dem steht sie abends nur noch eingeschränkt zur Verfügung. Sie erschöpft sich heute stärker als früher, weil wir viele Grenzen abgeschafft und mehr Wahlmöglichkeiten geschaffen haben. Wir leben in einer Multioptionsgesellschaft, wie Peter Gross in seinem gleichnamigen Buch schreibt.[85] Als bis zur Mitte der 1980er Jahre die Sendezeit des Fernsehens noch von 16 Uhr bis 1 Uhr dauerte, brauchten wir weniger Willenskraft, um schlafen zu gehen. Auch Home-Office, Facebook und ein konstanter Fluss an E-Mails wie auch die unüberschaubare, auf den ersten Blick begrüßenswerte und auf den zweiten Blick anstrengende Warenvielfalt kosten Willenskraft. In früheren Zeiten waren die Lebenswege wesentlich stärker vorgezeichnet. Gesellschaftliche Normen entschieden für uns. Wir hatten weniger Optionen, weniger Chancen und waren nicht so frei. Heute stehen uns unzählige Möglichkeiten offen, die uns zwingen, uns ständig zu entscheiden. Unsere Willenskraft ist heute viel mehr gefordert als jemals zuvor und sie ist deshalb auch so erschöpft wie niemals zuvor.

Wir können nicht jede Entscheidung mit Pro- und Contra-Listen und Nutzwertanalysen treffen. Wir kämen gar nicht mehr heraus aus dem Analysieren und Grübeln und würden unser Leben versäumen. Ohne ein Future Me sind wir aber genau dazu gezwungen und würden uns folglich von einer Entscheidung zur anderen quälen, weil uns ein verbindlicher und allgemeingültiger Maßstab dafür fehlt, was richtig ist.

Es gibt drei Ebenen, auf denen wir uns selbst dazu bringen können, die für unsere Zukunft förderlichen Dinge zu tun:

1. Willenskraft schonen
2. Willenskraft stärken
3. Willenskraft erweitern

Wir schonen unsere Willenskraft, indem wir uns nur Dinge vornehmen, die uns sowieso schon Freude machen. Doch wie wir mittlerweile wissen, sind das leider nicht immer die Dinge, die uns langfristig guttun. Und doch ist es die angenehmste Strategie, wenn wir unsere Dämonen zu Engeln machen können. In der Psychologie nennt man das die Utilisation, also die Fähigkeit, den schon vorhandenen Antrieb sinnvoll zu nutzen. Sich »mehr Mühe geben« bringt uns nicht weiter. Statt gegen unsere Natur zu kämpfen, schonen wir unsere Willenskraft, indem wir einen Beruf ausüben oder Aufgaben übernehmen, die uns leicht von der Hand gehen, in denen wir ohne viel Willenskraft erfolgreich und im Flow sein können. Wer eine Aufgabe hat, die er hasst, delegiert sie und übernimmt dafür eine andere, deren Erledigung ihn weniger Überwindung kostet. Wir müssen nur sicherstellen, dass die Aufgaben, die wir so gerne übernehmen und die dafür nötigen Qualifikationen auch in der Zukunft gebraucht werden. Auf diese Weise verbinden wir unsere Wohlgefühle mit dem Vernünftigen.

Ihre Willenskraft schonen Sie auch, wenn Sie Ihren Schreibtisch und Ihren Desktop auf dem Computer leer halten, um nicht ständig gegen Ablenkungen kämpfen zu müssen. Wenn Sie einen Artikel endlich fertigschreiben wollen, nehmen Sie sich ein Hotelzimmer und sagen Sie niemandem, wo Sie sind.

Sie können und sollten Situationen vermeiden, in denen Sie Willenskraft aufwenden müssen, um keine nachteiligen Entscheidungen zu treffen, wie etwa dann, wenn Sie hungrig, verärgert, einsam oder müde sind.[86]

Statt Gedanken über eine nötige Lösung im Kopf zu wälzen, können wir schriftlich denken, damit es uns leichter fällt, viele verschiedene Gedanken systematisch zu einem Konzept zu verarbeiten. Wir können Unangenehmes bündeln, etwa indem wir alle Vorsorgeuntersuchungen in einem einzigen großen Check-up durchführen lassen. Ist ein Ziel oder eine Aufgabe so groß, dass uns schon der Gedanke daran lähmt, können wir uns Zwischenziele setzen, die einzeln mit weniger Willenskraft erreichbar sind.

Wenn wir unsere Willenskraft schonen, also so wenig wie möglich davon aufwenden müssen, haben wir in entscheidenden Momenten mehr davon.

Die vielen Zeitgenossen, deren dopaminbestimmtes Wanting keine fünf Minuten ohne Blick auf ihr Handy oder in ihren E-Mail-Eingang ertragen kann, zeigen deutlich, dass es nicht ausreicht, die Willenskraft nur zu schonen. »Dem wird befohlen, wer sich selbst nicht gehorchen kann.«[87] Friedrich Nietzsche bringt es auf den Punkt. Unsere Fähigkeit zur Selbstreflexion und vor allem zur Selbstregulation, zur Selbststeuerung in dieser komplexen Welt ist zu wenig entwickelt.

Dann müssen wir unsere vorhandene Willenskraft nicht nur schonen, sondern sie stärken. Dafür kann es ausreichen, wenn man sich selbst eine Belohnung verspricht, nachdem das Unangenehme getan ist oder der kurzfristigen Verlockung widerstanden wurde.[88] Die Belohnung sollte nur nicht allzu weit in der Zukunft liegen. Erst die Arbeit, dann das Vergnügen. Das Future Me wird es Ihnen danken.

Sich selbst zu drohen, ist weniger angenehm, kann unter Umständen aber auch wirksam sein. Dafür muss man nicht gleich zum Äußersten greifen wie der spanische Eroberer Hernán Cortés: Er ließ seine Schiffe versenken, um die Willenskraft seiner Soldaten für den Kampf gegen König Montezuma und seine Azteken zu stärken. Die Botschaft war eindeutig, siegen oder sterben, Rückzug war ausgeschlossen.

Schon kleinste Erinnerungen an das richtige Verhalten sind wirksam. Wer weniger Strom verbrauchen will, installiert an Orten, an denen man täglich vorbeikommt, etwa im Wohnzimmer oder in der Küche, einen Stromzähler mit graphischer Anzeige. So kommt der Stromverbrauch stärker und häufiger ins Bewusstsein und man kann unnötigen Verbrauch mit höherer Wahrscheinlichkeit unterbinden. Zehn bis 20 Prozent weniger Verbrauch kann man schon mit einfachsten Mitteln der Visualisierung erreichen. Ähnlich wirken die unzähligen Smart-Phone-Apps, die etwa die Zahl der gemachten Schritte pro Tag messen, um das Bewegungspensum steigern zu helfen. Das ist nur eine von vielen Ideen der sogenannten Quantified-Self-Bewegung. Die Mitglieder messen und vermessen ihr gesamtes Leben, um sich die Lücke zwischen Soll und Ist bewusster zu machen und ihre Willenskraft und Selbstdisziplin zu stärken.

»For every job that must be done, there is an element of fun.«

So bringt es Mary Poppins, die Nanny und Hauptfigur im gleichnamigen US-amerikanischen Fantasy-Musical auf den Punkt. Sie zeigt den Kindern eines Bankiers, dass Arbeit und tugendhaftes Handeln Spaß machen. Machen Sie sich also eine Freude aus Ihrer Aufgabe. Mit etwas Phantasie finden Sie in jeder Aufgabe »elements of fun«, sei es, dass Sie sich Ihre Arbeit als Spiel vorstellen oder dabei Ihre Lieblingsmusik hören und gar lauthals mitsingen.

Wenn Sie sich bewusst in einen Wettbewerb mit Freunden oder Kollegen begeben, können Sie mehr Freude am Tun und damit mehr Willenskraft haben. In Konkurrenzsituationen ist unsere Leistungsfähigkeit bekanntlich spürbar erhöht. Sie können entweder ausdrücklich einen Wettbewerb mit anderen Personen veranstalten oder sich ganz im Stillen im Wetteifer um die besten Ergebnisse sehen. Es genügt, wenn Sie besser sein wollen als Ihre gewählten Konkurrenten, die gar nichts von Ihrem inneren Spiel wissen.

Wessen Willenskraft für die gezielte Anwendung solcher Methoden nicht ausreicht, kann immer noch zu einer der einfachsten, wirksamsten und auch angenehmsten Strategien greifen:

Kaum etwas beeinflusst unser Verhalten so sehr wie Vorbilder.

Experimente an der University of Georgia haben gezeigt, dass wir ein gutes Vorbild nicht einmal direkt lebend vor uns sehen müssen: Wer sich einen äußerst disziplinierten Bekannten nur vorstellt, während er seine Kraft an einem Trainingsgerät beweist, hält deutlich länger durch als jemand ohne Vorbild. Ob physisch anwesend oder nur vor dem inneren Auge – Vorbilder mit hoher Selbstdisziplin stärken unsere Willenskraft.[89] Selbstdisziplin ist ansteckend, wenn sie zu Erfolgen führt.

Regisseur Florian Graf Henckel von Donnersmarck erzählt,[90] dass er sich Bilder von Goethe, Schiller, Karl Lagerfeld, Bill Clinton und Arnold Schwarzenegger an die Bürotür heftete, als er mit seinem Filmprojekt *Das Leben der Anderen* begann. Seine Vorstellung ihrer Selbstdisziplin trotz allzu menschlicher Schwächen half ihm durchzuhalten, etwa als nach langer quälender Arbeit sein Werk für die Berlinale einfach abgelehnt wurde. Gegen alle Widrigkeiten wurde von Donnersmarcks Film nicht nur mit dem Deutschen und dem Europäischen Filmpreis in gleich mehreren Kategorien ausgezeichnet, sondern er gewann 2006 auch den Hauptgewinn im Leben eines Filmemachers, den Oscar als bester fremdsprachiger Film.

Es ist unerheblich, ob die Leistungen unserer Vorbilder wirklich auf große Willenskraft oder schlicht auf deren Motivation und Freude an der Sache zurückzuführen sind. Dabei imitieren wir nicht nur das offensichtliche Verhalten unserer Vorbilder, sondern erkennen sogar unbewusst die hinter ihrem Handeln stehende Haltung und Motivation und übernehmen sie.

Als Kinder können wir uns unsere Vorbilder nicht so gut aussuchen, aber als Erwachsene können und sollten wir sie geradezu strategisch auswählen, damit sie zu unserem eigenen großen und einzig maßgeblichen Vorbild passen, zu unserem Future Me.

Wie auch immer Sie Ihre Willenskraft schonen und erweitern, beobachten Sie sich dabei aus der Außenperspektive. Schauen Sie nicht nur aus sich heraus in die Welt, sondern auch aus der Welt heraus auf sich. Besonders wirkungsvoll ist es, wenn Sie sich von außen durch die Augen eines Ihrer Vorbilder beobachten und sich fragen, was dieser Mensch von Ihrem Verhalten halten würde und was er von Ihnen erwarten würde.

Die erwähnten Tricks, Methoden und Strategien, mit denen Sie Ihre Willenskraft schonen und stärken können, sind alle psychologischer Natur. Es kostet Sie schon eine Portion Willenskraft und Disziplin, sie überhaupt anzuwenden. Das ist der Grund, aus dem wir so oft daran scheitern. Dann hilft nur noch eines: Wir müssen unsere Willenskraft erweitern, indem wir unser soziales und materielles Umfeld so gestalten, dass es uns in der Umsetzung unserer guten Vorsätze unterstützt.

Ihr erweiterter Wille

König Odysseus, der mythische Held aus der *Odyssee* von Homer, wollte unbedingt den Anblick und Gesang der schönen Sirenen erleben.[91] Sein Wanting war aufgeladen durch die Sagen, die er darüber gehört hatte. Die Sirenen würden dem Zuhörer die Zukunft voraussagen. Odysseus wusste auch, dass die lieblichen Klänge ein Lockruf in den sicheren Tod waren. Unzählige Schiffer waren dem betörenden Gesang folgend ins Wasser gesprungen und wurden getötet. Doch Odysseus war fest entschlossen, an der Sirenen-Insel vorbeizusegeln. Um für seine Sehnsucht nicht mit dem Tod zu bezahlen, erweiterte er seine Willenskraft. Die Zauberin Kirke hatte ihn auf die Idee gebracht: Er ließ sich an den Mast seines Schiffes binden. Seiner Besatzung verordnete er Wachspropfen für die Ohren, damit sie die Gesänge gar nicht vernehmen und ihnen erliegen können. Daneben befahl er ihnen, ihn zu ignorieren, sollte er verlangen, in Hörweite der Sirenen vom Mast losgebunden zu werden. Odysseus hatte in seinem Umfeld selbstzwingende Umstände geschaffen, die seinen Willen unterstützten. Er hatte eine Entscheidung mit Auswirkungen auf die Zukunft getroffen, die ihn selbst betraf. Er war gewillt, bei seiner Wahl zu bleiben, und hatte Maßnahmen veranlasst, die dafür sorgten, dass er seine Entscheidung nicht rückgängig machen konnte. Somit hatte Odysseus alle Voraussetzungen geschaffen, wie wir sie im Kapitel »Keimende Hoffnung« ermittelt haben, um die Kurzfrist-Falle zu umgehen.

Ist das nicht eine gute Nachricht? Wir können unsere Willenskraft erweitern! Wir können unsere Umwelt so gestalten, dass sie uns in dem unterstützt, was wir als langfristig richtig für unser Future Me erkannt haben.[92]

Der erweiterte Wille ist eine faszinierende Methode. Er ist praktisch der einzige wirksame Weg, den positiven Kreislauf zu starten, mit dem unser Belohnungssystem die Möglichkeit bekommt zu lernen, dass es angenehm ist, das langfristig Richtige zu tun. Unser Verlangen danach treibt uns zur Wiederholung.

Wie können wir unseren Willen erweitern? Schauen wir uns einige Beispiele an:

1. Wer mehr für seine Altersvorsorge zur Seite legen will, richtet einen Dauerauftrag ein, wodurch gleich nach Eingang des Gehalts ein bestimmter Betrag auf ein Sparkonto überwiesen wird. So ist nicht jeden Monat Willenskraft erforderlich, um sich fürs Sparen zu entscheiden.
2. Wer sich gesünder ernähren will, abonniert die wöchentliche Lieferung einer Obst-und-Gemüse-Kiste, damit immer gesunde Nahrung im Haus ist, oder bringt einen Spiegel am Kühlschrank an, der ja nachweislich tugendhafteres Verhalten erzeugt.
3. Wer drastisches Übergewicht reduzieren will, probiert eine der zahlreichen Diäten aus oder lässt sich im Extremfall einen Magenring einsetzen.
4. Wer seine Arbeitsergebnisse pünktlicher liefern will, installiert Fremdkontrolle, indem er entweder mit jemandem, der eine höhere Autorität hat oder auf dessen Meinung er viel gibt, einen früheren Abgabetermin vereinbart oder sich verpflichtet, die Aufgabe in einem Team zu erledigen oder indem er sich öffentlich auf einen Termin verpflichtet.
5. Wer Aktienverluste begrenzen will und es meist nicht schafft, rechtzeitig zu verkaufen, richtet eine Stop-Loss-Order ein – eine Möglichkeit, um mit kühlem Kopf vorab festzulegen, was in turbulenten Zeiten zu tun ist.
6. Wer produktiver werden will, macht seine Ergebnisse für an-

dere sichtbar und vergleichbar und setzt sich auf diese Weise bewusst der sozialen Kontrolle aus.

7. Wer tugendhafter leben will, umgibt sich mit Menschen, auf die das bereits zutrifft, und zieht sich aus einem lasterhaften Umfeld zurück.
8. Wer zu oft von E-Mails und Kurznachrichten abgelenkt wird und es selbst nicht schafft, die Internetverbindung zu trennen, verpflichtet jemand anders dazu.
9. Wer sich nicht auf die nächste wichtige Aufgabe konzentrieren kann, schafft sich ein vertrauenswürdiges Ablagesystem für alles, was im Moment nicht zur Erledigung ansteht. So wird das Gehirn von allen Ablenkungen entlastet und es steht immer nur die aktuelle Aufgabe im Fokus.[93]
10. Wer im Unternehmen mehr für das Zukunftsmanagement tun will, aber immer an dringenden Aufgaben scheitert, verpflichtet einen Mitarbeiter dazu, verbindliche Termine zu reservieren und auf ihrer Einhaltung zu bestehen.

Ein durch solche Methoden erweiterter Wille hilft, Rituale zu schaffen, die langsam beginnen, sich selbst zu belohnen.

Alles gut?

Wie ist das, wenn Sie Ihr Future Me entwickelt haben? Dann haben Sie es durch Erziehung, Bildung, soziale Normen oder schlicht Selbstreflexion gelernt, Ihr kurzfristig orientiertes Gehirn zu überlisten, indem Sie die Auswirkung Ihrer Entscheidungen in die Zukunft projizieren, diese Projektion rational und emotional prüfen, sich dann mit dieser imaginierten Emotion aus der Zukunft verbinden und damit hier und jetzt eine vernünftige Entscheidung fällen können. Aus dieser in die Gegenwart geholten Zukunfts-Emotion schöpfen Sie die Kraft dafür, auf die sofortige Belohnung zu verzichten, und zwar gerne. Mit Ihrem geschonten, gestärkten und erweiterten Willen machen Sie sich das Ganze zudem leicht und sichern Ihren Erfolg ab. Perfekt, oder?

Würde ein jeder die neue Kulturtechnik des Future Me aus dem Effeff beherrschen, würde er nicht mehr so tun, als hätte er nicht gesehen, dass sein Hund gerade ein Häufchen auf dem Trottoir hinterlassen hat. Er würde darauf verzichten, sich mit einem Konsumentenkredit den neuesten Kaffeevollautomaten zu kaufen, obwohl er schon über beide Ohren in Ratenzahlungen verstrickt ist. Das Future Me würde die positive Hier-und-Jetzt-Emotion, sich damit wie ein cooler Café-Barista zu fühlen, abschwächen und das negative Gefühl aus der Zukunft, überschuldet, privat insolvent und am Boden zerstört zu sein, in die Gegenwart holen. Das Future Me ermöglicht also, statt der triebgesteuerten kurzsichtigen eine ebenso triebgesteuerte langfristig kluge Entscheidung.

Ist das die Lösung? Würden wir kollektiv von unserem Kurzfrist-Trip in die Katastrophe schlittern, wenn wir viel mehr Wert als heute darauf legen würden, dass Menschen in ihrer Bildungskarriere nicht nur Laufen, Fahrradfahren, das Einmaleins, die unregelmäßigen englischen Verben oder Schillers Glocke lernen, sondern auch die Methode des Future Me? Wären wir dann nicht mehr unserem vergnügungssüchtigen Gehirn ausgeliefert? Wäre dann die Welt gerettet?

Ja und nein.

Stellen wir uns eine Welt vor, in der jeder Mensch gelernt hat, sein eigenes Future Me zu entwickeln und im Alltag zu nutzen. Somit hätten wir alle zwar einen für uns selbst und unsere Zukunft verantwortungsvollen Umgang erworben. Doch der Mensch ist als soziales Wesen immer auch Teil von Gemeinschaften und Gesellschaften. Solange Menschen in ihrem Umfeld – Familie, Unternehmen und Gesellschaft – nur ihr eigenes

Future Me pflegen, handeln sie zwar vernünftig und in Verantwortung für die eigene Zukunft, aber sie laufen alle in unterschiedliche Richtungen. Je mehr verschiedene Zielvorstellungen es gibt, umso zahlreicher sind die unterschiedlichen Wege und die Kollisionen der Interessen. Mit Milliarden einzelner Future Mes würden wir vermutlich weiter kommen als heute, denn viel Unvernünftiges, was wir später bereuen, würde uns erspart bleiben. Unser Dasein wäre schon spürbar lebenswerter. Dennoch kämen wir im Ganzen betrachtet nicht sehr weit.

In einem Stadtplanungsamt ist es dem einen wichtig, Jugendstilvillen als Zeugen einer kunstvollen Architektur für nachkommende Generationen unverfälscht zu erhalten. Ein anderer will möglichst viele Niedrigenergiegebäude sehen und drängt darauf, die bereits stehenden Gebäude zumindest mit einer Wärmedämmung versehen zu lassen. Beide Beamte denken langfristig. Doch die Kräfte gehen in ganz unterschiedliche Richtungen und kollidieren. Entweder Denkmalpflege oder Wärmedämmung, beides zusammen geht nicht. Da hilft es auch nicht, dass es einen Vorgesetzten gibt, der seine Lebensaufgabe darin sieht, genügend Parkraum für die Bewohner der Stadt zu schaffen und der die strittigen Gebäude gleich ganz abreißen will. Jeder der Stadtplaner wird versuchen, seine Vorstellungen seinen Möglichkeiten entsprechend umzusetzen. Denn alle drei arbeiten mit ihrem Future Me: Sie wollen stolz auf das Ergebnis sein können, zu dem sie beigetragen haben. Sie wollen dereinst das Gefühl haben und darin bestätigt werden, es gut und richtig gemacht zu haben. Deshalb gibt es Gesetze und Regularien, die das gemeinsam Gewollte festlegen, auch wenn es dem Einzelnen anders lieber wäre.

In einer Welt, in der jeder nur sich selbst verwirklichen will, wären gemeinsame Ziele trotz Langfristperspektive nicht das Ergebnis eines gemeinsamen Willens, sondern reiner Zufall.

Für sich selbst ein Future Me zu entwickeln reicht also nicht. Familien, Schulen, Nachbarschaften, Ämter, Städte, Unternehmen, Staaten und so weiter können ihren Zweck nicht erfüllen, so lange keine Einigkeit herrscht, wohin die Reise im Wesentlichen gehen soll. Wie soll eine Familie funktionieren, wenn kein Konsens darüber besteht, wer was will und wer welche Rolle übernimmt? Ohne eine gemeinsame Vorstellung von der Zukunft, ohne einen Raum, in dem die unterschiedlichen Future Mes ihren Platz finden und sich im Idealfall gegenseitig unterstützen, zumindest aber nicht behindern, ist es nur Augenwischerei, so zu tun, als hätte man einen gemeinsamen Weg.

Viele Menschen sind schockiert, wenn ihnen bewusst wird, dass etwa ihre Ansichten mit denen anderer Menschen kollidieren. Beispielsweise wenn Mitarbeiter realisieren, dass sie nicht in das Unternehmen passen, weil sie aus Widerspruch oder aus Unvermögen dessen Ziele torpedieren. Oder wenn ein Unternehmer, der seinen eigenen Betrieb und die zehn, 100 oder 1 000 Arbeitsplätze mit unendlichem Einsatz und 100 Wochenarbeitsstunden aus dem Nichts erschaffen hat, hört, dass eine Mehrheit der Wähler in seinem Land für noch höhere Unternehmenssteuern ist. Wenn sich eine Vorstellung von der Zukunft für die einen gut und für die anderen schlecht anfühlt, sind Konflikte unausweichlich.

Wenn diese Konflikte nicht auflösbar sind, und das sind sie oft nicht, schwächen die auseinanderstrebenden Future Mes die langfristigen Zwecke und damit die Existenzfähigkeit jeder Gemeinschaft und Organisation. Von der Zukunftsfähigkeit ganz zu schweigen. Nicht gelöste Konflikte wirken sich in jeder Gemeinschaft und in jedem Unternehmen wie ein Bremsklotz aus und das gesamte Gebilde droht zu scheitern. Organisationen – also Unternehmen, Kommunen, Behörden oder Staaten sind erst dann gesund, wenn sie ein übergeordnetes kollektives Future Me ausbilden und verfolgen. Ich nenne es das Future We.

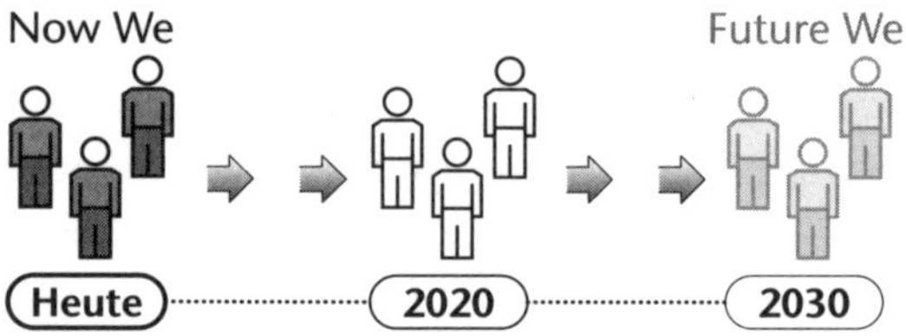

Abbildung 11: Future We

Können wir also mit einem Future We, das wir zusammen mit anderen entwickeln und als Maßstab nehmen für richtiges gemeinsames Handeln, unsere Zukunft retten? Ja, das können wir. Wenn uns die anderen bloß so wichtig wären, wie wir uns selbst …

Ego!

Hunderttausende von Büchern stehen in scheinbar endlosen Reihen. Deutsch als Fremdsprache. Die Flora Deutschlands. Der Mythos des Sisyphos. Mathematische Formelsammlung. Die Schlacht um Stalingrad. Zu jedem denkbaren Thema sind die wichtigsten Werke vertreten. Es ist still, wie es sich für eine Bibliothek gehört. Man nimmt doch schließlich Rücksicht aufeinander …

Leise gehen die Besucher durch die Gänge. Sie halten Körbe in den Armen, in die sie die Bücher legen, die sie ausleihen wollen. Ein Herr mittleren Alters hat ganz gezielt nach Reiseführern gesucht und sie gefunden. Offenbar steht ein Urlaub bevor. Wie gut, dass die Bibliothekare ihr Handwerk verstehen und die Titel sortiert und mit Schildern auf dem Buchrücken versehen übersichtlich eingeordnet haben.

Auf dem Weg zur Ausleihe kommt der Mann am Astronomie-Regal vorbei. Da springt ihm der Titel eines großformatigen Bildbandes in die Augen: *Unser Weltall*. Sternenkunde hat ihn schon immer fasziniert. Er stellt seinen gutgefüllten Korb ab und blättert durch das interessante Werk. Toll! Reich bebildert sind hier alle Informationen über Erde, Sonnensystem, Milchstraße und weit entfernte Galaxien zusammengestellt. Der Band wiegt aber ein paar Kilo. Zweifelnd schaut er auf den Korb zu seinen Füßen. Alle Bücher auf einmal nach Hause zu tragen, ist ihm zu schwer. Und es ist ja auch noch Zeit bis zu den Ferien. Der Mann schaut sich um. Als er sich unbeobachtet fühlt, packt er kurzerhand einen Teil der kleinformatigen Titel wieder aus. Noch einmal zurückzugehen und in den Regalen ihren eigentlichen Platz herauszusuchen, dazu hat er offensichtlich keine Lust.

Unser Weltall – fühlt sich gut an, will er haben. Bücher einsortieren – fühlt sich schlecht an, will er nicht. Er schaut sich um, niemand beobachtet ihn. Unmittelbare Konsequenzen sind nicht zu befürchten. Das schlechte Gewissen zuckt ein wenig, hat aber keine Chance. Eilig stellt der Mann drei Bücher – *Griechisch im Urlaub*, *Athen* und *Der Berg Athos* – zwischen die Bände über Kugelsternhaufen und Sonnenphysik und geht schnell weiter zur Ausleihe.

Was für eine Gemeinschaft das Gute ist, ist für den Einzelnen oft das Schwierige. Und umgekehrt.

Viele Menschen haben oft das Gefühl, dass es sich nicht lohnt, ein Opfer zu bringen, damit es der Gemeinschaft später gutgeht. Wenn auch nur ein paar Prozent der Bibliotheksnutzer sich so egoistisch verhalten würden wie dieser eine Egoist, wenn sie das Prinzip der Ordnung als zentrale Grundvoraussetzung für das Funktionieren einer Bücherei missachten würden, wäre eine wertvolle Ressource für ihre Mitmenschen unbrauchbar. In jedem Fall werden dadurch die Kosten für alle Buchliebhaber steigen. So verstößt man gegen eines der universellen Prinzipien, das Philosophen und Propheten seit Jahrtausenden rund um den Globus predigen: Verhalte dich so, dass dein Verhalten das Vorbild für alle anderen sein könnte und die Welt damit eine gute wäre.

Es liegt auf der Hand, dass der Mensch in den meisten Fällen eine Belohnung lieber für sich selbst als für seine Gemeinschaft haben will. Was er öffentlich erklärt, ist unerheblich. Entscheidend ist, wie er handelt.

Wenn es um das Miteinander und die Gemeinschaft geht, denken wir in Wahrheit an uns selbst im Vergleich zur Gemeinschaft. Dieser Zusammenhang ist gut erforscht. In einem Experiment[94] wurden Menschen in Gedankenspielen verschiedene Zukunftsoptionen eröffnet. Eine sah vor, dass die Probanden künftig 50 000 US-Dollar im Jahr verdienen könnten. Eine andere Option versprach ihnen 100 000 US-Dollar jährlich. Auf den ersten Blick mag man vermuten, dass die Versuchsteilnehmer lieber 100 000 US-Dollar verdienen wollten. Aber das Gegenteil war der Fall!

Ausschlaggebend war nämlich, was Menschen in der Nachbarschaft oder im Freundeskreis verdienten. Im ersten Fall sollten sich die Probanden vorstellen, ihnen würden 50 000 US-Dollar zur Verfügung stehen, während das Einkommen der anderen 25 000 US-Dollar ausmachte. Im zweiten Fall sollten die Teilnehmer sich ausmalen, ihr Gehalt würde mit 100 000 US-Dollar zu Buche schlagen, wohingegen alle in ihrem Umfeld ein Jahresgehalt von 200 000 US-Dollar hätten.

Das Ergebnis war eindeutig: Für die meisten von ihnen war es attraktiver, absolut weniger, aber relativ zur Gesellschaft mehr zu verdienen. Lieber der Reichste unter den Bettlern als der Ärmste unter den Königen. Der absolute Betrag ist den Menschen egal, jedenfalls wenn die Grundbedürfnisse befriedigt sind. Hauptsache ist aber, dass sie im Vergleich zu anderen gut dastehen.

Dementsprechend sind Wohltaten wie Spenden und andere Bezeugungen von Nächstenliebe nur scheinbar altruistisch, da sie mit starken Botenstoff-Ausschüttungen verbunden sind: Dopamin zur Vorfreude und Serotonin zur Zufriedenheit. Neurobiologisch gesehen ist uneigennütziges Verhalten also durchaus egoistisch begründbar. Der Wohltäter fühlt sich hinterher nämlich mindestens so gut wie der Empfänger. Wie geboten, liebt er seinen Nächsten wie sich selbst.[95]

Es ist also eine Illusion, dass allein die Vorstellung eines Future We direkten Einfluss nimmt auf individuelle Entscheidungen im Sinne des Gemeinwohls. Wir reden zwar von den Notwendigkeiten für die Gesellschaft, denken aber in Wahrheit an unsere persönlichen Vorteile.

Der Regelfall ist also, dass dem Einzelnen das Wohl der Gemeinschaft – etwa des Unternehmens, in dem er arbeitet – weniger wertvoll erscheint als sein eigenes Wohl. Klar. Und je weiter das Wohl oder eine Belohnung in der Zukunft liegt, umso größer wird der Unterschied. Folglich lohnt es sich für das Individuum schlichtweg nicht, jetzt Opfer zu bringen, damit es der Gesellschaft in Zukunft besser geht. Anders würde es für uns, so wie wir gestrickt sind, wenig Sinn ergeben. Und so verhalten wir uns dann auch.

Gleichermaßen nehmen wir einen Schaden für uns selbst als deutlich größer wahr als einen Schaden für die Gemeinschaft. Diese Präferenz ist ein weiterer wesentlicher Faktor für die Kurzsichtigkeit, mit der Unternehmen geführt und Staaten regiert werden. Wir alle neigen in unserem Handeln dazu, gesellschaftliche Nachteile in Kauf zu nehmen, um persönlich davon zu profitieren. Die zahlreichen Fälle von Korruption, Unterschlagung, Untreue oder Betrug sind die kriminelle Variante kurzsichtigen Fehlverhaltens. Hier wurde nicht nur dem Jetzt-

Ich der Vorzug gegenüber dem Zukunfts-Ich, sondern auch gegenüber dem Jetzt-Wir gegeben.

Sie könnten nun einwenden, dass der egoistische Impuls auch dem großen Ganzen dienen kann, dass beispielsweise das Streben nach materiellem Wohlstand die Wirtschaft ankurbelt. Es resultiert aber aus der Funktionsweise des von uns geschaffenen Systems namens Marktwirtschaft, dass wir durch unser individuelles Handeln auch dem Kollektiv nutzen. Das kommt nicht von unseren bewussten Einzel-Entscheidungen. In einer Marktwirtschaft kann jeder für sich nur dann einen Nutzen erzielen, wenn damit auch ein Vorteil für andere geschaffen wird. Sobald aber der zu erwartende individuelle Nutzen durch Betrug an der Allgemeinheit, auch nach dem Abwägen der damit verbundenen Risiken, höher ist als der legale Nutzen aus dem regulären System, hintergehen Menschen in großer Zahl die Gemeinschaft. Dann werden Steuern hinterzogen und die Handwerker schwarz bezahlt. Allein das Gewissen hält Mitglieder einer Gesellschaft davon ab.

Nicht kriminell, doch meistens mit einem deutlich größeren Schaden handeln Regierungen und Politiker, die sich von ihrem Jetzt-Ich gesteuert mit Wohltaten in Form von Subventionen und Sozialleistungen beim Volk beliebt machen. Noch schlimmer wird es, wenn sie dafür sogar noch Kredite aufnehmen. Eigentlich müssten sie, nach Abwägung der Umstände und in vertretbarem Maße, persönlich dafür haften, wie jeder Geschäftsführer auch. Niemand kann behaupten, nicht zu wissen, dass der Nutzen für das Kollektiv oft nur vordergründig ist und die kurzfristigen Wohltaten der Gemeinschaft langfristig nur schaden werden – spätestens wenn Zins und Tilgung fällig werden. Aber nein, sie setzen auf die Wiederwahl oder einen besseren Platz in der Beliebtheitsskala des Politbarometers. Anstatt die hohe Zahl an Schulabgängern ohne Abschluss zu verringern, wird lieber darüber nachgedacht, ob sich mit einer Herdprämie oder irgendwelchen Steuervergünstigungen für einzelne Gruppen Wählerstimmen fangen lassen.

Dem menschlichen Gehirn geht das Ich über das Wir. Auch damit müssen wir uns abfinden. Die negativen Auswirkungen dieser eindeutigen Präferenz müssen wir aber nicht hinnehmen.

Future We

Ein wirksames Future We kann es nur geben, wenn die Future Mes der Mitglieder einer Gemeinschaft miteinander kompatibel sind. Das Future We muss die unterschiedlichen Future Mes bündeln und auf einer höheren Ebene integrieren. Ist das Future Me also nur ein Zwischenschritt zu einem Future We, das ein zukunftsfähiges gemeinsames Leben auf unserem Planeten erst ermöglicht? Müssen wir unser Future Me dem Future We opfern?

Konsensvielfalt

Bevor ein Flugzeug startet, werden die Passagiere instruiert, bei plötzlich abfallendem Luftdruck in der Kabine zuerst sich selbst die Maske aufzusetzen und dann erst ihren Sitznachbarn dabei zu helfen. »Be selfish for selfless reasons and be selfless for selfish reasons«, heißt das zugrunde liegende Prinzip: Sorge dafür, dass du stark bist, damit du anderen helfen kannst. Und sei selbstlos, um bei anderen die Grundlage zu schaffen, damit es auch dir besser geht.

Erst die Bereitschaft eines jeden Mitarbeiters, auf sofortige Belohnungen in der Gegenwart zugunsten besserer Belohnungen in der Zukunft zu verzichten, ermöglicht das starke Future We eines Unternehmens. Wie soll ein Unternehmen auch erfolgreich arbeiten, wenn die Angestellten immer wieder in die Kurzfrist-Falle tappen? »Ach, heute fühle ich mich müde und habe ich keine Lust zu arbeiten; ich glaub, ich lass' mich krankschreiben.« Ohne ein starkes Future Me ist ein starkes Future We nicht möglich.

Ideal wäre es natürlich, das Future Me des Einzelnen würde

mit dem Future We der Organisation perfekt übereinstimmen. Es müssten sich dann nur die richtigen Leute zusammenfinden und ihre eigentlichen Interessen klären und schon wäre maximale Kongruenz erreicht. Das ist aber nur selten der Fall. Vielmehr müssen wir mehr oder weniger große Kompromisse machen, um zu einem Future We zusammenzufinden. Das heißt nicht, dass wir gleich nordkoreanische Verhältnisse schaffen müssen, in denen der Wille des Individuums nichts und der der Gemeinschaft alles zählt. Und wer aufmuckt, wird ausgeschlossen, ist verloren oder wird hingerichtet.

Nein. Wenn hier von dem machtvollen Future We einer Organisation die Rede ist, sind natürlich nicht Gleichschaltung, Zensur und Denkverbot gemeint. Im Gegenteil. Das gemeinsame Wir in der Zukunft darf kein Diktator sein. Das Future We ist vielmehr zu verstehen als eine periodische Baustelle, über die fortwährend diskutiert und debattiert wird. Das heißt, am Future We wird immer wieder gemeinsam gearbeitet. Weder dürfen auf Organisationsebene die Prinzipien guter Führung und Zusammenarbeit, noch auf staatlicher Ebene die Prinzipien von Demokratie und sozialer Ethik angetastet werden. Auch wenn diese kulturellen Errungenschaften selbstverständlich sind, möchte ich diese Prämissen sicherheitshalber betonen.

Jeder Einzelne füllt in seinem Leben viele Rollen aus und ist damit Teil einer Vielzahl unterschiedlicher Future Wes.

Das Zukunfts-Wir des Sportvereins könnte sein: »Wir sind kein Freizeitverein, sondern wir wollen Kreismeister werden. Dafür trainieren wir hart und nehmen fast jedes Wochenende an Turnieren teil.« Das Future We des Arbeitgebers könnte lauten: »Wir sind die besten Hersteller von Sitzen für den öffentlichen Nahverkehr und wollen es auch bleiben. Wir wollen, dass möglichst viele ihr Auto in der Garage lassen und mit Bussen und

Bahnen fahren. Um dies zu erreichen, ist unsere Innovationskraft ein zentraler Erfolgsfaktor.« Diese beiden Vorstellungen kollidieren nicht miteinander. Mitglieder der Gruppe, die sich einig sind, dass sie Weltmarktführer werden wollen, können nach Feierabend und jedes Wochenende von Sporthalle zu Sporthalle ziehen, ohne dass sich die Future Wes berühren. Dabei können sie völlig unterschiedlicher Auffassung darüber sein, welche Partei man für eine bessere Zukunft wählen sollte. Selbst Hunde- und Katzenhalter würden sich vertragen.

Mit einem Future We werden schlicht Prioritäten und Leitlinien gemeinsam vereinbart und vorgegeben, andere Interessen werden dabei nicht ausgeschlossen. Als größter gemeinsamer Nenner der Vorstellungen Einzelner diszipliniert und koordiniert das Future We die individuellen Future Mes im jeweiligen Kontext.

Natürlich gibt es neben der friedlichen Koexistenz unterschiedlicher Future Mes auch Dissonanzen. So konkurrieren die verschiedenen Future Wes um Aufmerksamkeit und Lebenszeit und können so den Einzelnen in Interessenskonflikte bringen. Wenn ein Angehöriger der »Wir bringen Opfer, um Kreismeister zu werden«-Gruppe auch Mitglied der Gruppe »Familie Schmidt« ist, deren Future We »Eltern und Kinder verbringen möglichst viel Zeit miteinander« lautet, sind Schwierigkeiten vorprogrammiert. Denn Leistungssport und Familienausflüge am Wochenende vertragen sich nicht gut. In diesem Fall muss der Betroffene handeln: Entweder sein Engagement im Verein herunterfahren, indem er einem anderen Club mit einem anderen Future We beitritt, oder er setzt in seiner Familie eine andere Vereinbarung durch. Natürlich gilt immer die Prämisse, dass alle Beteiligten möglichst wenig von ihrem Future Me opfern sollten, um zu einem Future We zu finden. Sie und ich wissen aber aus eigener Erfahrung, dass es immer wieder unauflösbare Interessenkonflikte gibt. Uns bleiben dann nur zwei Möglichkeiten:

Entweder muss man damit leben, auf eigene Ziele verzichten oder eine seiner Rollen wechseln.

Das Future Me ist also kein Zwischenschritt zu einem Future We, das das Leben auf unserem Planeten sinnvoll und lebenswert macht.

Niemand muss sein Future Me einem Future We opfern.

Im Gegenteil. Was bedeutet es, wenn sich einzelne Future Mes zu einem Future We bündeln?

Public Viewing

Die Ära des Teamchefs Rudi Völler hat im kollektiven Fußballgedächtnis der Deutschen ungefähr die Emotionalität eines nasskalten Novembertages. Die deutsche Equipe hatte sich mit Rumpelfußball durch die Qualifikation für die Europameisterschaft 2004 gehangelt. Am Schluss reichte es zwar für die direkte Teilnahme am Turnier in Portugal, überzeugt hatte das Team jedoch nicht. Während der Europameisterschaft brachte es ein enttäuschter Blogger auf den Punkt: »Eine gute Halbzeit gegen die Niederlande, ein torloses Unentschieden gegen Lettland und schließlich eine demütigende Niederlage gegen Tschechiens B-Elf – das war's.« Völler trat zurück. Fußball machte keinen Spaß mehr. Tristesse auf dem Spielfeld, das den Deutschen doch so wichtig ist. Das tat weh.

Und dann kam Jürgen Klinsmann. Schon in den Gesprächen in New York, wo sich der in Kalifornien lebende ehemalige Fußballstar und die Emissäre des DFB trafen, um seine Tätigkeit als Bundestrainer für die Weltmeisterschaft 2006 zu besprechen, sagte er: »Wir werden Weltmeister.« Zunächst nahm das kaum einer wirklich zur Kenntnis. Während das ganze Land dem Eröffnungsspiel entgegensah, beharrte Klinsmann weiterhin auf seinem großen Ziel, sogar als ein Vorbereitungsspiel gegen Italien völlig danebenging. Der Bundestrainer strahlte eine tiefe Überzeugung aus, der nach und nach alle erlagen. Und mit dem ersten Sieg im Turnier brach dann ein emotionaler Damm, in dessen Folge die Deutschen in einen 31 Tage anhaltenden Fußballrausch gerieten. Selbst diejenigen, denen Fußball zuvor gleichgültig gewesen war, wurden von der Euphorie mitgerissen. Die Stimmung unter den Fans wirkte auch zurück auf die Mannschaft und deren Leistung. Selten haben die Deutschen so offensiv und überzeugend gespielt. Philipp Lahm dazu hinterher: »Die Fans und Medien haben uns getragen.«

Die Weltmeisterschaft im eigenen Land 2006 sorgte für eine Aufbruchstimmung, die den Deutschen niemand zugetraut hatte – am allerwenigsten sie sich selbst. Hinterher rieben sich alle die Augen und sprachen perplex vom »Sommermärchen«. Weltweit stieg Deutschlands Sympathiewert enorm, was nicht nur an dem erstaunlich schönen Sommer lag. Angela Merkel lobte eine Abordnung der Fußballmannschaft im Bundeskanzleramt: »Sie haben sich um Deutschland unendlich verdient gemacht.« Auch Franz Beckenbauer war zufrieden: »Es hat alles gepasst. Bei den Fanfesten haben Menschen unterschiedlicher Hautfarbe und Religionen nebeneinander gestanden. So stellt sich der liebe Gott die Welt vor, auch wenn wir in der Realität noch 100 000 Jahre davon entfernt sind.«

Fußball löst freilich nicht unsere Zukunftsprobleme. Doch zeigt dieses Beispiel im Kleinen und Trivialen, was im Großen und Wichtigen möglich ist.

So wie sich hingeworfene Metallspäne nach einem Magneten ausrichten, kann uns ein Future We in eine gemeinsame Richtung mitreißen.

Im Bann einer gemeinsamen Vision sind wir zu einer Begeisterung fähig, die unsere Leistungen weit über das gewöhnliche Maß hinaustreibt. Wo dieses Future We fehlt, dort geht es nicht voran. Dann fallen Fortschritt und Wohlfahrt den Einzelinteressen zum Opfer. Menschen ohne Vision leben weiter vor sich hin, Gemeinschaften und Organisationen aber zerfallen nach und nach.

Eine relative Einigkeit darüber, wo eine Gemeinschaft hin will, reicht oftmals schon, um die Angehörigen mitzureißen. Wie aber funktioniert das genau, wenn ein gemeinsames Future We die vielen Future Mes auf Linie bringt?

100 Prozent

In der Wirtschaft herrscht Krieg um gute Mitarbeiter. Kaum eine Business-Tagung vergeht, ohne dass der »War for talent« erwähnt wird. Seit Jahren klagen Unternehmer, Manager und Personaler, dass viel mehr erreicht werden könnte, wenn man nur genügend gute Mitarbeiter und Nachwuchskräfte finden würde. Ein Unternehmen, das jedes Jahr mehr als zehnmal so viele Bewerbungen bekommt, wie es überhaupt Mitarbeiter hat, kann in einer solchen Situation nur auf einem anderen Planeten sein.

Die Geschichte begann im Jahr 1996 in der beschaulichen Pfalz. Die Söhne zweier Landwirte, der eine Physik-Student, der andere Agrarökonom, experimentierten mit Windkraftanlagen. Sie taten sich zusammen und gründeten ein Unternehmen, das heute unter dem Namen juwi firmiert. Fred Jung und Matthias Willenbacher hatten von Anfang an eine Vision, ein Future We, das sie leitet – nicht nur für sich selbst und ihre Firma, sondern auch für das ganze Land: 100 Prozent erneuerbare Energien. Inzwischen plant, finanziert, errichtet und betreibt juwi Anlagen für regenerative Energien aller Art.

Fred Jung und Matthias Willenbacher entwickelten ihre Vision zu einer Zeit, als Kernkraft noch als Zukunftstechnologie galt. Sie sagen: »Es geht um nichts weniger als darum, künftigen Generationen Handlungsspielräume für eine nachhaltige Entwicklung zu eröffnen. Ein gerechter und effizienter Umgang mit Ressourcen und Energie ist für uns von größerer Bedeutung als die reine Profitorientierung.« Schnell tut man solch edle Worte als Greenwashing ab. Wer aber juwi besucht, kann spüren, wie authentisch und kraftvoll das Unternehmen ist.

Jung und Willenbacher ist es ernst mit ihrer Vision. Sogar so ernst, dass Letzterer in seinem Buch *Mein unmoralisches Angebot an die Kanzlerin: Denn die Energiewende darf nicht scheitern!* verspricht, seine Anteile an juwi an die Energiegenossenschaften in Deutschland zu verschenken, sollte Frau Merkel seine Vision von 100 Prozent erneuerbaren Energien übernehmen und dieses Ziel bereits für 2020 anvisieren. Juwi ist längst kein Start-up mehr. Mit seinen rund 1 800 Mitarbeitern erzielt das Unternehmen mehr als eine Milliarde Euro Umsatz im Jahr, wobei ein immer größerer Teil auf das Engagement in den USA, Südamerika, Südafrika und Asien zurückgeht.

Es ist nicht nur diese Vision, die juwi zu einem besonderen Unternehmen macht. Die Vision »100 Prozent erneuerbare Energien« ist für Jung und Willenbacher mehr als eine Geschäftsidee. Sie verstehen ihre Einstellung als »Basis für den Erhalt der Schöpfung«. Derart tiefe Überzeugungen verwirklichen sie auf jeder Ebene bei juwi. Ihr Bürohaus in Wörrstadt ist das ihrer Einschätzung nach energieeffizienteste Gebäude der Welt. Es erzeugt mehr Energie, als es verbraucht.

Die Überzeugung, dass die Mitarbeiter als der wertvollste »Energieträger« des Unternehmens verstanden und behandelt werden, bringt juwi regelmäßig Auszeichnungen als bester Arbeitgeber. Hauseigene Sportplätze für Fußball und Volleyball, ein Fitness-Studio, Gesundheitskurse, ein Andachtsraum, der Shuttleservice von und nach Mainz, eine Mensa mit hochwertigen regionalen und ökologischen Speisen sowie die Kindertagesstätte »Juwelchen« gehören, neben der anziehenden Vision »100 Prozent«, zu den Gründen, warum sich jährlich bis zu sage und schreibe 25 000 Menschen dort um einen Job bewerben.

Willenbacher kokettiert in seinem Buch mit seiner Herkunft und Einstellung zum Leben: »Ich bin ein Bauernjunge und wuchs auf einem Hof in der Nordpfalz auf. Mein großes Lebensziel war es, Faulenzer zu werden. Heute bin ich Workaholic und leite ein Milliardenunternehmen mit Niederlassungen in vielen Ländern der Erde.« Dieses Beispiel zeugt davon, dass wir unser Future Me nicht zu sehr an Äußerlichkeiten festmachen sollten. Es kann immer ganz anders kommen.

Ist eine Organisation stark, heißt das nicht, dass der Einzelne dadurch geschwächt wird. Ganz im Gegenteil! Nur im Verbund mit anderen ist ein Mensch in der Lage, über sich selbst hinauszuwachsen, viel zu leisten und Großes zu vollbringen. Menschen, die völlig unterschiedliche Vorstellungen von Zukunft haben, finden sich nicht in Organisationen zusammen. Das tun nur diejenigen, die in etwa dieselben Ziele haben. Wie in einem selbstverstärkenden System bildet sich dann aus einzelnen Future Mes ein Future We heraus, das machtvoller ist als alle Future Mes zusammen. Mit den Lichtstrahlen einer Taschenlampe, die alle nur ungefähr in dieselbe Richtung zielen, kann man keinen Stahl zerschneiden. Mit einem Laserstrahl, in dem die Lichtwellen maximal gebündelt sind, schon.

Es ist die Basis des Erfolges von Organisationen, den Mitgliedern eine gemeinsame Richtung zu geben, eine verbindende Vorstellung von der gemeinsamen Zukunft, die sich für so gut wie alle Mitglieder gut anfühlt. Das gilt für den Kleintierzüchterverein genauso wie für einen Weltkonzern, für eine Jungensbande, die im Wald ein Baumhaus baut, genauso wie für die Vereinten Nationen. Mit einem Future We geht es nicht mehr nur darum, wie der Einzelne sich seine eigene Zukunft vorstellt, sondern darum, wie sich eine Gruppe über das, was sie erreichen will, auf der emotionalen Ebene definiert. Wie wollen wir in zehn, 20, 50 Jahren leben und mit welchen Emotionen ist das verbunden? Wie wollen wir zukünftig arbeiten und wie fühlt sich das an? Welche Rolle soll unser Verein, unser Unternehmen, unser Land in der Welt spielen und was löst diese Vorstellung in uns aus?

Um ein Future We entwickeln zu können, braucht es eine an Emotionen gekoppelte Vorstellung davon, wie man es in der Zukunft haben möchte. Dann werden die Entscheidungen im Jetzt zukunftsintelligenter getroffen.

Woran denken Sie, wenn Sie »Europa« hören? Mit hoher Wahrscheinlichkeit kommen Ihnen Schuldenkrise, auseinanderdriftende Gesellschaften, demographische Nöte, Kolonialvergangenheit, Bürokratie und so weiter in den Sinn. Das, was wir mit Europa verbinden, ist zu einem großen Teil negativ besetzt. Es fehlt ein kollektives Bild des Staatenverbundes und seiner Zukunft, das optimistisch stimmt und in uns das Verlangen wecken könnte, uns für eben dieses Europa zu engagieren und jetzt Opfer zu bringen und uns anzustrengen für eine klar erkennbare gemeinsame Zukunft. Jeder steuerfinanzierte Euro, der nach Brüssel geht, reut viele von uns, weil die Vorstellung faulenzender und bauernschlauer Südeuropäer, die es sich mit unserem Geld gutgehen lassen, so tief sitzt und so starke negative Emotionen weckt. Ein anderes, deutlich realistischeres oder vernünftigeres Bild kann sich so kaum etablieren.

Warum denken Sie nicht an ein prosperierendes, geeintes, glückliches Europa, eines mit Menschen, die gebildet, wirtschaftlich potent und innovativ sind? Oder daran, dass wir Europäer in 20 Jahren weltweit führend werden wollen in der Gewinnung umweltfreundlicher Energie, in der Wissenschaft und der Kreativwirtschaft?

Obschon sie uns näher liegen sollten als das große Europa, gibt es auch für Deutschland, Österreich oder die Schweiz kein konkretes Bild einer faszinierenden, gemeinsam erstrebten und realisierbaren Zukunft des Landes und der Nation.

Viele haben Ideen dazu, aber es gibt kein von einer Mehrheit akzeptiertes Future We, an dem wir uns orientieren könnten.

Visionen und damit die vielen möglichen Future Wes haben es schwer. Was aber auch verständlich ist, denn ein als Vision kommuniziertes Future We legt fest – und sich festzulegen, das meiden insbesondere Politiker wie der Vampir den Knoblauch.

Energie!

Jahrzehntelang wurde um den Atomausstieg gerungen. Die Mehrheit wollte ihn seit langem. Und plötzlich war er da! Doch das ist auch wieder nicht recht, was an der sinkenden Akzeptanz höherer Strompreise zu sehen ist. Immer weniger Menschen sind bereit, den Neubau von Stromleitungen oder Windkraftanlagen in ihrer unmittelbaren Nachbarschaft zu billigen.

An vernünftigen Argumenten für die Energiewende mangelt es nicht. Trotzdem scheinen die meisten Bürgerinnen und Bürger nur ihre hohe Stromrechnung im Blick zu haben. Warum jetzt dieses Opfer erbracht werden soll, sehen sie immer weniger ein. Der Sinn der Energiewende ist ja nicht nur, von der Kernkraft wegzukommen, für deren radioaktiven Abfall auch sechs Jahrzehnte nach ihrer Einführung immer noch keine Lösung zur Entsorgung vorliegt. Es geht auch darum, sich unabhängig zu machen von den steigenden Öl- und Gaspreisen. 2002 kostete ein Liter Heizöl zwischen 31,4 und 39,8 Cent. Bald ist es das Dreifache. Für einen Liter Superbenzin gab ein Autofahrer 1972 im Durchschnitt noch 35,3 Cent aus, heute ist es rund das Fünffache. Mit erneuerbarer Energie, die im Land selbst erzeugt wird, machen wir uns unabhängig von teuren Importen wie auch von den Staaten, die uns mit fossilen Rohstoffen versorgen, zumal Erdölquellen irgendwann versiegt und Gasvorkommen erschöpft sein werden.

Der Vorteil eines von Energiezukäufen weitgehend unabhängigen Landes liegt auf der Hand. Die Vision ist: »Wir wollen nicht die Risiken und die langfristigen Kosten der Kernkraft auf uns nehmen. Wir wollen nicht Spielball der Staaten sein, die fossile Brennstoffe im Überfluss fördern, ebenso wenig möchten wir abhängig sein von den Weltmarktpreisen dieser endlichen Ressourcen.«

Eine Wende hin zu einem Future We, das im Wesentlichen von regenerativen Energiequellen leben soll, ist langfristig gesehen klug und vernünftig. Doch leider wurde unmittelbar nach Verkündung der Energiewende sichergestellt, dass sie doch nicht ganz so schnell kommt, weil etwa Kohlekraftwerke noch lange nach 2050 betrieben werden können. Und alle murren über die steigenden Strompreise. Von Aufbruchstimmung in die energetische Autarkie ist wenig zu spüren. Woran liegt das?

Ohne Emotion geht es nicht. Es sind nicht die rationalen Argumente, sondern die durch das Future We in den Menschen hervorgerufenen Emotionen, die einer gemeinsamen Vision erst ihre Kraft verleihen.

Das können positive sowie negative Gefühle sein, die eine Idee anziehend machen oder von ihr Abstand nehmen lassen. Das Future We funktioniert – genauso wie das Future Me auch – über die Verheißung eines erstrebenswerten Zustands in der Zukunft ebenso wie auch über die Angst vor etwas, das man unbedingt vermeiden möchte.

»Wir werden Weltmeister« hat der strahlende Jürgen Klinsmann 2006 gesagt. In dem ganzen Freudentaumel über den am Ende erreichten dritten Platz bemerkte fast keiner, dass der verschmähte Rudi Völler mit seiner Mannschaft bei der WM 2002 in Südkorea und Japan sogar weitergekommen war als sein Nachfolger: Sie hatten nämlich erst im Finale gegen Brasilien verloren und waren immerhin Vizeweltmeister geworden. Es sind eben die Emotionen, um die es unserem Gehirn geht, nicht die rationalen Argumente.

Klinsmann sagte einen denkbar einfachen und nicht überraschenden Satz, der es in sich hatte. Nach und nach spürte jeder, wie glücklich ihn die Vorstellung machte, im Juli 2006 den Pokal des Weltmeisters in Händen zu halten, und dass es kein anderes Ziel als den Titelgewinn gab. Die Zuversicht Klinsmanns war vorbildhaft, sie war ansteckend.

Was sagte Angela Merkel, als sie am 30. Mai 2011 den Atomausstieg verkündete? Mit ernster und besorgter Miene gab sie bekannt: »Wir haben nach der für mich jedenfalls unvorstellbaren Havarie in Fukushima noch einmal die Rolle der Kernenergie überdenken müssen und deshalb beschlossen, den bereits beschlossenen Weg des Herbstes noch schneller zu gehen und zu gestalten. Wir wollen, dass der Strom der Zukunft sicher sein soll, zugleich verlässlich und natürlich wirtschaftlich. Und für diesen Strom der Zukunft brauchen wir eine neue Architektur unseres Energiewesens.«

Wenn bei dieser Vision der Bunderegierung, die eigentlich keine Vision ist, überhaupt etwas Emotionales ansteckend wirkt, dann ist es die Sorge, der Ernst, das »Müssen«, der Wunsch nach Sicherheit und Verlässlichkeit. Aber eine Aufbruchstimmung, die uns alle zum langfristig richtigen Handeln bringt, lässt sich so nicht erzeugen. Jacques Attali, ein bekannter französischer Wirtschaftswissenschaftler, sagt über die führende Wirtschaftsnation Europas:

»Unglücklicherweise hat Deutschland keine Vision, kein Projekt, keine Strategie [...]. Es gibt eine Kanzlerin, die Wahlen gewinnen will, das ist alles.«[96]

Wenn Politiker mal versuchen, eine Vision zu entwickeln, werden sie verlacht. So erging es dem französischen Präsidenten François Hollande im Jahr 2013, als er seine Minister aufforderte, attraktive und motivierende Visionen für ihre Ressorts und damit für ganz Frankreich zu entwerfen. Die Medien waren voller Spott und Hohn.[97] Dennoch war es ein richtiger Schritt. Politiker müssen in solchen Fällen das heute unangenehme Gefühl ertragen, im Vorfeld ausgelacht zu werden, wenn sie unbeirrt für die Zukunft das Richtige tun. Nur so können sie der Kurzfrist-Falle entrinnen. Den Erfolg werden die gleichen Medien, in denen sie verlacht wurden, dann als Wunder beklatschen. Die Medien, gerade die populären mit den großen Reichweiten, sind leider viel zu oft ein gewaltiger Verstärker für die Kurzfrist-Orientierung von Wählern und Politikern.

Wenn ein gemeinsam getragenes Future We fehlt, besteht die Gefahr, dass eine radikale Minderheit die Gemeinschaft oder gar die ganze Gesellschaft mit einem Future We verführt. Ein Future We, das darf nicht übersehen werden, kann auch dann kraftvoll sein, wenn es aggressiv und autoritativ ist. Die Diktaturen der Geschichte hatten alle eine Vision zu bieten, die Verheißung einer vermeintlich besseren Zukunft, ob für die eigene Nation oder die Arbeiter und Bauern. Immer ist solch ein Future We gegen andere gerichtet, gegen andere Nationen oder gegen die Bourgeoisie. Es ist nicht nur schön, ein Future We zu haben. Für eine intelligente Spezies muss es selbstverständlich sein. Mehr noch, es ist zwingend!

Das Wichtigste beim Future We ist, dass der Einzelne den Zusammenhang zwischen seinem eigenen Wohlergehen und seinem täglichen Handeln für die Gemeinschaft erkennt. Wenn er das nicht gelernt hat, wird das Future We nicht funktionieren. Diese Erkenntnis ist nicht einfach zu erlangen, sie setzt willentliche Überlegung und emotionale Bewegung voraus.

So wie das Individuum lernen muss, sein persönliches Future Me durch eine Vorwegnahme der Zukunft zu aktivieren, so wird das Future We erst dann wirksam, wenn der Einzelne gelernt hat, dass es ihm sofort und langfristig guttut, wenn er etwas für das langfristige Wohl der Gemeinschaft tut, indem er sich anstrengt oder auf eine Belohnung verzichtet, ohne es zu müssen.

Vielleicht hat sich der Commerzbank-Chef Martin Blessing im Jahr 2012 aus genau diesem Grund dafür entschieden, auf den ihm vertraglich zustehenden Bonus zu verzichten. So wie es 2009 Josef Ackermann, damals noch Vorstandsvorsitzender der Deutschen Bank, vorgemacht hatte. Ackermann rief auch andere Spitzenmanager dazu auf, Opfer zu bringen. »Nicht alles, was einem rechtlich zusteht, nicht alles, was legal ist, ist auch legitim«, sagte er und fügte hinzu: »Das ist im Interesse des sozialen Friedens und damit auch in unserem eigenen Interesse.«[98] Das ist ein guter Keim für ein starkes Future We.

Dazu brauchen wir das große Bild. Wir alle müssen erkennen können, dass wir Teil eines Ganzen sind und im täglichen Handeln im Kleinen dazu beitragen, dass unser global-kollektives Future We besser ist, als unsere gemeinsame Zukunft heute zu werden droht.

Millennium Project

Das »Millennium Project« ist eine internationale Initiative, die von der UNESCO und anderen Organisationen getragen wird, um die Ergebnisse von Zukunftsstudien zusammenzutragen und öffentlich zugänglich zu machen. Seit 1996 wird jedes Jahr der

Bericht »State of the Future« herausgebracht, der über den aktuellen Zustand unserer kollektiven Zukunft informiert.

Die Nachrichten über unsere Zukunft sind nicht berauschend. Aber immerhin: Es wurden 18 Bereiche identifiziert, in denen die Menschheit Fortschritte erzielt hat, beispielsweise in der Trinkwasserversorgung, der Alphabetisierung oder dem Anteil von Frauen in den Parlamenten. Ihnen gegenüber stehen sechs Felder, in denen wir zurückgefallen sind, beispielsweise haben die Kohlendioxid-Emissionen sowie die Zahl der Flüchtlinge weltweit zugenommen. Auch die Korruption ist angestiegen. In weiteren vier Bereichen ist die Bewertung unserer Zukunft noch unklar.

Insgesamt lässt sich über 15 Jahre kontinuierlicher Analyse- und Dokumentationsarbeit des Millennium Project hinweg nachvollziehen, dass die Menschheit vor allem dort langsam, aber stetig Fortschritte zu verzeichnen hat, wo es besonders darauf ankommt: So sah man in der Ausrottung der Armut vor 50 Jahren noch ein allzu phantastisches Ideal und Ausgaben dafür als Geldverschwendung. Heute sucht man ernsthaft nach konkreten Möglichkeiten, wie man das Ziel in den nächsten Jahrzehnten doch noch erreichen kann. Und wir kommen voran. Während sich in vielen Ländern die Schere zwischen Arm und Reich weiter öffnet, schließt sie sich auf globaler Ebene allmählich. Vor 30 Jahren nahmen viele Menschen an, die Welt werde schon bald in einem dritten, nuklearen Weltkrieg enden. Heute gibt es diese Bedrohung nach wie vor, aber die nukleare Katastrophe wäre wesentlich regionaler und damit begrenzter.

So wie die subjektive Bewertung unserer jeweiligen individuellen Lebenssituation Einfluss hat auf unsere Bewertung des Zustands der Menschheit insgesamt, so hat umgekehrt die kollektive Bewertung des Zustands unserer Welt, die allgemeine »Weltstimmung«, Einfluss darauf, wie wir unsere individuelle Situation einschätzen.

Um bewerten zu können, welche weitreichenden politischen, gesellschaftlichen oder unternehmerischen Entscheidungen zu treffen sind, benötigen wir analog zum Konzept des Jetzt-Ich und des Zukunfts-Ich auch das Konzept eines Jetzt-Wir und eines Zukunfts-Wir. Der jährliche Bericht des Millennium Project bietet eine Basis für eine solche kollektive Zukunftsperspektive. Und das macht Hoffnung.

Matrjoschkas

Die unterschiedlichen Future Wes, in die ein Mensch eingebunden ist, verlaufen nicht nur parallel auf einer Ebene – Familie, Verein, Firma, Kirche und so weiter –, sondern sind auch in konzentrischen Kreisen um ihn herum angeordnet. Familie, Abteilung, Bereich, Firma, Branche, Volkswirtschaft, Staat, Planet – man könnte von hierarchisch angeordneten Future Wes sprechen. Sie und ich und alle Menschen um uns herum sind jeweils eine kleinste Puppe einer riesigen Matrjoschka.

Das Individuum steht in der Mitte, sein Future Me ist Teilmenge aller Future Wes, in denen es eine Rolle hat.

Auf dem innersten der konzentrischen Kreise geht es um persönliche Abstimmungen in der engsten Gemeinschaft. Etwa darum, ob eine Familie sich eher als ein Gebilde versteht, das seinen Mitgliedern Schutz bietet, oder als eine Gemeinschaft, deren wichtigste Aufgabe es ist, ihren Angehörigen möglichst weit gefächerte Entwicklungschancen zu bieten. Das Future We, das hier herrscht, hat wenig Einfluss auf parallel verlaufende Future Wes, etwa auf andere Familien. Es berührt auch kaum die weiter außen liegenden Future Wes. Die Verfassung einer einzelnen Familie beeinflusst nur wenig das Selbstverständnis des Un-

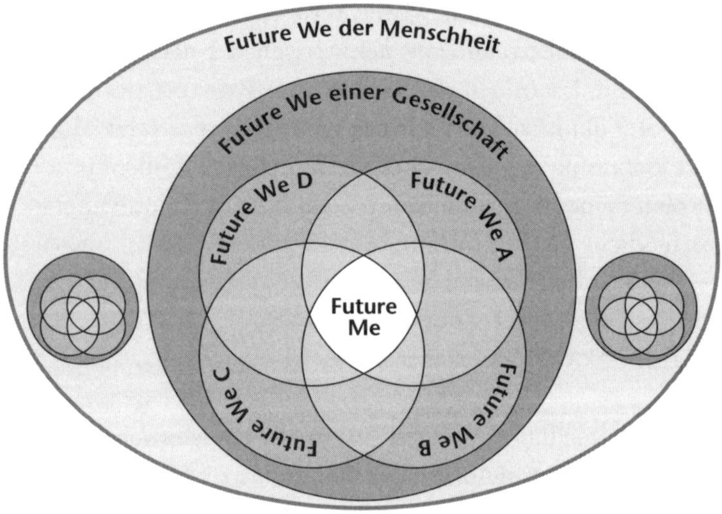

Abbildung 12: Future Me im globalen Future We

ternehmens, in dem die Familienmitglieder arbeiten. Die einzelne Familie ist die kleinste Einheit der nationalen Kultur und Politik, obschon ihr Einfluss darauf denkbar gering ist. Das Selbstverständnis eines Staates wirkt sich sehr wohl auf das Selbstverständnis jeder Familie aus. Gibt sich der Staat paternalistisch, wird die politisch konforme Familie wenig Anlass haben, eine starke Bereitschaft zur Selbstverantwortung herauszubilden. Lässt der Staat dagegen viel Raum für eigene Entscheidungen, zum Beispiel die Anzahl der Kinder, die Wahl der Schulform, die finanzielle Vorsorge, dann wird die Familie sich als Gemeinschaft sehr viel selbstbewusster und eigenverantwortlicher organisieren.

Je weiter nach außen man in den Kreisen geht, desto allgemeingültiger werden die Future Wes. Ganz außen, auf globaler Ebene, geht es dann um grundsätzliche ethische Prinzipien wie den Respekt vor dem Leben oder um Menschenrechte. Sie betreffen die Existenz der gesamten Menschheit und damit auch alle untergeordneten Kreise wie Familie, Unternehmen oder politische Parteien. Thomas Jeffersons Maxime »all men are created equal« strahlt vom größten äußeren Kreis hinab auf alle anderen Ebenen.

Je weiter der Kreis vom Zentrum entfernt ist, desto mehr Teile des individuellen Future Me sind also betroffen, aber desto grundsätzlicher ist auch der Inhalt des Future We. Je weiter nach außen wir in unseren Future Wes kommen, desto grundsätzlicher werden die Aussagen. Gäbe es eine Weltverfassung, wäre sie nicht sehr detailliert. Sie würde nur wenige essentielle Punkte enthalten, die das Leben aller Menschen betreffen.

Das ultimative Future We ist das der gesamten Menschheit. Wir befinden uns erst am Anfang des Weges, um die einfachsten und zugleich schwerwiegendsten Aussagen dieses Future We auf dem gesamten Globus zu etablieren.

Die Einführung eines für alle Menschen geltenden und durchgesetzten Völkerstrafrechts und die Bemühungen des Internationalen Strafgerichtshofs in Den Haag zeigen, dass ein Umdenken langsam stattfindet: Die Definition etwa von Völkerrechtsverbrechen als »schwerste Verbrechen, welche die internationale Gemeinschaft als Ganzes berühren«, belegt, dass die Menschheit als Ganzes beginnt, sich als eine Art Weltgemeinschaft zu verstehen. Hoffnungsvoll stimmt auch das langjährige Engagement von Andreas Bummel, der sich als Vorsitzender des Komitees für eine demokratische UNO für eine parlamentarische Versammlung bei den Vereinten Nationen einsetzt. Denn das, was wir in Deutschland oder auch auf EU-Ebene für selbstverständlich halten, ist global betrachtet noch in weiter Ferne. Wir machen Fortschritte, wenn auch kleine.

Die Future Wes, so wie wir sie heute kennen, sind nur der Anfang. Wir werden neben all den vielen Future Wes der Unternehmen nach und nach auch lernen, nationale, supranationale und ein globales Future We zu entwickeln. Sie sollen bewirken, dass sich Milliarden Menschen emotional an eine positive Vorstellung von der gemeinsamen Zukunft koppeln und dadurch kollektiv resistenter gegen Kurzfrist-Denken werden. Das ist eine Frage der Zeit und der reifenden kollektiven Weisheit. In Ansätzen tun wir das bereits. Future Wes werden unsere kollektive Vernunft bündeln und sie in der Gegenwart verstärken, sodass wir die Herausforderungen bewältigen können, die selbstverschuldet über uns hereinbrechen und denen wir nur mit langfristig orientiertem Denken und Handeln begegnen können.

Der saudi-arabische Astronaut Salman al-Saud, der im Juni 1985 zusammen mit amerikanischen und französischen Teamkollegen mit der US-Raumfähre Discovery ins All flog, brachte es auf den Punkt, als er sagte:

»Am ersten und zweiten Tag machten wir unsere Länder ausfindig, am dritten und vierten Tag unsere Kontinente, und ab dem fünften Tag wurde uns die Erde nur noch als ein Ganzes bewusst.«[99]

Unser erweiterter Wille

Es ist an der Zeit, zukunftskompetenter zu denken, zu entscheiden und zu handeln. Der richtige Zeitpunkt ist jetzt und zwar aus drei Gründen:

1. Die negativen Folgen unserer Kurzfrist-Orientierung sind dramatisch, auf allen Ebenen, vom Einzelnen bis zum Globalen.
2. Wir sind inzwischen dazu bereit. Es liegt für immer mehr Menschen klar auf der Hand, dass wir unsere Zukunftskompetenz verbessern müssen.
3. Wirksame Lösungen sind vorhanden, zumindest ein guter Anfang.

Wer über kurzsichtiges Denken und Handeln sowie mangelnde Nachhaltigkeit in Wirtschaft und Gesellschaft nicht nur lamentieren will, wer andere und ihren Betrug an kommenden Generationen, die Zerstörung von Lebensgrundlagen, kurzsichtige Politik, gierige Manager, quälendes Aussitzen, törichtes Prokrastinieren oder mangelnde Vorsorge nicht nur anklagen, verspotten oder kritisieren möchte, sondern etwas dagegen unternehmen will, muss den Mechanismus verstehen, der hinter all diesen Phänomenen wirkt: die Kurzfrist-Natur des Menschen. Genau das war mein Anliegen im ersten und zweiten Teil dieses Buches.

Die wesentliche Erkenntnis ist leicht zusammengefasst: Der Mensch ist aufgrund seiner genetischen Programmierung, also von seinen biologischen Voraussetzungen her, ein Gegenwartswesen. Seine Entscheidungen sind keineswegs rational, sondern stets emotional bestimmt und durch das botenstoffgesteuerte Belohnungssystem dominiert. Erst wenn wir das akzeptieren, wenn wir innerlich einen Haken daran machen, dass der Mensch in seinen alltäglichen Entscheidungen so gut wie immer auf seinen kurzfristigen Vorteil bedacht ist, auch wenn es langfristig für ihn und andere Nachteile bedeutet, erst dann wird der Weg frei für echte Lösungen. Dann wird klar, dass Lösungen für zukunftsorientierteres Handeln in sozialen Systemen wie Unternehmen oder Staaten, die ausschließlich auf Einsicht und Vernunft ihrer Mitglieder setzen, mit großer Wahrscheinlichkeit scheitern.

Echte Lösungen müssen und können also anders funktionieren. Wenn Menschen sich selbst und anderen durch kurzfristiges Denken und Handeln schaden, dann haben sie nicht versagt – sie können nicht anders. Versagt haben vielmehr die sozialen Systeme, die wir uns geschaffen haben, um unser Zusammenleben zu steuern.

Wenn Marktsysteme, Sozialsysteme, Finanzsysteme, Bildungssysteme und andere von Menschen geschaffene Systeme nicht auf lange Sicht sinnvoll funktionieren, dann sind sie nicht gut genug konstruiert. Dann sind sie an der menschlichen Natur vorbeikonstruiert.

Das heißt aber nicht, dass wir den Menschen von seiner Verantwortung befreien können. Manche Menschen beherrschen die Kulturtechnik des Future Me besser als andere. Sie handeln darum verantwortlicher und zukunftsorientierter, zumindest für sich selbst. Sich selbst emotional mit seinem eigenen Zukunfts-Ich zu verbinden und damit künftige Emotionen in die Gegenwart zu holen, ist eine Methode, die wir lernen können. Wir müssen es insbesondere unseren Kindern beibringen. Doch unser Bildungssystem erfüllt diese Anforderung leider gar nicht.

Future Me und Future We können und müssen eine Grundlage der formalen Bildung wie auch der Persönlichkeitsentwicklung werden und so eine neue, eine positivere und eine humanere

Perspektive bekommen. Erst dann wird die neue Kulturtechnik in unserer Gesellschaft verankert. So wird auch unser Gewissen zum fördernden Faktor und erweiterten Willen für eine bessere Zukunft, so wie wir es beim Umweltschutz schon geschafft haben.

Doch auch wenn die Systeme, wie etwa das Bildungssystem, nicht langfristorientiert konstruiert sind, liegt die Verantwortung bei jedem von uns selbst. Für die Bildung junger Menschen tragen, natürlich, vor allem die Eltern Verantwortung. Für sie bietet das einfache Prinzip des Marshmallow-Experiments eine Steilvorlage für das Trainieren und Einüben zukunftsgerichteten Verhaltens in der Erziehung ihrer Kinder: Du kannst das Kleine jetzt gleich haben – oder du verzichtest jetzt darauf und wartest gerne x Tage/Wochen/Monate, dann bekommst du das Große. Future Me ist trainierbar, wie wir gemeinsam erkannt haben.

Offensichtlich entwickelt sich die Menschheit weiter und erreicht sukzessive höhere Stufen in der kollektiven Entwicklung. Investoren lernen, vernünftiger zu agieren, Manager lernen, langfristiger zu entscheiden, Bildung und Wohlstand nehmen global gesehen stetig zu und damit auch die Chancen für weitere Entwicklungen auf individueller Ebene.

Homo praesens lernt gerade nach und nach, sein biologisches Defizit im Zukunftsdenken zu kompensieren. Die Zukunft rückt rational wie emotional langsam stärker in sein Bewusstsein.

Genauso wie Homo praesens seine körperliche Unterlegenheit gegenüber Raubtieren durch Wegrennen und Waffen kompensiert hat, so wie er gelernt hat, in unwirtlichen Gegenden durch angemessene Kleidung, Häuser und das Feuer zu überleben, wie er so viele andere Dinge auf den Weg gebracht und an nachfolgende Generationen weitergegeben hat, wird er das Rad weiter in die Richtung drehen. Unser Bewusstsein erblickt nach dem nationalen und kontinentalen Horizont gerade den globalen Horizont.

So wenig wir von der biologischen Evolution erwarten dürfen, so wenig sollten wir unterschätzen, wozu der Mensch in der Lage ist. Das Problem ist allerdings, dass das Lernen nicht schnell genug vorangeht. Wir erleben heute, wie Zahl und Dynamik der selbstgeschaffenen Probleme dermaßen rasant zunehmen, dass die Entwicklung des zukunftsfähigen Denkens und Handelns nicht mitkommt. Wir sind dabei, den selbstgeschaffenen Problemen zu unterliegen, weil der einzelne Mensch und mit ihm die Menschheit nicht schnell genug lernt, die Zukunft gut zu denken und entsprechend zu handeln.

Die recht neuen Erkenntnisse der Epigenetik geben zwar Anlass zur Hoffnung, dass wir nicht auf die sehr langsame Evolution warten müssen, damit sich an unseren Anlagen etwas ändert. Wir wissen jetzt, dass die »Macht« der Gene auch durch Erlebnisse und Erfahrungen gebrochen, ihr Einfluss verändert werden kann und dass sich diese Veränderungen sogar vererben. Doch kennen wir bislang keine Möglichkeit, diese verborgenen Schalter im Gehirn gezielt so zu betätigen, dass dabei ein Mensch herauskommt, der langfristig sinnvollere Entscheidungen trifft.

Neben der individuellen Weiterentwicklung brauchen wir daher auch eine kulturelle Weiterentwicklung, also sowohl Future Me als auch Future We. Wir brauchen soziale Systeme, die für unsere Zukunft besser funktionieren als die gegenwärtigen.

Aber was heißt das konkret?

Lernen lassen oder folgen lassen?

In der Kindererziehung gibt es ein vielfältiges philosophisches und methodisches Spektrum. Das autoritäre Modell von Befehl und Gehorsam bildet den einen Pol, dem das »Laisser-faire« entgegengesetzt ist, das auf die natürliche Selbstentfaltung der Vernunft gesetzt wird. Im ersten Fall steuert und leitet die ranghöhere Instanz, also die Eltern, und übernimmt 100 Prozent der Verantwortung für die Richtigkeit der Anweisungen. Im zweiten Fall herrscht vollkommenes Vertrauen in die natürliche Entwicklung von Vernunft. Das heißt, dass das Einüben des Entscheidens in Freiheit durch den immanenten Lerneffekt von Erfolg und Scheitern im Laufe der Zeit immer bessere Entscheidungen hervorruft. Die autoritäre Strategie setzt voll und ganz auf den Überblick des Älteren und Vernünftigeren, die antiautoritäre Strategie setzt voll und ganz auf das Prinzip Selbstverantwortung. Das eine ist Fremdbestimmung im Extrem, das andere ist Selbstbestimmung im Extrem.

Diesen beiden Polen entsprechende Haltungen lassen sich auch in Politik, Gesellschaft und Wirtschaft beobachten. Dazwischen gibt es hunderte Philosophien, Denkschulen, Theorien und Konzepte. Lassen Sie es mich hier bewusst radikal einfach darstellen.

Das Pendant des autoritären Erziehungsverhaltens in Politik, Gesellschaft und Wirtschaft ist der Paternalismus. Die höhere Autorität, meist der Staat, weiß, was gut und richtig ist und bringt seine Bürger dazu, dementsprechend zu agieren, meist mit Zwang. Paternalistisch kann ein Staat sowohl rechts als auch links im politischen Spektrum sein. Die Regierungen sehen sich als Vormund der Bürger, deren Vernunft und Gemeinsinn als begrenzt angenommen werden. Die Verantwortlichen entscheiden nach ihrem Ermessen, was gut und richtig ist und greifen daher steuernd mit vielfältigsten Maßnahmen in die Gesellschaft und die Wirtschaft ein.

Die Menschen werden sozusagen zu ihrem Glück gezwungen, wobei die Definition von Glück und der Weg dorthin ebenfalls von oben, vom Staat bestimmt werden. Alles Wesentliche geschieht von oben nach unten. Ganz wenige denken und lenken und fast alle werden gelenkt. Im Extrem sind so regierte Staaten, etwa das nationalsozialistische Deutschland, die Sowjetunion zu Zeiten Stalins und das heutige Nordkorea, durchaus totalitär. Das heißt, die autoritäre Führung durchzieht alle Lebensbereiche und will in letzter Konsequenz einen neuen Menschen formen. Der Paternalismus wird oft auch Autoritarismus genannt. Eine solche Regierung agiert massiv auf Kosten der individuellen Freiheit.

In Unternehmen entspricht das paternalistische Regieren dem Prinzip des Managements, das im 19. Jahrhundert vom US-amerikanischen Ingenieur Frederick Winslow Taylor theoretisch ausgearbeitet wurde: Die Manager in der Chefetage denken und entscheiden, die Arbeiter in der Werkhalle führen aus, ohne zu denken und zu entscheiden. Die Grundannahme dahinter ist, dass es Menschen gibt, die zu vernünftigen Entscheidungen fähig sind, und andere, die es nicht können. Da ist es ganz rational und im Sinne des Prosperierens des Unternehmens, den Denkenden die hierarchische Gewalt des Befehls und den untergebenen Arbeitern die Pflicht des Gehorsams zu erteilen.

Auf der anderen Seite des Spektrums steht der Libertarismus. »Laisser-faire« ist das Motto, demzufolge man die Menschen machen lassen soll, was immer sie wollen. Libertär ist jemand, der die Freiheit noch etwas stärker betont als die vom Begriff her eher bekannten Liberalen. Diese Denkhaltung setzt ganz auf die Selbstverantwortung des Individuums und geht davon aus, dass freie, nicht vom Staat regulierte Gesellschaften und Märkte in allen Lebensbereichen sich selbst zum Optimum hin organisieren. Durch Anpassungen und Gegenanpassungen findet das Kollektiv im freien Spiel der Kräfte selbst passende Regeln und Strategien und strebt insgesamt auf natürliche Weise nach dem Glück, ohne dafür Vorgaben zu brauchen. Das Ganze geschieht von unten nach oben, das Verhalten der einzelnen Menschen schafft die Stabilität des gesamten Staates. Dieser nimmt in dieser Idee eine völlig zurückgezogene Position ein und lässt die Akteure tun, was immer sie tun wollen, wozu sie nach dieser Denkrichtung ein Naturrecht haben. Die einzige verbindliche Regel, deren Einhaltung der Staat überwachen und die er schützen soll, ist die, dass der Einzelne in seinem freien Wirken anderen nicht schadet. Aus allem anderen hat sich der Staat herauszuhalten, insbesondere aus der Wirtschaft. Das Selbstbestimmungsrecht des Individuums, das Privateigentum und die persönliche Freiheit sind die zentralen Werte der Libertären.

Im Unternehmen wäre die Entsprechung eine Organisation, die ohne Hierarchien und dementsprechend ohne Management auskommt. Entscheiden und Handeln sind nicht mehr voneinander getrennt und in jedem einzelnen Mitglied der Organisation verwirklicht. Kollektive Entscheidungen werden basisdemokratisch oder in internen Märkten getroffen. Wo Führung nötig ist, kann sie von jedem geleistet werden, der dazu von den Mitarbeitern auf Zeit bestimmt wird. Das Denken an diesem Pol des Spektrums geht davon aus, dass alle Menschen zu Vernunft und Voraussicht fähig und auch willens sind, entsprechend zu handeln.

Das Menschenbild am »paternalistischen Pol« ist ein pessimistisches: Der Durchschnittsmensch ist selbst nicht in der Lage, vernünftig zu denken und zu handeln. Darum muss er von oben »zwangsbeglückt« werden. Das Menschenbild am »libertären Pol« ist ein optimistisches: Der Durchschnittsmensch ist sehr wohl in der Lage, vernünftig zu denken und zu handeln. Darum muss er von aller Bevormundung und Einschränkung seiner Freiheit bewahrt werden.

Wenn es nun um die Verbesserung der sozialen Systeme im Hinblick auf die Zukunftsfähigkeit der Menschen und der Menschheit geht, wo sind dann die Lösungen zu suchen, die auch wirklich funktionieren? Auf der paternalistischen oder der libertären Seite? Die Geschichte hat uns in den letzten hundert Jahren sehr deutlich gezeigt: weder hier noch dort.

Gesucht: Der dritte Weg

Wir leben in unseren modernen, demokratischen Gesellschaften in einem Dilemma.

Auf der einen Seite haben wir gelernt, dass wir gesellschaftlich wünschenswerte Entscheidungen von oben herbeiführen müssen, weil die Menschen als Kollektiv von alleine vielfach nicht vernünftig handeln.

Sie verschmutzen oder zerstören die Umwelt, rotten Arten aus, schlachten sich gegenseitig ab, verarmen, werden aufgrund eigenen Fehlverhaltens krank, sorgen nicht für das Alter vor, bestehlen einander im großen Stil und so weiter. In vielen Fällen handeln die Menschen als Kollektiv im Resultat schlichtweg dumm, wie wir hier an vielen Beispielen gesehen haben. Purer Libertarismus hat sich nicht bewährt.

Auf der anderen Seite hat die Geschichte gezeigt, wie ineffizient und oft unmenschlich strikt paternalistische Systeme sind.

Stark gesteuerte Wirtschaften wie die Planwirtschaften des ehemaligen Ostblocks versagen auf Dauer, weil der Paternalismus einen grundsätzlichen Webfehler hat: Wenn die führenden, regierenden, steuernden Menschen in der obersten Hierarchiestufe selbst den Überblick gar nicht haben, selbst nicht zukunftsorientiert denken und handeln, können ihre Vorgaben und Eingriffe auch nicht zu mehr Zukunftsfähigkeit führen.

In einer nur komplizierten Welt kann es vielleicht funktionieren, dass nur wenige denken und lenken und fast alle anderen gedankenlos folgen. In einer komplexen Welt funktioniert es jedoch nicht. Viel zu oft gehen solche gutgemeinten Lenkungen schief. Die Regierungen sind schlicht nicht intelligent und nicht weise genug und können es systemisch betrachtet auch niemals sein.

Die Zahl der Menschen, die sich nicht mehr bevormunden und »zwangsbeglücken« lassen, ist mittlerweile in allen entwickelten Gesellschaften so groß geworden, dass autoritäre, paternalistische Regierungen immer größere Schwierigkeiten haben, überhaupt an der Macht zu bleiben. Schauen wir nur auf die Revolutionen des »Arabischen Frühlings«, die Demonstrationen gegen die autoritäre Regierungsführung in der Türkei oder auch nur auf den Widerstand gegen den geplanten Tiefbahnhof Stuttgart 21.

Wie dieses Dilemma überwunden werden kann, zeigen modern geführte Unternehmen ansatzweise. Sie setzen auf das Sowohl-als-auch. Zwar gibt es bei ihnen nach wie vor Führungskräfte, diese lenken aber nicht mehr per Anweisung und Kontrolle. Sie geben zwar grundsätzliche Richtungen vor, aber schon bei deren Bestimmung wirken die Mitarbeiter auf breiter Basis mit. Sie setzen stark auf die Selbstverantwortung, die Intelligenz und die Entscheidungsfähigkeit der Mitarbeiter und schaffen für sie die Freiräume für autonomes und intrinsisch motiviertes Handeln. Die neue Führung ist ein Beispiel für eine Art »libertären Paternalismus«. Die Rahmenbedingungen werden von allen gemeinsam bestimmt, die Führung gibt eine gut begründete Richtung vor und lässt sich permanent kritisch prüfen. Wer unter diesen Rahmenbedingungen seine Erfüllung findet und von sich aus mit Freude mitwirkt, tut aus freien Stücken das Richtige und erreicht mit den anderen gemeinsam mehr Glück und Wohlstand, als jeder für sich alleine erreichen könnte.

Auf die gemeinsam gestalteten Rahmenbedingungen kommt es an. Sie geben dem Individuum, das vor einer Entscheidung zwischen kurzfristigem und langfristigem Vorteil steht, die entscheidenden Impulse in die langfristig richtige Richtung. Das Future We in Form einer gemeinsamen Vision davon, was, wer und wie man als Unternehmen sein will, liefert die grundsätzlichen Impulse. Wo aber kommen die Impulse im Alltag her?

Schubser für das Future We

Die Wirtschafts- und Rechtswissenschaftler Richard Thaler und Cass Sunstein haben vor einigen Jahren ein Buch über die sogenannten Nudges geschrieben[100] und darin viele Beispiele genannt, wie wir unsere Entscheidungen in den Feldern Gesundheit, Wohlstand und Glück auf intelligente Weise verbessern können. To nudge heißt auf Deutsch jemanden anstoßen, anstupsen, schubsen.

Ein schönes, weil kleines und effektives Beispiel ist die berühmte Fliege in Urinalen. Oft ist es auch eine Flagge oder gar ein kleines Fußball-Tor. Es hat sich gezeigt, dass alle Appelle an die Vernunft der Herren, die beim Verrichten ihres kleinen Geschäfts gedankenlos danebentreffen, nichts gebracht haben: Vom typischen Hinweis, dass »Mann« das stille Örtchen doch bitte so verlassen soll, wie er es vorgefunden hat, lässt sich erwiesenermaßen kaum einer von ihnen beeindrucken – auch nicht, wenn die Aufforderung in hübschen Reimen gehalten ist. Warum das so ist, wissen wir mittlerweile. Was hingegen tatsächlich gut funktionieren kann, ist ein Nudge – etwa die ins Urinal gedruckte Fliege. Auf den Punkt gebracht, dient sie den zielorientierten Herren als Ziel. Messungen haben gezeigt, dass dort rund 80 Prozent weniger Urin auf dem Boden landet. Rational ist das nicht. Aber menschlich. Und genau das sollten wir von den Systemen, die wir schaffen, erwarten dürfen. Sie sollen der wahren Natur des Menschen entsprechen.

Das schließt beispielsweise ein, die Bequemlichkeit des Menschen zur Förderung seiner Gesundheit zu nutzen. Wenn in Schul- oder Betriebskantinen Obst auf dem Buffet griffbereit und Süßspeisen etwas weiter hinten platziert werden, verbessert sich das Essverhalten von Mitarbeitern und Schülern sprunghaft. Eine bessere Ernährung führt zu verbesserter Gesundheit, sprich zu weniger krankheitsbedingten Fehltagen in Unternehmen, was die Ausgaben der Krankenkassen senkt und somit der ganzen Gesellschaft zugutekommt. Und das durch eine einfache Maßnahme, die definitiv nichts kostet.

Forscher der Universitäten Gent und Tilburg fanden heraus, dass Kunden im Supermarkt die Nährwertangaben auf Produkten oft intuitiv falsch einschätzen.[101] Sie boten einen Apfel und einen Schokoriegel an und gaben die Nährwerte einmal in Kilokalorien und das andere Mal in Kilojoule an. In Kilokalorien hat der Apfel einen Nährwert von 59, in Kilojoule 247. Der Schokoriegel bringt Werte von 246 und 1 029 auf die Hüften. Mit den in Kilojoule gemessen deutlich höheren Zahlenwerten entschied sich ein größerer Teil der Konsumenten für die gesündere Alternative und nicht für den süßen Dickmacher. Die Differenz von 187 Kilokalorien erscheint wesentlich kleiner als die Differenz von 782 Kilojoule, obwohl sie im Verhältnis exakt gleich ist.

Einfühlungsvermögen und Kreativität sind essentiell, um funktionierende Nudges zu entwickeln und zu implementieren. Manchmal bedarf es schlicht der »Umkehr« der Verhältnisse. So spenden trotz breiter gesellschaftlicher Aufklärung die Deutschen zu wenig Organe. Im Jahr 2012 haben lediglich 1 046 Deutsche nach ihrem Tod ein oder mehrere Organe gespendet. Auf der Warteliste standen aber 12 000 potentielle Empfänger. In Deutschland stirbt alle acht Minuten ein Mensch, weil kein Spenderorgan zur Verfügung steht, noch viel mehr leiden Höllenqualen. Was für ein Irrsinn!

Durch Organspende Leben zu retten ist einfach und effektiv, zudem wird dadurch dem eigenen Tod in gewisser Weise Sinn verliehen. Eine klare Win-win-Situation, außer natürlich, man gehört einer religiösen Gruppe an, in deren Glaubenssystem Organspenden verboten sind. Obwohl 74 Prozent der Deutschen nach verschiedenen Umfragen grundsätzlich dazu bereit sind, haben viel zu wenige einen Organspendeausweis. Warum?

Die Antwort ist einfach, sie ist in unserer Natur des Homo praesens begründet: Die negative Emotion, die schon mit der kleinen Mühe verbunden ist, sich einen Organspende-Ausweis zu besorgen, ihn auszufüllen und immer bei sich zu tragen, ist größer als der emotionale Nutzen. Dabei bekommt man ihn in jeder Apotheke, bei jedem Arzt, in jeder Klinik, er liegt manchmal Zeitungen und Magazinen bei. Inzwischen kann man sich den Organspende-Ausweis sogar aus dem Internet herunterladen. Sich keinen zuzulegen ist dumm und extrem kurzsichtig, weil man ja mit einer gewissen Wahrscheinlichkeit selbst in die Lage kommen kann, auf ein Spenderorgan angewiesen zu sein. Aber so sind wir nun mal. Appelle an die Vernunft, wie der des Gesundheitsministers, der Organspende als einen »Akt der Nächstenliebe« bezeichnet, funktionieren auch hier wieder nicht. Vermutlich wird auch das neue deutsche Transplantationsgesetz von 2012 nicht viel bewegen. Demnach sollen alle Krankenversicherten regelmäßig appellativ angeschrieben und zur Organspende aufgerufen werden. In den Niederlanden hat diese Strategie zwar zu einer Erhöhung des Organspenderanteils geführt, aber er blieb weiterhin deutlich unter dem anderer Länder, die eine andere Lösung gefunden haben. Menschen ändern ihre Meinung und ihr Verhalten so gut wie nie auf der Basis sachlicher Argumente. Unser Kurzfrist-Hirn hat uns im Griff. Es ist stärker als unser Langfrist-Hirn, wie wir gesehen haben.

Wirksamer als jeder Apell wäre ein Nudge, ein Schubser für das Future We. Im Fall der Organspende ist es die Widerspruchslösung, die in vielen Staaten gilt. In Österreich etwa wurde sie schon 1982 eingeführt. Die damalige Regierung beschloss, dass die Rettung menschlichen Lebens und die Wiederherstellung der Gesundheit absoluten Vorrang hat, erst dann stelle sich die Frage der Pietät. Sie erhob die Widerspruchsregelung zum Grundsatz. Wer das nicht so sieht, kann sehr einfach widersprechen – wie man umgekehrt in Deutschland einfach Organspender werden kann. Während in Deutschland drei Viertel der Menschen keine Organspender sind, obwohl der größte Teil davon dazu bereit wäre, haben in Österreich nur sage und schreibe 0,25 Prozent (!) der Bevölkerung aktiv widersprochen. Und in nur zehn Prozent der Fälle erheben die Angehörigen nach dem Tod des potentiellen Spenders Einspruch.

Österreich eine Ausnahme? Mitnichten! Auch bei unseren französischen Freunden gilt die Widerspruchsregelung. Fast 100 Prozent der Franzosen sind Organspender. Auch in Italien, Luxemburg, Polen, Portugal, in der Slowakei, in Slowenien, Spanien, Tschechien und Ungarn, überall können Angehörige widersprechen. In Schweden, Lettland, Liechtenstein und Zypern können nicht einmal die Angehörigen wirksam widersprechen. So hart muss es dann doch nicht sein.

Mit einer breiteren Anwendung der Widerspruchslösung würden quasi nebenbei die unglaublichen Auswüchse des Organhandels beendet. Weil Spenderorgane so knapp sind, werden nicht nur arme Menschen überredet, für einen lächerlichen Betrag eine Niere herzugeben, die dann für das Vielfache an einen Reichen verkauft wird. Es wurde sogar schon gezielt gemordet! Aber gut, führen wir nur ausführlich unsere Debatte darüber, ob die Widerspruchslösung nicht doch ein allzu großer Eingriff in unsere persönliche Freiheit ist …!

Es kommt beim Einführen von Schubsern für die erweiterte Willenskraft auf Empathie, Kenntnis des natürlichen menschlichen Verhaltens und, soweit möglich, auf Systemverständnis an. Man muss wissen, wie Menschen ticken.

Und man muss wenigstens versuchen zu verstehen, wie die Systeme ticken, selbst wenn man sie in ihrer Komplexität nicht überblicken und steuern kann. Wie es schiefgehen kann, zeigt das Beispiel der Praxisgebühr in Deutschland.

»Die zehn Euro sollen eine Steuerungsfunktion haben«, erklärte die damalige Bundesgesundheitsministerin Ulla Schmidt zur Einführung der Praxisgebühr 2004. Zehn Euro mussten seither gesetzlich Versicherte für ihren Arztbesuch pro Quartal bezahlen. Schmidts Hoffnung war, dass dann die Zahl der Arztbesuche auf ein normales Maß zurückgeht.

Und hier gab es tatsächlich Handlungsbedarf. Die Deutschen zählen weltweit zu den Spitzenreitern bei den Arztbesuchen. Während die Schweden und die Norweger, die in Sachen Lebensqualität nun wirklich an der Weltspitze liegen, im Durchschnitt weniger als dreimal im Jahr zum Arzt gehen, sind Deutsche fast sechsmal so häufig in der Praxis anzutreffen: 17 Arztbesuche pro Jahr waren es laut dem Bericht der gesetzlichen Krankenkassen von 2008. Das ist im internationalen Vergleich viel zu viel, viel zu teuer und in den meisten Fällen vollkommen unnötig. Wenn die Deutschen weniger zum Arzt rennen, sinken zwangsläufig die Kosten für die Krankenkassen. So der Plan der Gesundheitsministerin.

Nur hat es nicht funktioniert. Die Ziele wurden nicht nur verfehlt, die Maßnahmen erreichten genau das Gegenteil des Gewollten! Die Arztbesuche gingen nicht zurück, laut einer Studie der gesetzlichen Krankenkassen stiegen sie sogar an. Der durch die Praxisgebühr verursachte Verwaltungsaufwand für die Ärzte war enorm. Sie hatten selbst nichts davon, das ganze Geld ging an die Krankenkassen. Ein starker Eingriff in ihre ohnehin schon arg reduzierte Freiheit. Aber die gewünschte Sparwirkung blieb komplett aus, im Gegenteil, es wurde insgesamt teurer. Warum?

Wieder lag die Tücke im Systemverständnis. Wer mit dem

Durchschnitt von 17 Arztbesuchen rechnet, übersieht, dass die 25 Prozent der Patienten mit der niedrigsten Frequenz sich nur vier Mal pro Jahr zum Arzt begeben. Die 25 Prozent der Patienten mit der höchsten Arztbesuchshäufigkeit gehen unglaubliche vierzig Mal pro Jahr in die Praxis. Und das sind überwiegend Patienten mit schweren und langwierigen Erkrankungen. Sie können gar nicht viel seltener zum Arzt gehen! Wer wirklich weniger zum Arzt ging, waren die Patienten mit dem niedrigsten Einkommen. Nur sie gingen weniger zum Arzt mit der wahrscheinlichen Folge, dass langfristig gesehen ihre Gesundheit Schaden nimmt.

Fassen wir zusammen: Das System wurde auf grob fahrlässige Weise nicht verstanden, denn man orientierte sich vor allem an den Durchschnittswerten. Das Verhalten der Menschen wurde falsch eingeschätzt, denn das Ausnutzen der einmal bezahlten Quartalsgebühr war zu erwarten. Und die Lösung war »handwerklich« mangelhaft, denn der Aufwand war enorm, der Quartalsrhythmus falsch, die Umlenkung auf Hausärzte hat gegenteilig gewirkt und so weiter. Alle drei Voraussetzungen für wirksame Nudges waren nicht gegeben.

Wir alle machen Fehler. Gestehen wir sie jedem zu. Aber nur unter der Voraussetzung, dass man nicht grob fahrlässig handelt, sondern umsichtig, auf Basis des letzten Standes der Wissenschaft, und mit erwartbarer Intelligenz vorgeht.

Die Praxisgebühr zielte an der Natur des Menschen vorbei und funktionierte darum nicht. Seit 2013 ist sie Geschichte. Eine Geschichte zum Lernen …

Alles was zählt

Führungskräfte, Menschen mit gesellschaftlichem Einfluss und insbesondere Politiker sollten möglichst rasch lernen, wie Schubser hin zum Wohl des Future We funktionieren. Sie sollten möglichst rasch verstehen, wie der Durchschnittsmensch bewusst und unbewusst Entscheidungen trifft. Die Forschungsergebnisse, die darüber Aufschluss geben, sind eindrucksvoll und meist überzeugend. Damit wird es möglich sein, wirksame Nudges zu entwerfen, zu implementieren und sukzessive ihre Wirksamkeit zu verbessern. Doch wo sollen wir anfangen, die fatale Kurzfrist-Orientierung des Menschen umzuwandeln in vernünftiges Denken und Handel, das langfristig uns allen nutzt?

Wie wir oben gesehen haben, kann der notwenige Wandel nur vom Einzelnen ausgehen: von Ihnen, mir, unseren Freunden, Bekannten und Mitbürgern.

Die Entwicklung beginnt im Kern, im innersten Kreis. Für unser Future Me müssen wir lernen, langfristig sinnvollere Entscheidungen zu treffen und uns langfristig vernünftiger zu verhalten. Aber das allein wird nicht reichen. In unseren Gemeinschaften, Gesellschaften und Organisationen müssen wir Future Wes entwickeln und sie in unserem täglichen Tun durch erweiterte Willenskraft wirksam machen.

Neue gesellschaftliche Entwicklungen sind häufig zuerst in zeitgemäß geführten Unternehmen wie etwa juwi auszumachen. Die Politik zieht oft erst Jahre später mit Wahlprogrammen nach, um damit Wählerstimmen zu generieren. Zu den Unternehmen zähle ich jede Organisation, deren Zweck es ist, Probleme zu lösen, Wünsche zu erfüllen und damit andere Menschen ein bisschen glücklicher zu machen, wobei die Gegenleistung in der Regel Geld ist. Es spielt für mich keine Rolle, wer da glücklicher gemacht wird – es mögen Kunden, Klienten, Mandanten, Gäste, Patienten oder Bürger sein. Auch Schulen, eine Klinik und sogar Stadtverwaltungen verstehe ich als Unternehmen. Sie alle unternehmen etwas für einen guten Zweck und haben selbst etwas davon.

Wir beginnen also bei uns selbst, auf individueller Ebene und setzen unsere Kampagne für mehr Langfrist-Orientierung bei den Unternehmen fort.

Gerade in Unternehmen haben wir gute Chancen für mehr Langfrist-Orientierung, denn die dort gebündelten Interessen sind konzentrierter und nicht so vielfältig wie im weitaus komplexeren politischen Geschäft. Hätten wir mehr langfristorientierte Unternehmen, dürften wir starke positive Effekte erwarten. Es sind schließlich die Unternehmen und ihre Mitarbeiter, die Lebensqualität, Wohlstand und Arbeitsplätze schaffen und erhalten, was allen zugutekommt, Kunden, Mitarbeitern und der Gesellschaft. Unternehmen sind es aber auch, die durch Kurzfrist-Orientierung viel Schaden anrichten. Daher wäre es umso wichtiger, dass Führungskräfte und Mitarbeiter langfristig sinnvoller denken und handeln lernen, dass sie in der Lage sind, wirksame Nudges einzusetzen. Auf diese Weise würden alle Mitarbeiter die Kulturtechnik des Future Me und des Future We erlernen und trainieren. Immerhin verbringen wir im Laufe unseres Erwerbslebens rund die Hälfte unserer Wachzeit am Arbeitsplatz. Wenn es einen Ort gibt, wo wir verhältnismäßig leicht lernen können, die gemeinsame Zukunft zu denken, zu fühlen und in ihrem Sinne zu handeln, dann dort.

Anders als in der Politik bedeutet Nachhaltigkeit für Führungskräfte in Unternehmen eine klare Win-win-Situation. Während Kurzfrist-Denke in der Politik oft zum Wahlsieg verhilft und Langfrist-Denke eher die Macht kosten kann, präferiert das Gros der Investoren in der Realwirtschaft langfristigen wirtschaftlichen Erfolg und verzichtet dafür auch mal auf ein paar Prozent Rendite in der Spitze. Das Tragische ist, dass es in den Nachrichten oft anders aussieht, weil das öffentliche Bild »der Wirtschaft« von Berichten über wenige und meist extrem kurzfristorientierte Großkonzerne und, noch schlimmer, von den Finanzjongleuren dominiert wird. Ich spreche hier nicht von dieser Minderheit, für die ein Unternehmen nur ein seelenloses Profitobjekt ist. Ich spreche von der großen Mehrheit der langfristig und an Nachhaltigkeit orientierten Unternehmer und Investoren. Neben der Rentabilität gewinnen die beiden anderen Dimensionen der Nachhaltigkeit in der Wirtschaft stetig an Bedeutung. So war gesellschaftliche Verantwortung vielen Unternehmern schon immer wichtig, heute wird sie allmählich selbstverständlich. Und auch das Übernehmen ökologischer Verantwortung hat sich in den letzten drei oder vier Jahrzehnten in den Chefetagen etabliert. Noch nicht in allen und noch nicht aus voller Überzeugung, aber es werden zusehends mehr.

Durch viele solide Studien über langfristigen Erfolg und Misserfolg von Unternehmen weiß man heute recht genau, welche wenigen Prinzipien befolgt werden müssen, um auf Dauer zu bestehen. Dazu zählt die Konzentration auf die gut beherrschten Geschäfte und Wertschöpfungsteile. Nur sehr vorsichtig und am wirklichen Bedarf der Kunden orientiert sollte man in neue Gebiete vorstoßen und ansonsten die Finger, die Dollars und die Euros von geschäftlichen Abenteuern lassen. Ein weiteres zentrales Prinzip für langfristigen Erfolg ist, weniger auf heutige Rendite zu setzen, als vielmehr auf zukünftige Stärke in Zukunftsmärkten. So arbeitet man täglich daran, Potentiale aufzubauen und zu erhalten, anstatt sie für kurzfristigen Gewinn auszubeuten. Zudem braucht es ein Verhalten des Unternehmens, das nicht nur seinen Kunden, sondern auch seiner sozialen und ökologischen Umwelt Nutzen stiftet und sie nicht belastet. All diese Prinzipien setzen eine Beschränkung in der Gegenwart voraus, um in der Zukunft mehr ernten zu können. Sie machen den bekannten Belohnungsaufschub erforderlich. Ihr Zweck ist die Vermeidung der Kurzfrist-Falle.

So weit, so gut. Aber was bedeutet das in der Praxis ganz konkret? Und wo sind die Schubser, die Unternehmenslenker und Mitarbeiter zur echten und gerne praktizierten Langfrist-Orientierung verführen? So richtig konkret wird es, wenn wir uns den Begriff »Erfolg« vornehmen und ihn genauer definieren. Was bedeutet für ein Unternehmen Erfolg?

In der traditionellen Betriebswirtschaft spricht man von Erfolgsrechnung, wenn das finanzielle Ergebnis des vergangenen Monats, Quartals oder Geschäftsjahres betrachtet wird. Kurzfristige Erfolgsrechnungen sind unabdingbar, schließlich muss ein Unternehmen zu jedem Zeitpunkt seinen Zahlungsverpflichtungen gegenüber Lieferanten und Mitarbeitern nachkommen können. Ein Konkursrichter gibt nichts auf die langfristigen Potentiale eines Unternehmens, wenn es heute zahlungsunfähig ist. Darum wäre es reichlich unklug, die kurzfristige Erfolgsrechnung außer Acht zu lassen, wenngleich sie nur den vergangenen Erfolg zeigt und nichts über den gegenwärtigen und erst recht nichts über den zukünftigen Erfolg aussagt.

Die Forderung, in jeder kurzen Periode erfolgreich zu sein, also möglichst in jedem Monat, in jedem Quartal und in jedem Geschäftsjahr, ist ein Paradebeispiel für kurzfristiges Denken, das kurzfristiges Handeln nach sich zieht und langfristig schadet. Wer fordert kurzfristigen Erfolg? Investoren, die kurzfristig investieren. Und wer lässt diese kurzfrist-orientiert investieren? Die Sparer, die eine gute Rendite verlangen. Das sind leider wir! Wer liefert kurzfristigen Erfolg? Es sind die Vorstände, die an ihrem kurzfristigen Erfolg gemessen und entsprechend vergütet werden. Die Umstände zwingen sie dazu.

Das Ergebnis sind noch immer zu viele Unternehmen, insbesondere die börsengetriebenen Konzerne, die ihre langfristigen Potentiale ausbeuten, um kurzfristig gut dazustehen. Die Manager, die das bewirken, werden dafür mit Boni und hohen Gehältern belohnt und sind schon lange weg, wenn das Unternehmen ins Schlingern gerät, weil die Substanz ausgehöhlt wurde. Und die Aktionäre haben ihr Geld zu dem Zeitpunkt längst woanders investiert. Daneben richtet eine Unternehmensführung in der Kurzfrist-Falle einen noch viel größeren Schaden an, den man allerdings nicht sehen kann. Ich spreche von den verpassten Chancen. Niemand kann sagen, wie ein Unternehmen dastünde, wenn es in der Vergangenheit langfristig orientiert geführt worden wäre, wenn mögliche Zukunftschancen nicht für den Gewinnausweis im Jetzt geopfert worden wären. Möglicherweise hätten die Kunden viel bessere Lösungen bekommen. Vielleicht würden die Mitarbeiter in einem besseren Betriebsklima mit mehr Lebensqualität arbeiten. Eventuell würde das Unternehmen die Umwelt weniger belasten. Wahrscheinlich wäre die Firma der Gesellschaft ein nützlicherer »Bürger«.

Wir dürfen nur langfristigen Erfolg als wirklichen Erfolg zählen. Diese Idee ist natürlich nicht neu. Schon 1955 predigte der Management-Guru Peter Drucker einer Gruppe von IBM-Managern: »Glaubt ja nicht, dass Gewinn eine jährliche Veranstaltung ist! Sechs bis sieben Jahre scheint mir die viel passendere Periode zu sein.« Den Erfolg einer strategischen Entscheidung erst nach sechs bis sieben Jahren zu beurteilen, ist wirklich ambitioniert. Dementsprechend skeptisch waren die Blicke der Manager. Aber Drucker insistierte: »Gibt es hier irgendjemanden im Raum, der wichtige Entscheidungen für eine so kurze Periode wie zwölf Monate trifft?« Das ist der Punkt: Würde jemand für die Dauer eines Jahres heiraten? Eltern sein wollen für ein Jahr? Einen auf ein Jahr befristeten Beruf ergreifen oder einen auf zwölf Monate ausgelegten Job zusagen? Je wichtiger eine Entscheidung, umso weiter muss unser Horizont sein. Da fragt man sich doch, warum Führungsverantwortliche auf die Idee kommen, wirklich wichtige Entscheidungen auf Quartals- oder Jahressicht zu treffen.

Am längerfristigen Erfolg können sich Manager und Mitarbeiter nur dann orientieren, wenn sie eine klare Vorstellung davon haben, was genau der langfristig angestrebte Erfolg ist. Sie müssen eine strategische Vision haben. Sie müssen, Sie ahnen es, das gemeinsame Future We entwickeln.

Durch den ständigen Abgleich mit dem alle Maßnahmen zusammenführenden Future We kann jeder im Unternehmen erkennen, welche Strategien, Projekte und Prozesse heute zielführend sind.

Was heute in der Bilanz eines Unternehmens steht, ist das Ergebnis der Annahmen und Entscheidungen, die vor Jahren getroffen wurden. Die heutigen Annahmen und Entscheidungen bestimmen wiederum, was in vielen Jahren in der Bilanz stehen wird. Damit das Wohlergehen des Future We im Zentrum der Aufmerksamkeit eines Führungsteams stehen kann und nicht etwa die rückwärtsgerichtete Erfolgsrechnung, muss es passende Erfolgskriterien geben. Es müssen nicht zwingend messbare Indikatoren sein, doch sie sollten aussagekräftig und beurteilbar sein. Der heutige Grad der Kundenzufriedenheit oder der Füllungsgrad der Pipeline mit vielversprechenden Produkten sind einfache Indikatoren, die in jedem Unternehmen mit wenig Aufwand beurteilbar sind. Sie sind die Vorsteuergrößen langfristigen Erfolges. Die Praxis ist leider, dass, wenn es hart auf hart kommt, die Ist-Zahlen aus der kurzfristigen Erfolgsrechnung mehr zählen als vermeintlich weiche Frühindikatoren, obwohl sie weitaus wichtiger sind.

Managern hat man zu lange eingetrichtert, dass man nur das managen kann, was man messen kann. Sie tun also nur das, was die herrschende Lehre sagt. Schon seit Jahrzehnten geistert die Idee der schwachen Signale durch die Fachwelt. Sie sollen auf zukünftig mögliche Entwicklungen aufmerksam machen. Weil die Signale der Zukunft aber per definitionem schwach sind und man nicht weiß, wie man mit ihnen umgehen soll, lässt man es ganz bleiben und kontrolliert peinlich genau die Ist-Zahlen. Kurzfrist-Falle!

Das Wesentliche ist für die Augen unsichtbar, heißt es bei Antoine de Saint-Exupéry. Das Wesentliche ist in Euro nicht sichtbar, könnte man davon ableiten. Kundenzufriedenheit, Mitarbeiterengagement, der Differenzierungsgrad von Wettbewerbern, der Bedrohungsgrad durch alte und neue Konkurrenten, soziale Kongruenz, Umweltverträglichkeit – all das sind Faktoren, die nicht so leicht fassbar sind wie Auftragseingang, Umsatz, Kosten und Ertrag.

Aber diese und ähnliche Faktoren sind wesentlich wichtiger als die zuletzt genannten. Sie sind es, die für das Future We zählen. Sie müssen zu den zentralen Geboten werden, zu den Fixpunkten des Denkens und Handelns. Sie gehören in den Fokus von Trainingsprogrammen.

Wie oben gesagt: Seit man über Unternehmensstrategie intensiv nachdenkt und empirisch an realen Fällen forscht, hat man eine Reihe von Grundsätzen entwickelt, die man auch ohne ständige Messung der kurzfristigen Wirkungen als prinzipiell richtig akzeptieren und praktizieren kann. Dann hat das Future We eine echte Chance.

Bei Toyota lautet das erste und oberste von 14 Prinzipien des »Toyota Production System«:

»Gründen Sie Ihre Managemententscheidungen auf eine langfristige Philosophie, selbst wenn das zu Lasten kurzfristiger Gewinne geht.«

Es ist also alles längst bekannt. Wenn nur unser Kurzfrist-Hirn nicht wäre. Die Unternehmensführer brauchen noch einen wirksamen Schubser, um ihren Willen zu wirklich langfristiger Orientierung zu erweitern. Was wird das wohl sein?

Future We aufs Konto

In meiner Arbeit habe ich die gierigsten, naivsten und riskantesten Vorschläge für strategische Maßnahmen meistens von denjenigen Personen gehört, die am wenigsten für negative Folgen verantwortlich waren.

Wenn das Feedback fehlt, läuft das System aus dem Ruder. Das Jetzt-Ich muss ein klares Feedback bekommen, ob etwas dem Zukunfts-Ich nutzt oder schadet.

Das Feedback muss noch eindeutiger ausfallen, wenn das Jetzt-Ich für ein Zukunfts-Wir verantwortlich ist. Wer als Unternehmensführer das langfristige Wohl oder gar die Existenz seines Unternehmens gefährdet, muss es möglichst eindeutig zu spüren bekommen. Umgekehrt sollte ein Firmenchef positives Feedback bekommen, wenn er im Sinne des Zukunfts-Wir dem Unternehmen Gutes tut.

Wer um sein Verlustrisiko und damit auch um sein Existenzrisiko weiß, handelt anders als jemand, der praktisch nur gewinnen kann, ganz gleich, wie erfolgreich er sein Unternehmen führt. Die meisten angestellten Vorstände haben nicht einen einzigen Cent persönliches Kapital in die von ihnen geführten Unternehmen investiert. Sie tragen vielleicht ein »Minderentlohnungsrisiko«, das sich bei der für Top-Manager üblichen Gehaltshöhe in der Regel leicht verschmerzen lässt, aber sie tragen keinerlei Verlustrisiko.

Vor dem Hintergrund der Finanzkrise und des zunehmend rauen gesellschaftlichen Windes, der Managern ins Gesicht weht, hat ein Wandel im Denken eingesetzt. Deshalb ist es nur folgerichtig, dass das 2010 beschlossene Gesetz zur angemessenen Vorstandsvergütung (VorstAG) vorschreibt, dass variable Gehaltsteile nicht mehr auf Basis eines einzelnen Jahresgewinns gezahlt werden dürfen. Zudem dürfen außerordentliche Erträge, wie etwa aus dem Verkauf von Unternehmensteilen, nicht mehr ohne weiteres prämiert werden. Darüber hinaus müssen Manager Aktienoptionen nun vier, statt bisher zwei Jahre halten. Das sind durchaus wirksame Schubser in eine langfristig gute Zukunft.

Die Manager müssen mit diesen Vergütungsanreizen zwangsläufig umdenken und sich fragen, welche unter den möglichen Optionen die richtige ist, wenn sie den Erfolg auf dem Weg zum Zukunfts-Wir über die nächsten fünf, sechs, sieben Jahre maximieren wollen.

Das Vorstandsvergütungsgesetz schreibt auch vor, dass Managerversicherungen eine Selbstbeteiligung enthalten sollen. Schlechte Managementleistung soll wirklich eigenes Geld kosten. Darüber hinaus ist der Aufsichtsrat gehalten, Gehälter zu kürzen, wenn es dem Unternehmen schlecht geht. Der Aufsichtsrat wird schadenersatzpflichtig für den Fall gemacht, dass die Vorstandsvergütungen unangemessen sind. So erklärt sich auch das genannte Beispiel von Siemens. Die Vorstände müssen sich dazu verpflichten, ein Vielfaches ihres Grundeinkommens in Siemens-Aktien zu investieren, 300 Prozent der Vorsitzende, 200 Prozent andere Vorstände. Fällt der Kurs der Aktie, besteht die Pflicht zum Nacherwerb. So sind die Vorstände auch an Kursverlusten beteiligt.

Um Missverständnissen vorzubeugen: Geld hat keine besondere Anreizwirkung, jedenfalls nicht dauerhaft, und es ist nicht der Grund für gute Unternehmensführung. Das hat die Motivpsychologie hinreichend nachgewiesen. Dennoch glaube ich sehr wohl an die zielführende Wirkung von negativen Feedbacks in Form potentieller persönlicher Verluste. Menschen reagieren viel stärker auf einen potentiellen Verlust dessen, was sie haben, als auf einen potentiellen Gewinn. Zudem werden finanzielle Verluste meist auch als Ansehensverluste empfunden und die treffen emotional.

Es klingt etwas seltsam, aber das Bankkonto der Entscheider muss vom Future We befüllt und geleert werden, je nachdem wie es von ihnen behandelt wird. Das allerdings funktioniert nur, wenn der Entscheider und das Future We lange genug im gleichen Boot sitzen.

Vertraute Gesichter

Ich besuche jede Woche mehrere Unternehmen, darunter sind auch große Konzerne. Es irritiert mich immer wieder, dass mich dort oft schon nach zwei, drei Jahren im gleichen Arbeitsfeld ganz andere Menschen empfangen. In Privatunternehmen, insbesondere großen Familienunternehmen, treffe ich viel häufiger die mir vertrauten Gesichter.

Wie soll ein Mitarbeiter in seinem Job das Wohl des Future We im Sinn haben, wenn er mit größter Wahrscheinlichkeit davon ausgehen darf oder muss, dass er in diesem Job nur zwei oder drei Jahre verbringen wird?

Mitarbeiter müssen so lange an ihren Zielen arbeiten dürfen (und natürlich auch wollen), dass sie ihren Erfolg auch erleben können.

Es lohnt sich, eine längere Verweildauer am gleichen Arbeitsplatz oder im gleichen Bereich zu fördern. Beispielsweise durch die sogenannten »horizontalen Karrieren«, in deren Zuge Mitarbeiter ihren Expertenstatus verbessern. Dann muss Karriere nicht immer Personalverantwortung bedeuten, die oft gar nicht gewollt, aber für mehr Ansehen und Gehalt in Kauf genommen wird, weil es nur diesen Karriereweg gibt. Hervorragende Experten werden nicht selten zu schlechten Führungskräften gemacht, weil man nur diese Art der Hochbeförderung kennt. Dieses relativ neue Verständnis von Karriere würde auch solche Mitarbeiter im Unternehmen halten, die den Job nur deshalb wechseln, weil die Karriere-»Leiter« auf absehbare Zeit besetzt ist.

Natürlich braucht es Erneuerung, damit Unternehmen vital bleiben. Dafür darf aber nicht die ebenso wichtige Substanz und Langfrist-Orientierung geopfert werden. Unternehmen sind heute wesentlich stärker mit externen Experten und Innovatoren vernetzt. Man braucht also nicht gleich gefährliche Betriebsblindheit zu befürchten, nur weil die Mitarbeiter länger in ihren Arbeitsgebieten bleiben.

Für Top-Manager gilt das Prinzip der Kontinuität noch stärker. Je größer die Verantwortung eines Mitarbeiters, umso entscheidender ist die Kontinuität. Mehrere Studien belegen, dass ein Unternehmen auf Dauer rentabler ist, wenn die Top-Manager durchschnittlich länger im Unternehmen bleiben. Es überrascht daher nicht, dass gerade die erfolgreichen Unternehmen zum guten Teil über 20 Jahre vom gleichen Chef geführt werden. In den großen Aktiengesellschaften hingegen bleibt ein Vorstandsvorsitzender im Durchschnitt nur fünf Jahre in seiner Position. So machen sich die Folgen von Vorstandsentscheidungen oft erst dann bemerkbar, wenn die Chefs schon längst in anderen Unternehmen ihr Werk verrichten.

Wer bestimmt eigentlich, wie weit der Denk- und Handlungshorizont der Vorstände wirklich sein darf? Wer steht über dem Vorstand? Rein rechtlich ist es der Aufsichtsrat, aber den Aufsichtsrat und damit die grundlegenden Geschäftsprinzipien bestimmt jemand anders.

Ruhige Hände

Deutschland, Österreich, die Schweiz, Japan und die USA haben etwas gemeinsam. In diesen Ländern spielt eine bemerkenswerte Art von Unternehmen eine zentrale Rolle, vor allem in Deutschland. Es sind die sogenannten Hidden Champions, die heimlichen Weltmarktführer.

Hermann Simon hat sie über zwei Jahrzehnte systematisch beobachtet und erforscht.[102] Davon sind weit über 95 Prozent Familienunternehmen, zum guten Teil mit langer Tradition über viele Generationen. Viele von ihnen haben gar keine Mitarbeiter, manche ein paar hundert, manche aber auch zigtausend.

Sie waren es, die der deutschen Wirtschaft in den Krisen der letzten Jahre Stabilität verliehen haben. Die Hidden Champions agieren auf Dauer messbar erfolgreicher als börsennotierte Konzerne. Sie schaffen auch mehr Arbeitsplätze, sind solider, profitabler, innovativer als viele Großunternehmen. Was machen sie anders? Was können andere von ihnen lernen?

Familienunternehmen unterscheiden sich durch eine zentrale Eigenschaft von börsennotierten: Kontinuität. Sie haben die geforderte höhere Kontinuität der Mitarbeiter. Sie sind es, die im Durchschnitt über 20 Jahre von den gleichen Personen geführt werden. Und sie weisen die dritte entscheidende Art der Beständigkeit auf: die Kontinuität der Eigner. Kontinuität ist ein hochwirksamer Faktor für Langfrist-Orientierung.

Im Resultat gibt es keinen Grund, jeden Monat, jedes Quartal und jedes Jahr das Maximum herauszuholen – langfristiger Bestand und Erfolg sind nachgewiesenermaßen wichtiger.

Die durchschnittliche Haltedauer von Unternehmensanteilen entspricht in etwa dem Denkhorizont der Anteilseigner.

Wer eine Aktie über viele Jahre halten will, stimmt in der Hauptversammlung nach langfristigen Überlegungen ab. Wer eine Aktie nur ein paar Monate, Wochen oder gar nur Minuten halten will, geht erst gar nicht zur Hauptversammlung. Er überträgt sein Stimmrecht den Banken und Fondsmanagern, die primär kurzfristig hohe Renditen im Sinn haben.

Nur wenn die Mehrzahl der Anteile in den ruhigen Händen und kühlen Köpfen besonnener Eigner liegt, die an der Wertentwicklung der Anteile über viele Jahre hinweg interessiert sind, nur dann können die Vorstände und Geschäftsführer wirklich nachhaltig am Wohlergehen des Future We orientiert führen. Es macht einen großen Unterschied, ob die obersten Führungskräfte eines Unternehmens mit dem Ziel antreten, in ihrer Amtszeit ein starkes Unternehmenswachstum und gute Erträge zu erwirtschaften, oder ob sie alles dafür tun, dass das Unternehmen auch noch in einem, zwei oder drei Jahrzehnten gesund und gesichert ist. Wer an die nächste Generation ein gesund finanziertes Unternehmen mit einem guten, aber nicht unbedingt maximalen Ertrag übergeben will, handelt bei jeder einzelnen Entscheidung unter anderen Voraussetzungen als der Maximierer von Quartals- und Jahresergebnissen.

Das sind nicht etwa nur hehre und träumerische Forderungen. Familienunternehmen haben sich in den letzten Jahren weitaus erfolgreicher entwickelt als börsennotierte Aktiengesellschaften, wie beispielsweise das »Family Business Barometer« des Bankhauses Spängler[103] zeigt. Demnach ist es prinzipiell ungesund, wenn Shareholder-Interesse und Unternehmens-Interesse auseinanderfallen. Beide müssen im gleichen Boot sitzen.

Die Inhaber von Familienunternehmen haben es vergleichsweise leicht, ein Future We zu entwickeln und zu pflegen. Es sitzt jeden Morgen mit ihnen am Frühstückstisch.

Die nächste Generation ist immer präsent. Die Töchter, Söhne oder Neffen sind das personifizierte Zukunfts-Ich der Eigner und das Zukunfts-Wir der Firma.

Also liegt es auf der Hand, dass die Zukunftsfähigkeit aller Unternehmen dadurch verbessert werden kann, wenn der Faktor Kontinuität gestärkt wird. Nur wie? Wie schafft man es, die Investoren länger zu binden? Der Berater und Management-Autor Fredmund Malik hat einen hervorragenden Vorschlag, wie es gelingen könnte: Man möge gesetzlich bestimmen, dass nur denjenigen Aktionären Stimmrecht in der Hauptversammlung und zur Wahl der Aufsichtsräte gegeben wird, die sich verpflichten, ihre Anteile langfristig zu halten, zumindest für die Amtsdauer des Aufsichtsrates. So einfach, so logisch.

Börsen sind Fluch und Segen zugleich. Wer sein Unternehmen an die Börse bringt, stärkt sich mit risikobereitem Kapital für Zukunftsinvestitionen. Soweit der Segen. Aber der Preis dafür ist weitaus höher als die zu zahlende Dividende und die Kosten für die »Investor Relations«, also für große Hauptversammlungen und aufwendige Jahresberichte. Der eigentliche Preis ist unsichtbar und viel gravierender:

Einmal an der Börse, setzt man sich einer gierigen Horde von Kurzfrist-Tieren aus, seien es Hedge-Fond-Manager oder die Analysten in den Investmentbanken und Medien.

Unter diesem Einfluss ist es für die Top-Manager ausgesprochen schwer, dieser Horde den »Gehorsam« zu verweigern, denn die Strafe dafür ist hart. So kündigte L'Oréal 2010 an, das seit zwei Jahrzehnten bestehende Ziel eines jährlichen zweistelligen Gewinnwachstums aufzugeben. Man wolle nicht mehr unter einem Joch arbeiten. Die Analysten und Kurzfrist-Investoren dankten auf ihre Weise. Die Aktie stürzte trotz positivem Marktumfeld stark ab.

Doch viele Investoren denken heute um. Selbst Henry Kravis, eine als »Urvater aller Heuschrecken« verschriene »Investorenlegende« sagt heute: »Wir müssen vor allem weg von einem reinen Kurzfrist-Denken. Wir brauchen einen langfristigen Horizont, selbst wenn das kurzfristig den Gewinn schmälert. Langfristiges Denken und Renditen schließen sich nicht aus. [...] Manager unterstützen uns vor allem aus einem Grund dabei, ihr Unternehmen von der Börse zu nehmen: weil sie langfristige Entscheidungen treffen wollen.«[104] Man höre und staune über die Heuschrecke.

Weg von der Börse, das ist eine bemerkenswerte Forderung, zumal derjenige, der in der Rendite seines eingesetzten Eigenkapitals den einzigen Erfolgsmaßstab sieht, diese immer (!) kurzfristig maximieren will. Welche andere Bewertungsmöglichkeit sollte ein anonymer Aktienkäufer sonst haben? Vom Geschäft versteht er in der Regel nichts, geschweige denn, dass er eine emotionale Verbindung dazu hat. Bestenfalls zählt noch die vermeintliche Kurssicherheit der Aktie. Daneben gibt es keine überzeugenden Anzeichen dafür, dass die Milliarden Sparer weltweit freiwillig auf Zinsen und Dividenden verzichten wollen. Da wirkt das Future Me der Sparer vollkommen richtig, denn sie sparen für sich, für eine gute und sichere Altersversorgung.

Da bleibt langfristig orientierten Unternehmenslenkern nur noch eines übrig: sich entweder außerhalb der Börsen zu finanzieren, beispielsweise aus eigenen Mitteln. Das ist die nach wie vor bevorzugte Finanzierungsquelle selbst der größten unter den Hidden Champions. Weil Wachstum nicht ihr erstes Ziel ist, muss nicht jede Chance darauf genutzt und finanziert werden. Oder sie finden langfristig interessierte Investoren. Es gibt, man will es gar nicht mehr glauben, sogar langfristig orientierte Banker. Oder, sofern man im Wettbewerb ohne große Kapitalzufuhr nicht bestehen kann, man hält den Anteil der nur an ihrem Jetzt-Ich interessierten Aktionäre notwendig groß, aber hinreichend klein, sodass sie eine langfristige Ausrichtung des Unternehmens nicht verhindern können.

Die mutigen unter den Vorständen börsennotierter Unternehmen können einen Weg aus der Kurzfrist-Falle wagen, der bislang selten bewusst gegangen wurde. Börsenkurse für Aktien werden nicht nur auf der Grundlage der jüngsten Ist-Zahlen und der Planzahlen für das nächste Jahr gebildet. Sie werden sehr stark auch von den Erwartungen an die zukünftige Wettbewerbsfähigkeit des Unternehmens bestimmt. Unternehmen dürfen also nicht primär den heutigen Aktionären gefallen, sie müssen vor allem den zukünftigen Aktionären in fünf oder zehn Jahren gefallen. Es gibt also sehr wohl Anlass zur Annahme, dass Aktienkurse sich auch dann gut entwickeln, wenn die Vorstände in ihr Zukunfts-Wir investieren. Was das praktisch heißt? Die Aktiengesetze zwingen zur Offenlegung von praktisch allem. Aber niemand zwingt die Vorstände, kurzsichtigen Aktionären und Analysten maximale und schnelle Renditen zu versprechen und sich dann an den Planzahlen messen lassen zu müssen. In einer Zeit, in der immer mehr Investoren und Sparern eine solide Anlage wichtiger ist als die jährliche Rendite, gibt es eine Chance:

Der Vorstand lädt zur Pressekonferenz und verkündet der erstaunten Analystenmeute, dass ab sofort das Future We alles bestimmt, dass dafür die Zielrendite geringer, aber die Stabilität größer ist.

Das braucht Mut, denn in Aktien zu investieren ist mit einem Mal weniger attraktiv, wenn man es nur an der kurzfristigen Rendite misst. Das ist ganz klassischer Belohnungsaufschub. Viele Anleger werden wechseln. Es kommt darauf an, genügend Fans für eine solch radikale Abkehr von der Kurzfrist-Orientierung zu finden.

Wir können in den nächsten Jahren und Jahrzehnten erleben, dass die Unternehmen nach und nach die Wende schaffen, weg von der Kurzfrist-Falle, hin zu mehr Kontinuität und Stabilität. Wer es wirklich will, kann es schaffen. Ist das nicht eine faszinierende Vision? Ist ein Future We zu haben nicht herrlich?

Zukunftskompetente Politik

Regierungen haben schon immer versucht, das Verhalten des Volkes so zu beeinflussen, dass es ihrer Auffassung nach das »Richtige« tut. Allerdings fehlte ihnen zu oft das erforderliche Verständnis des menschlichen Verhaltens. Neuere Strategien stützen sich auf die erst in jüngster Zeit besser verstandenen Prinzipien menschlichen Verhaltens. Das ist das eigentlich Neue und das, was Hoffnung darauf macht, dass Politik wenigstens ein klein wenig besser funktionieren und wirken kann.

Im Vereinigten Königreich hat das Institute for Government ein Konzept mit dem Titel »Mindspace« entwickelt, das eine ganze Reihe von Strategien und Maßnahmen empfiehlt, um beispielsweise die Kriminalitätsrate zu senken, Übergewicht zu reduzieren oder umweltverträgliches Verhalten zu fördern. Natürlich schreien haufenweise Kritiker auf, das böse Wort von der »Manipulation« macht in den Medien die Runde. Nähert man sich dem Konzept unvoreingenommen, kann man darin echte Chancen für die Rettung unserer Zukunft erkennen. Das Mindspace-Institut möchte Regierungen auf Basis der Erkenntnisse der Verhaltensökonomik darüber aufklären, wie Menschen wirklich entscheiden und handeln. Die Autoren des Konzepts geben ein Set einfacher Prinzipien an die Hand, mit denen wirksame Schubser in die Gesetzgebung und Verwaltung eingebaut werden können.

Enable: Wirksame Nudges berücksichtigen, dass Menschen

die Möglichkeit haben müssen, sich langfristig klug zu verhalten. Sie holen die Bürger in ihrer realen Lebenssituation ab. Die strukturellen und praktischen Barrieren für zukunftsorientiertes Handeln und die Versuchungen, in die Kurzfrist-Fall zu tappen, sollten abgebaut werden.

Encourage: Politiker sollen ermutigt werden, Gesetze und Verordnungen als das zu sehen, was sie sind: Maßnahmen zur Verhaltensregelung. Wenn sie ernst nähmen, dass die Maßnahmen der Legislative und der Exekutive den realen Verhaltensschemata der Menschen entsprechen müssen, wäre viel gewonnen. Politiker würden etwa Gesetzesentwürfe auch von Verhaltensforschern auf ihre voraussichtliche Wirkung prüfen lassen, und zwar nicht nur im Vorfeld, sondern auch nachdem sie als Gesetz in Kraft getreten sind. Sie würden dann auch besser verstehen, warum einige ihrer Maßnahmen der Vergangenheit nicht gut funktioniert haben. Ein Desaster wie die Praxisgebühr in Deutschland wäre so vermeidbar gewesen.

Engage: Anstatt einfach nur Gesetze oder Verordnungen zu beschließen, die Politikern rational betrachtet als notwendig oder hilfreich erscheinen, müssen sie, wie die von den neuen Verhaltensregelungen betroffenen Bürger, von vorneherein in die Debatte mit einbezogen werden können. Selbsterkenntnis ist für die Einsicht ein Muss. Eine wichtige Erkenntnis der Verhaltensforscher ist ja gerade, dass Menschen, wenn sie sich rechtzeitig mit ihrem künftigen Verhalten und möglichen Folgen auseinandersetzen können, sehr vernünftige Entscheidungen treffen. Hier unterschätzen Politiker den vernünftigen Engel des Wahlvolks ähnlich stark wie die Wirkung des kurzfrist-orientierten Dämons in der konkreten Verhaltenssituation. Die Schweizer beispielsweise fällen überwiegend erstaunlich weitsichtige Entscheidungen, wenn sie in direkter Demokratie über einzelne Fragen abstimmen. Im Falle des Stuttgarter Tiefbahnhofs Stuttgart 21 konnten die heftigen Auseinandersetzungen zwischen Polizei und Gegnern des Vorhabens relativ schnell beendet werden, als ein öffentlicher runder Tisch gebildet wurde und die Bevölkerung die Möglichkeit bekam, für oder gegen den Bahnhofsumbau zu votieren. Hätten die verantwortlichen Politiker viel früher nicht nur auf Information, sondern auch auf Mitwirkung der Bevölkerung gesetzt, hätte es die teilweise fast bürgerkriegsähnlichen Blockaden, Straßenschlachten und Sabotageakte, die in einigen Momenten fast wie ein Bürgerkrieg anmuteten, nicht geben müssen. Dann hätte die damals regierende CDU vermutlich nicht so klar sowohl das Stuttgarter Rathaus als auch die Macht im baden-württembergischen Landtag verloren.

Exemplify: Die Regierungsmitglieder müssen selbst Vorbild für zukunftsorientiertes Denken und Handeln sein. Was man selbst nicht vorlebt, kann von den Bürgern nicht erwartet werden. Menschen haben ein ausgesprochen starkes Gespür für Fairness und beobachten dabei prominente Vorbilder sehr genau. Inkonsistenzen zwischen Botschaft und Verhalten zerstören das im Prinzip vorhandene Vertrauen und damit die Gefolgsbereitschaft. Wer Wasser predigt und Wein trinkt, zerstört die Wirksamkeit der Predigt, egal wie gut und richtig sie ist. In erster Linie fällt dabei die Vertrauen zersetzende Neigung der Regierenden ins Auge, stets mehr Geld auszugeben als eingenommen wurde. Das ist ganz offensichtliches Kurzfrist-Verhalten.

Die beiden letzten Prinzipien *Explore* und *Evaluate* sollen Politiker ermutigen, neue und kreative Maßnahmen ins Auge zu fassen, sie in begrenztem Rahmen zu testen, ihre Wirkung zu messen und zu überprüfen, ob damit bessere Resultate erzielt werden können. Könnte man so regieren? Schön wäre es.

Freiheitsopfer?

Angesichts der gravierenden und fatalen Politikverdrossenheit wäre eine wirksame, funktionierende Politik ein Segen für die Festigung der Demokratie und für das Vertrauen der Bürger in die Zukunft. Das Problem der Kurzfrist-Falle wirft allerdings eine ganz schwierige Frage an die Idee der Demokratie auf: Welches Maß an schädlicher oder gar tödlicher Kurzsichtigkeit der Bürger und Wähler ist akzeptabel? Wie erweitert man den Denk- und Handlungshorizont freier Wähler, ohne die Demokratie als zentrale Errungenschaft der Menschheit zu gefährden? Schon Aristoteles und seine Zeitgenossen haben sich den Kopf über die inhärente Kurzfrist-Orientierung der Demokratie zerbrochen. Auch Daniel Kahneman, der nobelpreisgeadelte Verhaltensökonom, macht sich Sorgen, dass insbesondere Demokratien nicht in der Lage sind, mit Bedrohungen umzugehen, die weit entfernt in der Zukunft liegen. Wenn die Problemlösung von der Einigkeit der Öffentlichkeit abhängt, sei der Erfolg unwahrscheinlich.[105] Das sind heftige Worte.

Als ein Leben lang Selbständiger und Unternehmer bin ich hoffentlich nicht im Verdacht, die bürgerliche Freiheit zu gering zu schätzen. Sie ist mir heilig. Aber sie ist mir nicht heiliger als die langfristige Existenz des Ganzen.

Mein Jetzt-Ich fühlt sich nicht wohl bei dem Gedanken, dass das kleine zusätzliche Quäntchen Freiheit für mein Jetzt-Ich auf Kosten des Jetzt-Ich vieler anderer und langfristig auf Kosten des Zukunfts-Wir von uns allen geht. Mein Jetzt-Ich fühlt sich erst recht nicht wohl bei dem Gedanken, dass es schädlich für mein eigenes Zukunfts-Ich ist.

Wir beanspruchen unseren Planeten heute so, als hätten wir noch welche in Reserve. Wir leben in einem Maße auf ökonomischen und ökologischen Kredit, dass es jedes vernünftige Maß sprengt. Wir spekulieren mit höchstem Einsatz und Risiko darauf, dass uns schon noch rechtzeitig etwas einfallen wird, wie wir die Überbeanspruchung unserer Lebensgrundlagen wettmachen können.

Wenn wir heute nicht mit Einsicht und gerne kleinste Freiheitsopfer in homöopathischen Dosen akzeptieren, um unsere Wirtschaft, Gesellschaft und Zivilisation vor dem langfristig drohenden Kollaps zu bewahren, werden wir früher oder später massive Freiheitsopfer hinnehmen müssen, bis hin zur ökosozialen Diktatur,[106] die uns als letzte Notbremse droht.

Das Future We ist unabdingbare Voraussetzung für ein langfristig gutes (Über-)Leben. Wer nur einzelne Maßnahmen und Projekte zu bieten hat, hat Führung nicht verstanden und ist mit einem Bein immer in der Kurzfrist-Falle. Handeln ohne Vision und Ziel ist bestenfalls sinnlos. Dem sollten wir uns verweigern. Nur wenn klar ist, für welche bessere Zukunft, für welches ganzheitlich gedachte Future We wir unsere Freiheit lenken lassen sollen, sollten wir zustimmen und mitmachen. Mehr Wachstum, ein höheres Sozialprodukt, das ist kein erstrebenswertes Future We für die, die schon auf einem angenehmen Niveau leben. Glück auf breiter Basis zu maximieren, ist es schon eher, auch wenn es schwieriger zu fassen ist als die Summe der geschriebenen Rechnungen, die wir Sozialprodukt nennen.

Im Sinne eines attraktiven, greifbaren und fundierten Future Me und Future We zu entscheiden und zu handeln, erlebe ich als Gefühl von Klarheit, Orientierung, Sicherheit, Zuversicht und Freude. Das ist der emotionale Nutzen von konsequenter Langfrist-Orientierung.

Wir müssen häufiger und intensiver auf das Ganze schauen als nur auf uns selbst. Wir müssen lernen, dass die individuelle Freiheit ein klein wenig mehr gelenkt werden darf und muss, wenn das »natürliche« Verhalten nachweislich langfristig schadet. Wir schnallen uns ja auch vorschriftsmäßig an, ohne dass wir es in Form von Massenprotesten als Freiheitsopfer beklagen.

Hätten wir nicht diese fatale Kurzfrist-Orientierung im Kopf, wäre ich immer noch ein entschiedener Gegner von allem, was auch nur nach Bevormundung aussieht. Doch in Anbetracht der Realität ist es nicht gleich autoritär oder sozialistisch, aus meinem Munde schon gar nicht, wenn wir zu langfristig sinnvollerem und weniger schädlichem Verhalten nicht nur aufgefordert, sondern geschubst werden, nachdem wir uns mit deutlicher Mehrheit darauf geeinigt haben.

Ich halte es für dringend geboten, dass wir an entscheidenden Stellen gemeinsam vereinbaren und uns verpflichten, durch einen erweiterten Willen langfristig klüger zu handeln.

Der englische Philosoph Thomas Hobbes beschrieb 1651 in seinem Hauptwerk *Leviathan*[107] den social contract, den Gesellschaftsvertrag. Unter dem Eindruck des verheerenden englischen Bürgerkrieges forderte Hobbes, dem seiner Natur nach schlechten Verhalten des Menschen Einhalt zu gebieten. Ein Gesellschaftsvertrag sollte einen durch alle Mitglieder der Gesellschaft geschaffenen und entsprechend allmächtigen Staat schaffen, der für Recht und Ordnung sorgt. Hobbes war von einem Prinzip getrieben, das schon in der Antike gedacht wurde und uns hier wiederbegegnet: Den menschlichen Instinkten und Impulsen soll eine übergeordnete Rationalität entgegengesetzt werden.

Wohlgemerkt: Ich halte es für falsch und gefährlich, wenn »der Staat« für sich die Kompetenz in Anspruch nimmt, alles gelingsicher zu regulieren und staatliche Unternehmen zu betreiben. Politiker und Beamte waren noch nie gute Unternehmer. Sie können es systemisch betrachtet gar nicht sein. Die Immobilienkrise der USA und die anschließende Finanz- und Wirtschaftskrise sind, wie beschrieben, auch das Resultat einer von der US-Regierung verordneten massiven Aufweichung der Kriterien für die Kreditvergabe durch die Banken. Auch in diesem Falle musste eine Wahl gewonnen werden.

Leider sind die Ideen und Konzepte der politischen Parteien viel zu sehr von Ideologie, persönlicher Profilierungssucht, Neid oder schlicht von der »Dagegen-Haltung« bestimmt. Es fehlt meist ein informierter Blick auf die im neuronalen Belohnungsschaltkreis angelegten Motive der Menschen. Es fehlt zu oft ein Verständnis davon, wer und was die wahren Generatoren von Wohlstand, Lebensqualität und Steueraufkommen sind.

Es fehlt die ideologiefreie, wissenschaftlich fundierte, ehrliche und systematische Analyse und Argumentation. Politische Debatten werden in methodischer Hinsicht unfassbar dilettantisch geführt.
Es fehlt die Konzentration auf das langfristige Wohl des Ganzen.
Es fehlt das Future We.
Der weite Weg dorthin führt über die Politik. Der kürzere Weg dorthin führt über unser unmittelbares Umfeld in Unternehmen und Gemeinschaften. Und der direkte und kürzeste Weg führt über eines jeden Leben. Spätestens dann haben wir keine Ausrede mehr.

Zukunftsmanagement

Ich weiß nicht, wie oft es mich erstaunt, geärgert und frustriert hat, diesen Satz zu hören: »Bis das kommt, bin ich in Rente.« Es mache doch für ihn oder sie keinen Sinn, über die nächsten zehn Jahre nachzudenken. Diese Haltung verzeihe ich denen, die keine große Verantwortung für andere tragen. Wer jedoch Führungskraft sein will, disqualifiziert sich mit einer solchen Aussage augenblicklich.

Was heute ist, ist das Resultat unseres Denkens und Handelns in der Vergangenheit. Was wir heute denken und tun, bestimmt unsere zukünftige Wirklichkeit.

Zukunftsmanagement ist nicht die Vorhersage der Zukunft. Die Zukunft lässt sich nur dort managen, wo die Zukunft ist: in unseren Köpfen. Woanders gibt es keine Zukunft. Nur in unseren Köpfen haben wir all die Hoffnungen, Befürchtungen, Annahmen, Ideen, Werte, Chancen, Visionen und Ziele, aus denen die Zukunft gemacht wird. Diese Gedanken können wir anreichern, ordnen und wirksamer machen. Wir können unserem Liking-System zeigen, was langfristig erstrebenswert ist, wir können unser Wanting-System dazu bringen, genau das anzustreben. Die Zukunft zu managen heißt, mit unseren zukunftsgerichteten Gedanken und Emotionen so umzugehen, dass sie Zukünfte schaffen, die lebenswerter sind als die Gegenwart.

Wer führen will, muss eine konkrete Vorstellung davon haben, wohin er oder sie führen will. Er muss ein klares Bild davon haben, in welche Welt sein Team und seine Organisation gehen sollen. Er muss gute, sprich realistische und fundierte Zukunftsannahmen und Szenarien vom Umfeld haben. Er muss eine strategische Vision haben, ein konkretes Bild eines faszinierenden, gemeinsam erstrebten und realisierbaren Future We. Führung braucht ein angestrebtes Bild, zu dem man führen will.

Das Future We ist die Vision, die wie die Vorlage eines Puzzles täglich Orientierung bietet. Niemals würde man Menschen, die man mag, ohne Vorlage die einzelnen Teile zusammensetzen lassen.

Niemals würde man in Unternehmen Menschen, die man nach Zeit bezahlt, ohne Vorlage puzzeln lassen. Und doch ist es nach wie vor die Regel.

Bestenfalls gibt es ein paar schöne Sätze mit dem Wort »Vision« in der Überschrift. Schadet nicht, nützt aber auch nichts.

Wer sagt »Bis das kommt, bin ich in Rente«, offenbart ein armseliges Verständnis seiner Aufgabe als Führungskraft. Wer führt, muss zu jedem Zeitpunkt »das Haus gut bestellt haben«. Das gilt auf unterster Ebene für operative Exzellenz und für die kurzfristige Erfolgsrechnung, auf mittlerer Ebene für eine intelligente Strategie und auf höchster Ebene für ein kraftvolles und langfristig nützliches und ehrbares Future We. Das Future We muss durch frühzeitige Beobachtung und Analyse von Entwicklungen und potentiellen Überraschungen aus Trends und Technologien fundiert sein.

Zukunftsmanagement muss zu fundierten Antworten auf die zentrale Frage führen: Wovon leben wir morgen? Welche Chancen haben wir in welchen Zukunftsmärkten? Welche Bedrohungen und Risiken gibt es? Welche Chancen haben wir in der Welt der Zukunft, nicht nur unsere kollektive Lebensqualität global zu erhöhen, sondern auch unsere Lebensgrundlagen zu bewahren oder sogar auszubauen?

Das gilt für uns alle, ob im Leben, im Unternehmen, in der Stadt, im Staat oder auf dem Planeten. Das ist der Kern von Zukunftsmanagement.

Die Zukunftsanalysten und Zukunftsforscher haben gute Vorarbeit geleistet. Aber sie können nur das Rohmaterial liefern. Sie sagen uns, wie wir möglicherweise leben und arbeiten werden und welche technologischen und gesellschaftlichen Trends es gibt. Aber sie sagen nicht, wovon wir leben können, sollen und werden. Wir können unsere Zukunft nicht bei den Zukunftsforschern kaufen. Jeder von uns muss vielmehr ihre Ideen, Projektionen, Trends und Szenarien weiterverarbeiten zu konkreten Annahmen und Chancen sowie zu einer klaren Vorstellung vom Future Me und Future We. Elemente einer erweiterten Willenskraft sind nötig, damit auch Zukunftsmanagement nicht nur eine Idee oder eine Schönwetter-Übung bleibt, sondern den Kern von Führung bildet.

Was hindert uns eigentlich daran? Die Zukunftsexperten haben sich lange um die Verbesserung der Methoden bemüht. Sie haben sie in weiten Teilen so perfektioniert, dass sie buchstäblich unmenschlich geworden sind, dass man Spezialisten beauftragen muss, um sie anzuwenden. Das aber ist ein Irrweg. Zukunftsmanagement ist die Aufgabe der Führungskräfte. Ebenso ist der Einzelne gefragt, wenn es um ihn selbst geht. Zukunftsmanagement ist die einzige Aufgabe, die weder delegiert werden kann, noch delegiert werden darf. Die Methoden und Werkzeuge sind nicht das Problem. Wir müssen sie allerdings vereinfachen, um sie für das Kurzfrist-Wesen Mensch leichter anwendbar zu machen.

Bei der Verfügbarkeit von Zukunftswissen und Zukunftsbildern gibt es inzwischen keine Engpässe mehr. Allein YouTube konfrontiert uns in einem bislang unvorstellbaren Ausmaß mit bewegten und bewegenden Bildern möglicher Zukünfte.

Es sind also weder mangelhafte Methoden noch fehlendes Zukunftswissen, die uns an besserem Zukunftsmanagement hindern. Was ist es dann?

Zukunftsmanagement muss buchstäblich menschlicher werden. Es bleibt weitgehend wirkungslos, wenn wir nicht verstehen, warum der Mensch sich täglich die Zukunft versaut.

Das heißt vor allem, endlich zu verstehen, dass er nicht böswillig wider seine Gesundheit, wider das Weltklima, wider gesunde Finanzen oder böswillig wider das Wohl anderer handelt, sondern dass sein kurzsichtiges Handeln schlichtweg durch die Physiologie seines Gehirns begründet ist. Der Mensch ist ein emotionsgesteuertes Gegenwartswesen. Er ist und bleibt Homo praesens.

Selbst die anziehendsten Visionen und fundiertesten Strategien scheitern an Homo praesens mit seinem emotionalen Belohnungsschaltkreis aus Wanting, Liking und Learning. Dann bleiben trotz ausgefeilter Methoden und Werkzeuge die Kurzfrist-Fallen im Denken und die Kurzfrist-Fallen im Tun allgegenwärtig.

Sobald wir die Kurzfrist-Natur des Menschen verstanden haben und danach handeln, ist der zweite entscheidende Faktor, der Zukunftsmanagement tatsächlich wirksam werden lässt, das Konzept des Future Me für das Individuum und das des Future We für Gemeinschaften anzuwenden.

Wir können der Kurzfrist-Falle entkommen, wenn wir lernen,

1. die Kurzfrist-Natur des Menschen zu verstehen, zu akzeptieren und zu nutzen,
2. Zukunftsmanagement leichter anwendbar und der menschlichen Natur angemessener zu machen,
3. das individuelle Future Me zu entwickeln und wirksam werden zu lassen,
4. die kollektiven Future Wes zu installieren und zu ihnen hin zu führen,
5. die Willenskraft auf allen Ebenen zu schonen, zu stärken und zu erweitern.

Zu allen fünf Elementen der Lösung gibt es fundierte Erkenntnisse aus der Wissenschaft und einiges an Erfahrung in der Praxis.

Wenn wir endlich beginnen, unsere gesellschaftlichen Systeme so zu bauen, dass Menschen mit ihrem Future Me in emotionalen Kontakt kommen können, und wenn wir uns endlich trauen, gemeinsam positive Future Wes für unsere nationalen und supranationalen Systeme zu entwickeln und zu verfolgen, um die Kopplung von mehreren Future Mes zu einem gemeinsamen Future We zu ermöglichen und gezielt zu unterstützen, kann aus dem Homo praesens, dem Gegenwartsmenschen, ein überlebensfähiger Homo futurus, ein Zukunftsmensch werden. Das ist meine Hoffnung. Daher kommt meine Zuversicht. Darin begründet sich meine Freude an der Zukunft.

Mögen Sie eine glänzende Zukunft haben.

Unter www.micic.com finden Sie aktuelles Wissen und Vorträge über Ursachen, Beispiele und Lösungen zur Kurzfrist-Falle.

Unter www.FutureManagementGroup.com finden Sie Anregungen für die Ausrichtung Ihres Unternehmens auf Zukunftsmärkte.

Anmerkungen und Quellen

1 www.un.org/millennium/declaration/ares552e.htm.
2 www.unric.org/html/german/mdg/index.html.
3 Global Forest Resources Assessment 2005. FAO Forestry Paper 147.
4 Meadows, Dennis et al., 2011: *Grenzen des Wachstums – Das 30-Jahre-Update.*
5 Murray, Rupert, 2009: *The End of the Line*, DVD.
6 World Bank and UN Food & Agriculture Organization, 2009: *The Sunken Billions: The Economic Justification of Fisheries Reform.*
7 Wittmann, Marc, 2013: *Gefühlte Zeit: Kleine Psychologie des Zeitempfindens.*
8 Auch Primaten zeigen Verhalten, aus dem man schließen kann, dass sie für den nächsten Tag einen Plan haben und ihn ihren Artgenossen mitteilen.
9 Bentham, Jeremy, 1789: *An Introduction to the Principles of Morals and Legislation.*
10 Selten, Reinhard (Hrsg.), 1991: *Game Equilibrium Models I-IV.*
11 Güth, Werner; Schmittberger, Rolf; Schwarze, Bernd, 1982: »An Experimental Analysis of Ultimatum Bargaining«, *Journal of Economic Behavior & Organization.*
12 Milkman, Katherine; Rogers, Todd; Bazerman, Max, 2007: *Harnessing Our Inner Angels and Demons: What We Have Learned About Want/ Should Conflicts and How That Knowledge Can Help Us Reduce Short-Sighted Decision Making.*
13 Mischel, Walter; Ebbesen, Ebbe; Raskoff Zeiss, Antonette, 1972: »Cognitive and Attentional Mechanisms in Delay of Gratification«, *Journal of Personality and Social Psychology* und Mischel, Walter; Ebbesen, Ebbe, 1970: »Attention in Delay of Gratification«, *Journal of Personality and Social Psychology.*
14 0,3 x 0,3 = 0,09.
15 Kulke, Ulli, 2010: *Die Welt*, 14.09.2010.
16 www.k-p-d.org/index.php/kpd/grundsatzdokumente/programm-der-kpd.

17 Christensen, Clayton, 2011: *The Innovator's Dilemma: The Revolutionary Book That Will Change the Way You Do Business.*
18 http://libcom.org/history/father-cybernetics-norbert-wieners-letter-uaw-president-walter-reuther.
19 Fraunhofer IAO, 2001: *Elektromobilität und Beschäftigung – Wirkungen der Elektrifizierung des Antriebsstrangs auf Beschäftigung und Standortumgebung* (ELAB).
20 Tolle, Eckart, 2010: *Jetzt! Die Kraft der Gegenwart.*
21 Pöppel, Ernst; Wagner, Beatrice, 2012: *Von Natur aus kreativ: Die Potenziale des Gehirns entfalten*, und www.ernst-poeppel.de/Lesen.
22 Quoidbach, Jordi et al., 2013: »The End of History Illusion«, *Science*, 339.
23 McDermott, Katherine B.; Szpunar, Karl K., 2007: »Episodic Future Thought and its Relation to Remembering: Evidence from Ratings of Subjective Experience«, *Elsevier Science Direct.*
24 Schacter, Daniel L. et al., 2007: *Remembering the Past to Imagine the Future: the Prospective Brain.*
25 Tulving, Endel, 1972: »Episodic and Semantic Memory«, in: *Organization of memory.*
26 Gigerenzer, Gerd, 2007: *Bauchentscheidungen: Die Intelligenz des Unbewussten und die Macht der Intuition.*
27 Kahneman, Daniel, 2012: *Thinking, Fast and Slow.*
28 Simon, Herbert, 1987: *Making Management Decisions: the Role of Intuition and Emotion.*
29 Gladwell, Malcolm, 2006: *Blink: The Power of Thinking Without Thinking.*
30 Hamel, Gary; Prahalad, C.K., 1996: *Competing for the Future.*
31 http://de.wikipedia.org/wiki/Lissabon-Strategie.
32 Glindmeier, Mike, 2006: *Spiegel Online*: Siege ohne Leiden.
33 Spiegel Online, 2002: Udo Jürgens bestellt Ferrari ab.
34 Patric, Vanessa; Chun, HaeEun, Helen; Macinnis, Deborah, 2009: »Affective Forecasting and Self-control: Why Anticipating Pride Wins Over Anticipating Shame in a Self-regulation Context«, *Journal of Consumer Psychology*, 19.
35 McClure, Sam; Laibson, David; Loewenstein, George; Cohen, Jonathan, 2004: »Separate Neural Systems Value Immediate and Delayed Monetary Rewards«, *Science.*
36 Mitchell, Jason; Schirmer, Jessica; Ames, Daniel; Gilbert,

Daniel, 2011: »Medial Prefrontal Cortex Predicts Intertemporal Choice«, *Journal of Cognitive Neuroscience.*
37 Thaler, Richard, 1981: »Some Empirical Evidence on Dynamic Inconsistency«, *Economic Letters*, 8.
38 Smith, Adam, 1759: *The Theory of Moral Sentiments.*
39 Olds, James; Milner, Peter, 1954: »Positive Reinforcement Produced by Electrical Stimulation of the Septal Area and Other Regions of Rat Brain«, *Journal of Comparative and Physiological Psychology.*
40 Kringelbach, Morten; Berridge, Kent C., 2010: »The Neuroscience of Happiness and Pleasure«, *Social Research.*
41 Robinson, Terry; Berridge, Kent, 1993: »The Neural Basis of Drug Craving: an Incentive-sensitization Theory of Addiction«, *Brain Research Reviews.*
42 Kringelbach, Morten; Berridge, Kent C., 2010: »The Neuroscience of Happiness and Pleasure«, *Social Research.*
43 Knutson, Brian et al., 2008: »Nucleus accumbens activation mediates the influence of reward cues on financial risk taking«, *NeuroReport.*
44 Berridge, Kent; Kringelbach, Morten, 2011: *Building a Neuroscience of Pleasure and Well-Being.*
45 Kringelbach, Morten; Berridge, Kent C., 2010: »The Neuroscience of Happiness and Pleasure«, *Social Research.*
46 David, Sean et al., 2005: »Ventral Striatum/Nucleus Accumbens Activation to Smoking-Related Pictorial Cues in Smokers and Nonsmokers: A Functional Magnetic Resonance Imaging Study«, *Biological Psychiatry.*
47 McGregor, Douglas, 1960: *The Human Side of Enterprise.*
48 Pfläging, Nils, 2009: *Die 12 neuen Gesetze der Führung: Der Kodex: Warum Management verzichtbar ist.*
49 McClure, Sam; Laibson, David; Loewenstein, George; Cohen, Jonathan, 2004: »Separate Neural Systems Value Immediate and Delayed Monetary Rewards«, *Science.*
50 Thaler, Richard; Shefrin, Hersh, 1981: »An Economic Theory of Self-Control«, *Journal of Political Economy.*
51 Kivetz, Yifat; Tyler, Tom, 2007: »Tomorrow I'll be me: The Effect of Time Perspective on the Activation of Idealistic Versus Pragmatic Selves«, *Organizational Behavior and Human Decision Processes*, 102(2).

52 Bazerman, Max; Tenbrunsel, Ann; Wade-Benzoni, Kimberly, 1998: »Negotiating with Yourself and Losing: Making Decisions with Competing Internal Preferences«, *The Academy of Management Review*, 23.
53 Metcalfe, Janet; Mischel, Walter, 1999: »A Hot/Cool-System Analysis of Delay of Gratification: Dynamics of Willpower«, *Psychological Review*, 106(1).
54 Stanovich, Keith; West, Richard, 2000: »Individual Differences in Reasoning: Implications for the Rationality Debate«, *Behavioral & Brain Sciences*.
55 Tooby, John; Cosmides, Leda, 1997: *Evolutionary Psychology: A Primer, Center for Evolutionary Psychology*.
56 Captain Kirk sagt das in der Folge »A Private Little War« vom 2. Februar 1968 zur Eingeborenen Nona.
57 www.globalmarshallplan.org.
58 Malthus, Thomas, 1798: *Essay on the Principle of Population*.
59 www.stiftungfuerzukunftsfragen.de/de/newsletter-forschung-aktuell/245.html.
60 Laplace, Pierre-Simon, 1814: *Essai philosophique sur les probabilités*.
61 World Future Review, 2011: https://files.me.com/askpang/izj1dw.
62 Vahrenholt, Fritz; Lüning, Sebastian, 2012: *Die kalte Sonne. Warum die Klimakatastrophe nicht stattfindet*.
63 Kabanoff, Boris; Keegan, Jack, 2009: »Strategic Short Termism as an Issue of Top-teams' Temporal Orientation«, in: *Proceedings of the Academy of Management Annual Meeting*.
64 Milkman, Katherine; Rogers, Todd; Bazerman, Max, 2007: *I'll Have the Ice Cream Soon and the Vegetables Later: Decreasing Impatience Over Time in Online Grocery Orders*.
65 Read, Daniel; Loewenstein, George; Kalyanaraman, Shobana, 1999: »Mixing Virtue and Vice: Combining the Immediacy Effect and the Diversification Heuristic«, *Journal of Behavioral Decision Making*, 12.
66 ebenda.
67 Milkman, Katherine; Rogers, Todd; Bazerman, Max, 2007: *Harnessing Our Inner Angels and Demons: What We Have Learned About Want/Should Conflicts and How That Knowledge Can Help Us Reduce Short-Sighted Decision Making*.
68 McClure, Sam; Laibson, David; Loewenstein, George; Cohen,

Jonathan, 2004: »Separate Neural Systems Value Immediate and Delayed Monetary Rewards«, *Science*.

69 Mitchell, Deborah; Russo, Edward; Pennington, Nancy, 1989: »Back to the future: Temporal Perspective in the Explanation of Events«, *Journal of Behavioral Decision Making*.

70 Welch, Suzy, 2009: *10 Minuten, 10 Monate, 10 Jahre. Die neue Zauberformel für intelligente Lebensentscheidungen*.

71 Ersner-Hershfield, Hal et al., 2009: *Don't stop thinking about tomorrow: Individual differences in future self-continuity account for saving, Judgement and Decision Making*.

72 James, William, 1890: *Principles of Psychology*.

73 Wade-Benzoni, Kimberly; Tost, Leigh Plunkett; Hernandez, Morela; Larrick, Richard, 2012: »It's Only a Matter of Time: Death, Legacies, and Intergenerational Decisions«, *Psychological Science*.

74 Ware, Bronnie, 2013: *Fünf Dinge, die Sterbende am meisten bereuen*.

75 Quoidbach, Jordi; Gilbert, Daniel; Wilson, Timothy, 2013: »The End of History Illusion«, *Science*.

76 Ahlstich, Dr. Stefan, 2012 (Interviews).

77 Roth, Gerhard, 2001: *Fühlen, Denken, Handeln. Wie das Gehirn unser Verhalten steuert*.

78 Libet, Benjamin; Gleason, Curtis; Wright, Elwood; Pearl, Dennis, 1983: »Readiness Potentials Preceding Unrestricted Spontaneous Pre-planned Voluntary Acts«, *Electroencephalographic and Clinical Neurophysiology*, 54.

79 Duckworth, Angela; Seligman, Martin, 2005: »Self-discipline Outdoes IQ in Predicting Academic Performance of Adolescents«, *Psychological Science*, 16.

80 Khan, Uzma; Dhar, Ravi, 2007: »Where There is a Way, Is There a Will? The Effect of Future Choices on Self Control«, *Journal of Experimental Psychology*, 136.

81 Vohs, Kathleen; Finkenauer, Catrin; Baumeister, Roy, 2011: »The Sum of Friends' and Lovers' Self Control Predicts Relationship Quality«, *Social Psychological and Personality Science*, 2.

82 Tsukayama, Eli; Toomey, Sara; Duckworth, Angela, 2010: »Self-control as a Protective Factor Against Overweight Status in the Transition From Childhood to Adolescence«, *Archives of Pediatric Adolescent Medicine*, 164.

83 Moffitt, Terrie E. et al., 2011: *A Gradient of Childhood Self-control Predicts Health, Wealth, and Public Safety, Proceedings of the National Academy of Sciences of the USA.*
84 Baumeister, Roy; Muraven, Mark; Tice, Dianne, 2000: »Ego Depletion: A Resource Model of Volition, Self-regulation, and Controlled Processing«, *Social Cognition*, 18.
85 Gross, Peter, 2005: *Die Multioptionsgesellschaft.*
86 www.psychologytoday.com/blog/the-divided-mind/201207/logic-and-emotion.
87 Nietzsche, Friedrich Wilhelm, 1884: *Zarathustra II, Von der Selbstüberwindung.*
88 Crockett, Molly et. al., 2013: »Restricting Temptations: Neural Mechanisms of Precommitment«, *Neuron.*
89 vanDellen, Michelle; Hoyle, Rick, 2010: »Regulatory Accessibility and Social Influences on State Self-control«, *Personality and Social Psychology Bulletin*, 36.
90 Horáková, Dana, 2007: *Vorbilder: Berühmte Deutsche erzählen, wer ihnen wichtig ist.*
91 http://de.wikipedia.org/wiki/Sirene_(Mythologie)#Begegnung_mit_Orpheus_und_Odysseus.
92 Heath, Joseph; Anderson, Joel, 2009: »Procrastination and the Extended Will«, in: *The Thief of Time: Philosophical Essays on Procrastination.*
93 Allen, David, 2001: Getting Things Done.
94 Solnick, Sara; Hemenway, David, 1998: »Is More Always Better?: A Survey on Positional Concerns«, *Journal of Economic Behavior & Organization*, 37.
95 Tenbrunsel, Ann; Diekmann, Kristina; Wade Benzoni, Kimberly; Bazerman, Max, 2007: *The Ethical Mirage: A Temporal Explanation as to Why We Aren't as Ethical as We Think We Are.*
96 Arte, 17.01.2012: *Eurokrise: Der Domino-Effekt.*
97 *Süddeutsche Zeitung*, 20.08.2013.
98 *Die Welt*, 06.04.2009.
99 *New York Times*, 29.01.2004.
100 Thaler, Richard; Sunstein, Cass, 2009: *Nudge: Improving Decisions About Health, Wealth and Happiness.*
101 Pandelacre, Mario; Lembrets, Christophe, 2011: »How to Make a 29 % Increase Look Bigger: The Unit Effect in Option Comparison«, *Journal of Consumer Research.*

102 Simon, Hermann, 2012: *Hidden Champions – Aufbruch nach Globalia: Die Erfolgsstrategien unbekannter Weltmarktführer.*
103 www.spaengler.at/011/cms.nsf/FamilyBusinessBarometer.html.
104 *Die Welt*, 07.02.2009.
105 Kahneman, Daniel, 2013: Interview in *Organisationsentwicklung*, 01/2013.
106 Radermacher, Franz Josef; Beyers, Bert, 2011: *Welt mit Zukunft.*
107 Hobbes, Thomas, 1651: *Leviathan or the Matter, Form and Power of a Commonwealth Ecclesiastical and Civil.*